ÉTUDES SUR LES RÉGIONS SAHARIENNES

HISTOIRE DE L'INSURRECTION

DANS LE SUD DE LA PROVINCE D'ALGER EN 1864

Par le Colonel C. TRUMELET
OFFICIER DE L'INSTRUCTION PUBLIQUE
MEMBRE CORRESPONDANT DE LA SOCIÉTÉ HISTORIQUE ALGÉRIENNE

« Les Lacedemoniens sacrifioient aux Muses, « entrants en battaille, à fin que leurs gestes « feussent bien et dignement escripts, estimants « que ce feust une faveur divine et non com- « mune que les belles actions trouvassent des « tesmoings qui leur sceussent donner vie et « mémoire. »

(Michel de MONTAIGNE. Livre II, chap. XVI des *Essais*.)

ALGER
TYPOGRAPHIE ADOLPHE JOURDAN
IMPRIMEUR-LIBRAIRE
4, PLACE DU GOUVERNEMENT, 4

1879

HISTOIRE DE L'INSURRECTION

DANS LE SUD

DE LA PROVINCE D'ALGER

EN 1864

ÉTUDES SUR LES RÉGIONS SAHARIENNES

HISTOIRE DE L'INSURRECTION

DANS LE SUD DE LA PROVINCE D'ALGER EN 1864

Par le Colonel C. TRUMELET

OFFICIER DE L'INSTRUCTION PUBLIQUE

MEMBRE CORRESPONDANT DE LA SOCIÉTÉ HISTORIQUE ALGÉRIENNE

« Les Lacedemoniens sacrifioient aux Muses,
« entrants en battaille, à fin que leurs gestes
« feussent bien et dignement escripts, estimants
« que ce feust une faveur divine et non com-
« mune que les belles actions trouvassent des
« tesmoings qui leur sceussent donner vie et
« mémoire. »

(Michel de MONTAIGNE, Livre II, chap. XVI des *Essais*.)

ALGER

TYPOGRAPHIE ADOLPHE JOURDAN

IMPRIMEUR-LIBRAIRE

4, PLACE DU GOUVERNEMENT, 4

1879

ÉTUDES SUR LES RÉGIONS SAHARIENNES

HISTOIRE DE L'INSURRECTION

DANS LE SUD

DE LA PROVINCE D'ALGER

EN 1864

> « Les Lacedemoniens sacrifioient aux Muses,
> « entrants en battaille, à fin que leurs gestes
> « feussent bien et dignement escripts, estimants
> « que ce feust une faveur divine et non com-
> « mune que les belles actions trouvassent des
> « tesmoings qui leur sceussent donner vie et
> « mémoire. »
>
> (Michel de MONTAIGNE. Livre II, chap. XVI des *Essais*.)

I

Préliminaires. — Les fils de Sid Hamza-ould-Sidi-Bou-Bekr et les Oulad-Sidi-Ech-Chikh. — Le bach-agha Sid Sliman-ben-Hamza. — Sa défection. — Commencement des hostilités. — Destruction du détachement du lieutenant-colonel Beauprêtre. — Marche de l'insurrection. — Défection de l'agha En-Nâïmi-ould-El-Djedid et des Oulad-Châïb. — Affaire de Tagguin.

Le 8 avril 1864, un drame sanglant, rappelant les plus mauvaises journées de notre histoire algérienne, déroulait ses sombres et héroïques péripéties à Aïn-Bou-Bekr, point situé à quelques lieues à l'est de notre poste-avancé de Géryville, et au sud du ksar de Stiten : le lieutenant-colonel Beauprêtre, commandant supérieur du cercle de Tiaret, quelques officiers et cent hommes d'infanterie, dont soixante tirailleurs algériens, trahis par le goum des Harar, succombaient glorieusement jusqu'au dernier dans une lutte de dix contre un.

Ce triste événement, que rien ne pouvait faire prévoir, retentit d'autant plus douloureusement au cœur de la France, que la profonde sécurité dont nous jouissions dans le Sahara, depuis dix ans, nous y avait moins préparés. Ce succès de l'ennemi, bien qu'obtenu par des moyens qui répugnent aux armées civilisées, n'en était pas moins un succès aux yeux des populations sahariennes, peu accoutumées, jusqu'alors, à voir se balancer des têtes de chrétiens à l'arçon de la selle de leurs cavaliers. Aussi, à la vue des dépouilles enlevées aux cadavres de nos soldats et traînées de tribu en tribu, les Sahariens, ivres de *gloire* et de lait aigre, ne doutèrent-ils plus que le bach-agha Sid Sliman-ben-Hamza ne fût le *moula el-ouoqt* (le maître du moment, de l'époque), l'homme choisi par le Dieu unique pour nous faire repasser la mer, et cela, *sans même nous donner le temps de faire nos malles*, comme le disait effrontément au général Durrieu un fanatique Marocain, que nous rencontrions, en 1855, aux Arbâouat, pieusement occupé à pousser à la révolte les gens des ksour de la province d'Oran.

Nous possédons, nous autres Français, et cela à un dégré supérieur, une qualité, qui, pour être très-estimable, ne nous en a pas moins jetés souvent dans de grands embarras : cette qualité, c'est la confiance. Ainsi, nous prenons volontiers le sommeil pour la mort ; les baisers, les bouche-en-cœur et les salamaleks de l'ennemi, pour de la soumission, voire même pour de l'affection ; les griffes rentrées du tigre, pour du velours. Pour nous, là où il n'y a pas de flamme, il n'y a pas de feu ; quand le calme est à la surface, la tempête ne saurait être au fond ; un volcan n'est un volcan qu'autant qu'il expectore sa lave. Nous enfonçons notre bonnet de nuit sur nos yeux, et nous nous endormons sur nos deux oreilles. Puis, un jour, le prétendu mort se réveille ; l'ennemi charge son fusil et montre les dents ; le tigre exhibe ses griffres ; le feu qui couvait devient incendie ; le vase bouillonne et remonte à la surface ; et le volcan bave ses cendres brûlantes sur Herculanum. Surpris par des évènements contre lesquels nous ne sommes plus préparés, nous nous éveillons en sursaut. Furieux d'avoir été joués, pris au dépourvu, nous jurons la *mort des traîtres* qui ont ainsi abusé de notre confiance; ce qui ne nous empêche pas, d'ailleurs, de leur tendre la main pour les relever dès que nous les voyons à nos pieds! Et il y a grand'chance qu'il en soit ainsi longtemps encore, puisqu'on nous reprochait déjà, bien avant Clovis, l'excès de ce sentiment.

Si nous n'étions pas préparés pour la lutte, on avouera que c'était pardonnable; car, dans la persuasion où nous étions que nous avions semé le bien, nous ne pouvions guère supposer que nous ne récolterions que le mal. L'occupation de la Cochinchine et la guerre du Mexique avaient enlevé à l'armée d'Afrique une grande partie de ses forces vives, et le gouvernement général de l'Algérie n'avait pas cru utile de les y faire remplacer; de sorte que son effectif se trouvait réduit au-dessous de 65,000 hommes, au moment où Sidi Sliman leva l'étendard de la révolte. Quant aux garnisons de nos postes-avancés du Sud, elles ne pouvaient absolument rien tenter en dehors de leurs murs. Il ne fallait pas songer à lancer nos goums sur les rebelles; l'exemple des Harar, qui, bien que soumis et marchant avec nos colonnes depuis seize ans, n'en avaient pas moins passé, avec une parfaite unanimité, sous les drapeaux de l'ex-bach-agha, cet exemple, disons-nous, donnait la mesure de la confiance qu'on pouvait avoir dans les forces irrégulières indigènes, lesquelles, d'ailleurs, n'ont qu'une valeur médiocre, quand elles ne sont pas appuyées, ou contenues, ou poussées par des forces françaises.

Avant d'indiquer les causes de l'insurrection, disons quelques mots de l'homme qui l'avait provoquée et qui s'en était fait le chef.

Sid Sliman-ben-Hamza était le second fils du marabout sid Hamza-ben-bou-Bekr (1), descendant du plus grand saint de notre Sud algérien, l'illustre et vénéré sidi Ech-Chikh, et l'héritier de son influence religieuse.

---

(1) Nous renvoyons à notre livre *Les Français dans le désert* le lecteur qui désirerait des renseignements plus détaillés sur les descendants de sidi Ech-Chikh, et sur l'influence religieuse qu'ils exercent dans notre Sahara.

Nommé, dès 1850, khalifa des Oulad-Sidi-ech-Chikh-ech-Cheraga (de l'est), Sid Hamza trouvait l'occasion de servir notre cause, en razziant, sur l'Oued En-Nsa, au mois de décembre 1852, les Arbaâ et les Oulad Naïl, qui avaient embrassé le parti du chérif d'Ouargla. Au mois d'avril 1853, Sid Hamza, soutenu par une colonne française aux ordres du commandant de la subdivision de Mascara, le colonel Durrieu, battait et razziait les Hamïan-Chafâ, auxquels il prenait 20,000 chameaux et 30,000 moutons. En novembre de la même année, il était vainqueur du chérif d'Ouargla, Sid Mohammed-ben-Abd-Allah, et nous ouvrait les portes de ce ksar, où le commandant de la subdivision de Mascara ne tardait pas à planter le drapeau de la France. En récompense du service signalé qu'il vient de rendre à la cause française, Sid Hamza est nommé khalifa de tout le pays qu'il a soumis, et l'un de ses frères, Sid Ez-Zoubir-ben-Bou-Bekr, est placé à la tête de la confédération d'Ouargla, qui a été érigée en aghalik.

Évidemment, cette combinaison portait avec elle un danger, en ce sens qu'elle mettait tout notre Sud, de Géryville à Ouargla, aux mains de la famille de Sidi Hamza ; de plus, elle augmentait de l'influence des armes l'influence religieuse de la *maison* de Sidi Ech-Chikh, et la fidélité des populations sahariennes placées sous le commandement des Hamza se subordonnait à celle du khalifa ou des siens. Mais, il faut le dire, cette politique fut de nécessité, et il était alors de toute impossibilité de faire autrement.

Sid Hamza nous servit fidèlement jusqu'à sa mort, arrivée en 1861. Son fils aîné, Sid Abou-Bekr, le remplaça à la tête du khalifalik du Sud, mais avec le titre de bach-agha seulement. En devenant le chef de la famille des Hamza, il héritait de l'influence religieuse attachée à cette situation.

A l'exemple de son père, Sid Abou-Bekr nous donna des preuves de sa fidélité. Un mois à peine après la mort de son père, en septembre 1861, il poursuivit, à la tête d'un goum de 300 chevaux, l'ancien chérif d'Ouargla, Mohammed-ben-Abd-Allah, qui avait fait une pointe sur notre territoire ; il l'atteignit dans les *areg* (dunes de sable), et le fit prisonnier. Mort au commencement de 1862, Sid Abou-Bekr fut remplacé dans son bach-aghalik des Oulad-Sidi-ech-Chikh par son frère Sid Sliman-ben-Hamza, très-jeune encore. Sid El-Ala-ben-bou-Bekr, l'un de ses oncles, avait, depuis quelques années déjà, remplacé Sid Ez-Zoubir à la tête de l'aghalik d'Ouargla.

Ainsi que nous le démontrerons plus loin, c'est poussé par Sid El-Ala, personnage ambitieux et fanatique, que le jeune Sid Sliman a fait défection et soulevé contre nous les populations de son commandement. C'est encore Sid El-Ala qui est l'âme du mouvement insurrectionnel; et, depuis la mort de Sid Sliman, il n'a point cessé d'être successivement le conseil de son neveu Mohammed-ben-Hamza, et la tête du jeune Ahmed, le quatrième fils du khalifa Sid Hamza.

Nous allons suivre les phases de l'insurrection, et la voir se développer et se grossir par la défection volontaire ou forcée des tribus placées à la main ou soumises à l'influence religieuse héréditaire du chef du mouvement insurrectionnel. C'est vers les premiers jours de la seconde quinzaine de février, dans le mois de ramdhan ou du jeûne, que se consomma la défection du bach-agha Sid Sliman-ben-Hamza. On apprenait, le 21, qu'il se dirigeait vers le Sud, par l'Oued Zergoun, entraînant avec lui sa zaouïa, son frère Mohammed, son oncle Sid Ez-Zoubir, cet ex-agha d'Ouargla, et une centaine de tentes des Oulad-Sidi-ech-Chikh-Zoua.

Nous ne saurions dire à qui, du jeune bach-agha ou de Sid El-Ala, appartient l'idée première de la défection. Mais ce que nous pouvons affirmer, c'est qu'elle était certainement décidée entre Sid Sliman et son oncle, puisque, dès le 17 ou le 18 février, ce dernier venait camper, sans raisons légitimes, à En-Noumrek, au nord de Metlili, avec les Chaamba et les Mekhadma, et qu'il ordonnait aux Saïd-Atba, en leur assurant que ce n'était point en vue d'une marche vers le nord, de venir s'établir à la tête de l'Oued Mzab. Or, ce mouvement ne pouvait avoir d'autre but que de porter les nomades de son aghalik au-devant des forces que le bach-agha entraînait à sa suite. L'Oued En-Noumrak avait donc, évidemment, été choisi comme point de jonction des rebelles, et Metlili comme base d'opérations. Sid Sliman aurait rallié son oncle vers le 23 février.

Bien que Sid El-Ala n'eût pas cru devoir mettre les Saïd-Atba dans la confidence de ses projets, cette tribu flairait bien, cependant, quelque défection dans le mouvement inexplicable qu'elle avait l'ordre d'exécuter. Dans tous les cas, les Saïd paraissaient tout-à-fait décidés à ne pas suivre leur agha : campés sur l'Oued Mzab, sous les murs des Beni-Isguen, ils déclarent que, s'ils ne sont point assez forts pour tenter la résistance, ils se retireront, eux et leurs troupeaux, au milieu des Arbaâ.

Il était à craindre que l'ex-bach-agha ne lançât les Chaâmba sur les troupeaux des trois provinces, qui, à cette époque de l'année, s'aventurent fort loin dans le Sahara : c'était une proie pleine d'attraits, et que ne pouvaient manquer de convoiter les Chaâmba, ces écumeurs du désert. Il y avait encore un autre danger à laisser nos Sahariens à proximité des rebelles, c'était la crainte de la contagion. En effet, il est peu de tribus sahariennes où Sidi Ech-Chikh ne compte des *khoddam* (serviteurs religieux). Aussi, dès le 24 février, le commandant supérieur de Laghouat (commandant Suzzoni), qui, dès l'origine, avait parfaitement apprécié la situation, envoyait-il son chef de bureau arabe, le capitaine Letellier, sur l'Oued En-Nsa pour diriger le mouvement de retraite des tribus de son cercle vers le nord. Cette précaution n'avait rien de prématuré : car le chef du bureau arabe s'était bientôt aperçu que les Arbâa, fort attachés d'ailleurs à la famille de Sid Hamza, avaient déjà été fortement travaillés par l'ex-bach-agha.

En attendant les opérations de grande guerre, les bandes de Sid El-Ala, Chaâmba et Mekhadma, se faisaient la main en pillant tout ce qu'elles rencontraient sur le bas oued En-Nsa : ainsi, le 26, les Mekhadma enlevaient 500 moutons, quelques chameaux et des tentes aux Arbaâ. Le même jour, un parti de Chaâmba prenait 15 chameaux appartenant à une caravane des Oulad Naïl, qui était venue faire du commerce à R'ardaïa.

Les forces de l'insurrection, réunies sur l'Oued En-Nsa et à Metlili, paraissent s'élever, à la fin de février, à un millier de chevaux ou *mehara* (dromadaires de selle).

Cependant, si l'on en croit le commandant supérieur du cercle de Géryville, rentré, le 25, à son poste, d'une course qu'il venait de faire dans le sud de son commandement, l'esprit des populations des ksour qu'il avait traversés était encore bon à cette époque; les ksariens paraissaient même disposés à résister aux rebelles.

Bien que, plus tard, la conduite de ces Sahariens soit venue donner un démenti à ces bonnes dispositions, il n'y a rien là qui doive nous étonner. Dans le Sud, loin de notre action, dès qu'un chérif ou un chercheur d'aventures quelconque a pu réussir à s'entourer d'une centaine de chevaux, il ne reste plus guère aux populations des tribus ou des ksour que l'alternative d'être razziées ou de suivre la fortune du nouveau *sultan;* et, généralement, elles n'hésitent pas à prendre ce dernier parti, bien que, pourtant, elles ne doutent pas que nous puissions les atteindre à leur tour; mais, enfin, le chérif est là aujourd'hui, et nous, nous n'arriverons que demain ou plus tard; elles vont au plus pressé, et surtout au plus près. C'est donc à dessein que, plus haut, nous avons parlé de défections forcées; et, franchement, nous ne pouvons guère exiger une fidélité inébranlable de gens que nous ne pouvons pas toujours protéger en temps opportun. Cet état de choses explique suffisamment la facilité des défections dans le Sahara. Il y a évidemment quelque chose à faire pour remédier à cette situation; mais ce serait toute une réorganisation de nos tribus sahariennes et la création de nouveaux postes-avancés. Le cadre que nous nous sommes tracé ne nous permet pas de traiter ici cette importante question.

Si la pensée de la résistance ne vient pas aux Sahariens, même quand ils n'ont affaire qu'à un chérif d'occasion, on comprend (et cela pour diverses raisons) qu'ils aillent au-devant d'un maître de l'importance d'un Hamza, et qu'ils lui jettent, remplis d'enthousiasme, tous leurs souhaits de victoire. En effet, pour les Sahariens, le marabout Sid Sliman représentait la nationalité et la religion, ces deux puissants leviers qui ont déjà soulevé tant de mondes. Quoique le fanatisme des Arabes ne soit pas aussi farouche qu'on a bien voulu le dire, on remarque cependant chez eux, comme ailleurs, des retours périodiques aux croyances, des accès religieux. Et puis, nous pensons que, quel que soit le degré de civilisation d'un peuple, il arrive un instant où la nourriture du corps ne suffit pas seule; il y a incontestablement, dans la vie des nations, des périodes de lassitude du bien-être et de la quiétude, des périodes qui montrent que les satisfactions matérielles ne sont pas tout, et qu'il faut aussi son temps à l'idée. Les repus semblent avoir des remords de ne s'occuper que d'eux ou des choses de la terre, et l'esprit réclame aussi son tour. Nous n'avions jamais vu, dans nos villes, sous le gourbi ou sous la tente, tant de gens se livrant à l'égrenage du chapelet que dans les deux ou trois années qui ont précédé l'insurrection; les vieux Turcs eux-mêmes, qui, à aucune époque, n'ont passé pour de fervents musulmans, pour des modèles de piété, donnaient tout leur temps à la pratique de ce pieux et monotone exercice. Évidemment, cette recrudescence religieuse devait répondre à un besoin spirituel, à de vagues aspirations vers les choses du ciel. Nous ne voulons pas dire que l'ardeur de leur foi dût conduire ces anciens sacripants jusqu'au martyre; mais, enfin, il y avait là un signe dont on ne s'est pas, croyons-nous, assez préoccupé. Que, dans les conditions dont nous venons de parler, un chérif se lève au nom de la religion, bientôt les populations seront dans la trace de ses étendards, puisque c'est là le sentier de Dieu.

Malgré l'influence des Hamza, l'insurrection, au commencement de mars, était encore hésitante; et cela se conçoit. Les Sahariens savaient, depuis 1854, que les profondeurs de leur désert ne sont point inaccessibles à nos soldats; les fameux Châamba avaient pu voir le drapeau de la France flotter sur les minarets des mosquées d'Ouargla; ils n'ignoraient pas, enfin, que nous savons le chemin de leur pays. Cette considération donne la clef de l'attitude des Saïd-Atba, l'une des trois tribus qui ont leurs campements autour d'Ouargla; elle explique les dispositions des ksour à la résistance, les velléités qu'éprouve Metlili de repousser l'ex-bach-agha, et, finalement, l'abandon de Sid Sliman par 80 tentes des Zoua et 7 des Abid des Oulad Sidi-ech-Chikh. On voit, en outre, que Sid El-Ala et son neveu ne veulent pas se brouiller avec les Arbaâ et les Oulad Naïl;

ainsi, ils se hâtent d'informer ces tribus qu'ils sont tout disposés à leur faire rendre les moutons et les chameaux qui leur ont été volés par les Mekhadma et les Chäamba.

Les Arabes possèdent au suprême degré l'art de répandre de fausses nouvelles et de leur donner toutes les apparences de la vérité. Cela vous parvient de dix points différents par des gens qui, en raison des distances, ne semblent pas pouvoir être soupçonnés d'obéir au même mot d'ordre. Aussi, nous arrive-t-il souvent de nous y laisser prendre, bien que nous cherchions à nous cuirasser d'incrédulité à l'endroit des nouvelles provenant de source arabe. Ainsi, un jour, c'est un miaâd de l'émigré Sid Chikh-ben-et-Theïyeb, l'ancien chef des Oulad Sidi-Chikh-el-Gharaba, qui serait venu du Maroc pour promettre à son parent Sid Sliman le secours de son influence; le lendemain, c'est Sid Djelloul-ben-Hamza qui serait arrivé, d'El Goléâ, au camp de Sid Sliman avec les Khenafsa et un fort parti de Touareg; un autre jour, c'est Ben-Naceur-ben-Chora qui a rejoint les Arbaâ et qui les pousse à la rébellion; quelque temps après, un de nos cavaliers nous affirme qu'il tient d'un homme tout-à-fait digne de foi que les forces du *sultan* se sont augmentées, tout récemment, d'un contingent considérable, venu d'un pays inconnu, habillé et armé d'une façon bizarre, et dont le langage ne se compose que de cris aigus, rappelant volontiers le glapissement du chacal ou le chuchotement de certains oiseaux.

« — C'est bien possible, se dit-on; le désert renferme encore tant de mystères ! » De temps à autre, c'est une de nos colonnes qui a été *mangée* à fond, ou l'un de nos petits postes-avancés qui a été pris ou saccagé. Il faut dire pourtant que, malgré sa persistance, cette dernière variété de bruits nous trouve assez généralement incrédules.

Dans les derniers jours de février, la défection du bach-agha Sid Sliman-ben-Hamza et de son oncle l'agha d'Ouargla est parfaitement constatée et ne fait aucun doute. Malgré nos recherches, nous en sommes réduit aux hypothèses, relativement aux causes qui l'ont provoquée. Nous ajouterons que les motifs qu'on lui donne ne sont pas, selon nous, assez sérieux pour justifier, ou, tout au moins, expliquer l'étrange et coupable détermination de ces deux chefs politiques. Suivant les uns, ce serait à l'instigation de Sid El-Fodhil, son khodja (secrétaire), bâtonné, dit-on, par l'ordre du commandant supérieur du cercle de Géryville, pour avoir menacé des spahis, détachés au bureau arabe, de leur faire infliger ce même sentiment, que Sid Sliman aurait décidé sa défection. Selon d'autres, il conviendrait de l'attribuer à la persuasion, dans laquelle était le bach-agha, que l'autorité française avait des tendances à amoindrir son pouvoir et à l'annihiler lui-même aux yeux des siens. Il veut bien, d'ailleurs, exposer ses prétendues griefs au Gouverneur-général; seulement, ce n'est que dans les premiers jours de mars, et lorsqu'il se dispose à marcher vers le Nord à la tête des rebelles; c'est, en un mot, quand sa défection est flagrante, qu'il réclame l'intervention du chef du gouvernement de l'Algérie pour faire cesser une situation qui, suivant lui, n'est plus tenable.

Nous voulons, d'ailleurs, donner un extrait de cettre lettre; il permettra de juger de la valeur des griefs dont se plaignait Sid Sliman :

« Louange à Dieu, qui est mon oukil (etc.)

« A celui qui a le commandement de la terre et de la mer, » où règne la paix et où est morte l'injustice; à celui qui gou» verne les grands sujets, le sultan (etc., etc.)

« Notre défunt père Sidi Hamza a pris de vous le drapeau » (commandement) que vous avez bien voulu lui donner, et » vous a servi, comme un fils sert son père, ainsi que vous l'avez » vu et pouvez le préciser. Il s'est toujours maintenu dans cette » voie jusqu'à son décès *à Alger* (1). Il en a été de même de » défunt son fils Abou-Bekr, jusqu'à sa mort. Ils ont toujours » été dans la prospérité, et n'ont jamais manqué d'honneurs, ni » de votre part, ni de celle des Arabes, ni de la part du bureau » arabe. J'ai servi comme mon père et comme mon frère, et j'ai » toujours exécuté vos ordres, jusqu'au moment où un change-

(1) Le khalifa Sid Hamza mourut le 21 août 1861, pendant un séjour qu'il fit à Alger. On ne manqua pas de faire courir le bruit, dans le Sahara, qu'il avait été empoisonné.

» ment est survenu du côté du bureau arabe, et même des
» Arabes.

« Nous avons patienté jusqu'au moment où nous avons en-
» tendu dire qu'on nous faisait garder à vue, de crainte que nous
» ne prissions la fuite.

» Nous pensions que nous étions chargés de surveiller les
» Arabes pour les empêcher de fuir ; par suite d'intrigues et de
» mauvais propos, le bureau arabe a donné l'ordre de nous gar-
» der à vue : « *Entourez-le comme une bague entoure le doigt*,
» ont-ils dit, *et saisissez-le*. »

» Lorsque nous avons appris cela, notre raison est sortie de
» ses bornes, et nos membres en ont tremblé. Nous ne nous
» sommes éloigné du bureau arabe qu'après avoir acquis la cer-
» titude qu'on voulait nous nuire.

» Nous sommes au milieu de vos tribus, d'où nous ne bouge-
» rons qu'après avoir reçu des ordres de votre bienveillance,
» ordres qui nous éclairent sur ce que nous devons faire.

» Nous vous faisons connaître ce que nous avons sur le cœur ;
» c'est à vous à décider. »

L'attitude qu'avait prise Sid Sliman jurait un peu, il faut le dire, avec la forme soumise de sa lettre. Le bach-agha était bien, comme il le déclare, au milieu de nos tribus ; mais les cavaliers de ces tribus étaient à cheval, et avaient déjà déployé leurs étendards de guerre pour marcher sur le Nord. Sa lettre ne renferme, d'ailleurs, que l'énumération de griefs vagues et mal définis ; et puis, il y a tout lieu de croire que, si le commandement de Géryville avait donné l'ordre de le garder à vue, de le saisir même, c'est que l'attitude, les allures du bach-agha pouvaient justifier cette sévère mesure. La lettre de Sid Sliman n'était donc, selon nous, qu'une ruse pour endormir notre vigilance, et donner le temps aux rebelles de se préparer et de se grossir des contingents auxquels ils avaient fait appel.

Instruit jour par jour des faits et gestes de Sid Sliman et de Sid El-Ala, le gouvernement de l'Algérie ne pouvait donner dans un piège aussi grossier. Il n'est pas besoin de dire que la lettre de l'ex-bach-agha resta sans réponse. Le gouverneur-général prit, de ce moment, des mesures de précaution, en faisant surveiller les rebelles ; il crut, cependant, devoir laisser l'insurrection se dessiner plus nettement, se poser plus carrément, pour savoir où, quand et sur qui frapper, et pour ne pas être dans l'obligation de disséminer, outre mesure, nos moyens d'action, alors fort restreints, surtout dans le Sahara. Ce retard apporté dans la répression de l'insurrection devenait, en même temps, le thermomètre de la fidélité des chefs indigènes, et nous montrait ceux sur lesquels nous pouvions compter.

Comme nous le disions plus haut, les griefs énumérés dans la lettre de Sid Sliman ne nous paraissent pas assez sérieux pour expliquer sa défection ; et puis, il est hors de doute que le bach-agha eût obtenu facilement, de l'autorité française, le redressement des torts dont il se plaint — très tardivement, — s'ils eussent eu l'apparence de la vraisemblance, et s'il eût présenté ses réclamations en temps opportun. Il faut donc chercher ailleurs la cause probable de la rébellion des deux chefs les plus importants du Sahara oranais.

D'abord, cette levée de boucliers était-elle dans l'esprit des populations sahariennes ? Était-elle préparée ? Répondait-elle à des aspirations vers un nouvel état politique ? Non ; car l'insurrection ne prit son origine et ne se développa, dans le principe, que parmi les serviteurs religieux de Sidi Ech-Chikh, c'est-à-dire dans les tribus placées sous l'influence immédiate des descendants de ce saint marabout. C'est au nom de l'autorité qu'ils tiennent de la France, que Sid Sliman entraîne les Oulad Sidi-ech-Chikh-Zoua dans la direction de Metlili, et que Sidi El-Ala, sans préciser le but de ce mouvement, porte les Chaamba et les Mekhadma à En-Noumrak. L'agha d'Ouargla, qui, sans doute, a des raisons pour cacher ses projets aux Saïd-Atba, est obligé, pour les décider à se porter sur le haut Mzab, de promettre aux guerriers de cette tribu qu'aucun d'eux n'ira dans le Nord. Nous voyons même la plupart des tentes, qui ont suivi le bach-agha, abandonner ce chef, dès qu'elles comprennent qu'il s'agit de défection. D'un autre côté, les gens des ksours de la province d'Oran paraissent décidés, malgré leur attachement pour les Hamza, à ne pas faire cause commune avec les rebelles ;

ils vont même jusqu'à promettre au commandant supérieur de Géryville — mais nous pensons qu'ils se vantaient — de repousser, à l'occasion, toute attaque de la part des insurgés. En un mot, les premiers jours de cette insurrection ne sont point marqués par ces enthousiasmes spontanés qui attestent le besoin général de courir aux armes pour renverser un ordre de choses abhorré.

L'insurrection est donc purement *hamzienne*, tête et bras : ce sont les Hamza qui la provoquent et la dirigent ; ce sont les serviteurs religieux de leur saint ancêtre qui composent le fond principal du personnel insurrectionnel. On trouve bien, parmi eux, quelques éléments étrangers à l'ordre de Sidi Ech-Chikh ; mais ils y ont été entraînés, soit par la crainte d'être razziés, soit par l'appât du butin. Comme dans toutes les affaires d'eau trouble, on rencontrait encore, dans les bandes des Hamza, des mécontents et des aventuriers.

Il est donc inutile, croyons-nous, d'aller chercher d'autre mobile à la défection des Hamza que leur ambition personnelle et le désir d'augmenter l'importance de leur rôle politique dans le Sahara.

Reprenons la marche de l'insurrection.

Réunis au nord de Metlili, les rebelles paraissent hésitants sur le parti à prendre ; ils n'entament leur mouvement vers le Nord que dans les premiers jours de mars, après avoir fait des achats considérables de grains au Mzab. Le 7, ils atteignent l'Oued Zergoun, et s'arrêtaient sur les r'dir d'Oummak-el-Hadjedj, où Sid Sliman déposait ses approvisionnements ; il avait laissé ses tentes et ses troupeaux en arrière de lui, à Aïn-Goufafa.

L'ex-bach-agha quittait Oummak-el-Hadjedj quelques jours après, avec ses cavaliers, pour aller prendre à Brizina les grains qu'il a emmagasinés dans ce ksar, et retournait, aussitôt, sur son dépôt d'Oummak-el-Hadjedj.

Le 19 mars, toute la tribu des Oulad Yacoub-ez-Zerara, à l'exception de trois petits douars, faisait défection et quittait le Djebel-el-Amour, où elle était campée, pour se porter sur le ksar de Tadjerouna et l'enlever. Le caïd de cette tribu, Zir'em-ben-

Fathmi, qui nous est resté fidèle, attaque les dissidents avec quelques cavaliers qui lui sont dévoués, leur tue un homme et leur en blesse deux. Zir'em se met aussitôt à la poursuite de ses gens, qu'il parvient à atteindre, et leur enlève 300 moutons et 80 chevaux. Cet acte de vigueur n'empêche pas cependant les Oulad Yacoub de faire leur jonction avec Sid Sliman à Oummak-el-Hadjedj, où ils sont accueillis avec de grands transports de joie.

Bien que Sid Sliman ne prononçât pas encore son mouvement vers le Nord, et qu'il fût toujours sur ses magasins d'Oummak-el-Hadjedj, des mesures militaires avaient pourtant été prises en vue des éventualités ; elles furent, malheureusement, insuffisantes. Il faut dire aussi qu'on ne voyait rien de bien redoutable dans une insurrection des Sahariens ; qu'on pensait qu'une rébellion, dans ces régions, ne pouvait être que partielle, et qu'elle devait se borner nécessairement, comme par le passé, à quelques pointes sur nos tribus soumises ; en un mot, parce que nos braves troupes avaient toujours eu assez facilement raison des bandes que les chérifs traînaient à leur suite, on en était arrivé à mépriser ces cavaliers montés sur des chevaux hypothétiques, et les fantassins déguenillés des ksours, armés de bâtons ou de fusils sans batterie. Il était donc presque permis de croire que les dispositions prises en vue d'arrêter la marche du jeune Sid Sliman étaient largement suffisantes, et elles l'eussent été, en effet, sans la trahison des goums, sur la fidélité desquels nous comptions, à ce qu'il paraît, plus qu'il ne convenait.

Les mesures prises étaient les suivantes :

L'escadron de spahis de Tlemcen était envoyé à El-Aricha, dans le sud de Sebdou.

Le colonel Beauprêtre, commandant supérieur de Tiaret, avait été dirigé sur le Djebel-el-Amour, avec 100 hommes d'infanterie, un escadron de spahis et les goums du pays.

La garnison de Géryville avait été augmentée.

Enfin, dans la division d'Alger, où le mouvement insurrectionnel ne s'était pas encore fait sentir, un escadron de spahis avait été dirigé sur Tagguin, et mis à la disposition du commandant supérieur du cercle de Boghar, lequel devait entrer en communication avec le colonel Beauprêtre.

Cet officier supérieur, qui arrivait, le 28 mars, à Aflou, où il trouvait ses goums réunis, avait pour instructions générales de raffermir le commandement de Géryville et de surveiller Sid Sliman et ses adhérents. En état de parer à tout, il devait se rapprocher insensiblement de Géryville, et concerter, avec le commandant de ce cercle, ses opérations, soit offensives, soit défensives.

Dans les premiers jours d'avril, Sid Sliman était signalé sur l'Oued Zergoun, qu'il remontait. On le disait tout-à-fait décidé à lever le masque et à proclamer le *djehad* (guerre sainte). Il envoie, en effet, ses courriers dans les tribus, avec des lettres portant le cachet de son père, pour les appeler à la révolte. Ses projets ne sont point connus; son but, suppose-t-on, est d'enlever les approvisionnements de grains de Tadjrouna, de Brizina et du petit ksar de Sid El-Hadj-ed-Din. Deux caïds des Chàamba, qui se sont enfuis de son camp pour ne pas combattre les Français, disent l'avoir laissé sur le r'dir d'El-Habchi, point situé sur l'Oued Zergoun; il montait vers le Nord. Le colonel Beauprêtre le faisait surveiller.

Le 8 avril, à la pointe du jour, Sid Sliman attaquait le colonel Beauprêtre, dans son camp d'Aïn-bou-Bekr, la défection de nos goums, qui tournent aussitôt leurs armes contre son petit détachement, disproportionne à un tel point les conditions de la lutte, qu'il ne reste plus au colonel et à ses cent fantassins qu'à succomber glorieusement. Ils le savent. Mais avant de tomber pour ne plus se relever, cette poignée de braves, qui s'est formée en carré, fera payer cher aux rebelles et leur agression et leur trahison : Sid Sliman est tué, et son khodja, Sid El-Fodhil, est blessé grièvement; un grand nombre de cavaliers ennemis roulent sanglants sous le ventre de leurs chevaux; les faces du carré s'encombrent de morts. Malheureusement, les munitions de nos héros s'épuisent; l'acharnement devient plus ardent du côté de l'ennemi; le feu du détachement se ralentit peu à peu; les coups deviennent plus rares; puis les fusils finissent par se taire tout-à-fait. Les soldats de Beauprêtre ont brûlé leur dernière cartouche. Enfermés dans un cercle de feu, qui va se rétrécissant chaque minute, ceux qui restent encore debout attendent, la tête haute, la mort qu'ils ne peuvent plus donner.

Quand le commandant supérieur du cercle de Géryville, qu'en prévision d'une attaque le colonel Beauprêtre avait fait appeler auprès de lui, avec les forces indigènes dont il disposait, quand cet officier, disons-nous, arriva à proximité d'Aïn-bou-Bekr, tout était fini, et, comme des corbeaux à la curée, les *vainqueurs* dépouillaient les morts.

Sid Mohammed ben Hamza remplaçait son frère Sid Sliman à la tête des rebelles, et prenait, dès lors, sous l'impulsion de ses oncles Sid El-Ala et Sid Ez-Zoubir, la direction de l'insurrection.

Après un succès aussi inespéré de la part de l'ennemi, et, il faut le dire, aussi imprévu de la nôtre, la rébellion ne pouvait que prendre des forces et s'accroître par de nouvelles défections. C'est ce qui arriva. Aussi, le gouvernement général dut-il, dès lors, songer sérieusement à prendre l'offensive, et à empêcher l'esprit insurrectionnel d'envahir, par la contagion, les tribus situées au nord de nos premiers postes-avancés. Dès le 12 avril, une colonne, composée de deux bataillons d'infanterie, de trois escadrons et demi de cavalerie, et d'une section d'artillerie de montagne, se portait de Saïda sur Géryville. Une réserve de 1,600 hommes d'infanterie, de trois escadrons de cavalerie et d'une section d'artillerie de montagne était, en outre, organisée dans le premier de ces postes, et le général Deligny se portait de sa personne sur ce point.

Après la malheureuse affaire du 8 avril, sid El-Ala avait écrit aux gens de Taouïala et d'El-Khadhra, ksour du Djebel-l-Amour, en leur enjoignant d'avoir à lui livrer les grains des Oulad-Yâkoub-ez-Zerara, tribu qui emmagasine dans ces ksour. Il se dirigeait bientôt, lui-même, sur ces points avec ses contingents pour donner plus d'efficacité à son injonction, et couper court aux hésitations qui auraient pu se produire chez les emmagasineurs. Hâtons-nous de dire que ces derniers mirent infiniment de bonne grâce à livrer les grains qui leur avaient été confiés, et que la présence de sid El-Ala suffit largement pour amener ce résultat.

Quant à Ed-Din-ben-Yahia, l'agha du Djebel-el-Amour, soit qu'il ne comptât que médiocrement sur ses gens, soit qu'il eût des raisons particulières pour ne pas chercher à s'opposer (ce qui pourtant était facile) à l'invasion de sa montagne, tout ce que nous pouvons dire, c'est qu'à l'approche des insurgés, il se retira, avec une partie de ses goums et de sa population, entre Sidi-Bou-Zid et Zenina. Cette émigration avait lieu le 13 avril.

Sid El-Ala paraissait avoir l'intention de compléter ses approvisionnements par l'enlèvement de ceux que renfermait encore Tadjerouna. Mais, devant l'attitude énergique du caïd de ce ksar, bien décidé à tenir bon derrière ses murailles, l'ex-agha d'Ouargla renonça à l'exécution de cette partie de ses projets.

Le Djebel-el-Amour leur étant ouvert, les insurgés, ayant à leur tête le jeune marabout Sid Mohammed, se portèrent, vers le 15, sur le ksar ruiné d'El-Beïdha, à la pointe nord du massif du djebel. L'agha Ed-Din, qui, sans doute, ne brûlait pas du désir d'attendre les rebelles, remontait en même temps vers le nord avec ses cavaliers, et venait camper à Mkhaoula, à une demi-journée au sud de Tagguin, point qu'occupait, nous l'avons dit, le commandant supérieur de Boghar avec un escadron de spahis. L'agha se mettait immédiatement en communication avec cet officier.

La trahison des cavaliers Harar du colonel Beauprêtre a été le signal de la défection de la tribu tout entière. Il n'y a plus, dès lors, de sécurité pour nos détachements entre Géryville et Tiaret : lescavaliers de Remonte, établis au milieu du pays soulevé avec les étalons impériaux, sont surpris et massacrés; les soldats puisatiers, qui se sont donné la pénible et rude mission d'amener la fertilité dans ces régions déshéritées, sont entourés, attaqués, harcelés, et ce n'est que grâce à leur héroïque intrépidité qu'ils parviennent, comme ceux de Haci-Oumm-et-Touta, à regagner, après une lutte de 36 heures, nos postes avancés du Tell; nos muletiers, chargés de ravitailler les détachements disséminés dans le Sahra, sont impitoyablement égorgés, et leurs corps sont abandonnés en pâture aux chacals; tous les isolés, les voituriers, qui, depuis dix ans, parcourent ces routes en toute confiance pour les besoins du commerce, sont décapités, et leurs marchandises sont pillées. L'odeur du sang versé monte à la tête des coupeurs de route et les enivre ; ils ne paraissent pas songer qu'ils auront indubitablement à rendre compte un jour de ce sang répandu.

Jusqu'alors l'insurrection était concentrée, localisée dans la province d'Oran ; celle d'Alger n'avait pas bougé, bien que quelques-unes de ses tribus, celles des Arbaâ, entre autres, qui compte un grand nombre de khoddam de Sidi Ech-Chikh, eût été fortement travaillée par les rebelles. On sentait cependant un certain ébranlement dans les esprits; les tribus paraissaient hésitantes, indécises; l'obéissance était devenue plus lente, et les ordres avaient besoin d'être répétés. Il y avait, en un mot, de la révolte dans l'air.

Les choses en étaient là, quand on apprit, le 17 avril, que la tribu des Oulad-Chaïb, du cercle de Boghar, avait fait défection la veille, entraînée par l'agha En-Naïmi-ould-El-Djedid et ses frères. La dépêche ajoutait que le kaïd Djelloul-ben-Msâoud avait été tué par son agha ; qu'un peloton de spahis, du détachement de Tagguin, aux ordres du lieutenant indigène Ahmed-ben Rouïlah, envoyé en reconnaissance sur la trace de l'émigration, avait été tout-à-coup entouré et dispersé à coups de fusil par les Oulad-Chaïb, et que, sur l'affirmation d'une dizaine de spahis, revenus à toute bride sur le camp de Tagguin, et se disant poursuivis par un goum de deux ou trois cents cavaliers, le commandant supérieur du cercle de Boghar, craignant pour son détachement le sort de la colonne Beauprêtre, s'était retiré précipitamment sur le ksar de Chellala, et, de là, sur le caravansérail de Bou Keuzzoul.

Tout cela, malheureusement, était à peu près vrai, et cette retraite devait nécessairement enhardir encore l'insurrection et lui donner de nouveaux adhérents.

Nous voulons cependant dire quelques mots de cette affaire des Oulad-Chaïb, qui a été racontée, commentée et jugée si diversement, à cette époque, dans l'armée d'Afrique.

Ainsi que nous l'avons rapporté plus haut, un escadron du 2e régiment de spahis avait été mis, dans les derniers jours de mars, à la disposition du commandant supérieur du cercle de Boghar, et placé en observation à Tagguin, point situé à quarante-cinq lieues au sud du chef-lieu de ce cercle. Ce détachement, évidemment trop faible et trop en l'air, si l'on avait pu admettre l'hypothèse d'une attaque de la part des insurgés, devait cependant suffire à sa mission, qui était spécialement d'observation, et ce rôle devait lui être d'autant plus facile que, campé au centre de son pays, au milieu des tribus de son cercle, le commandant supérieur de Boghar ne pouvait être mieux placé pour se renseigner sur l'esprit des populations de son commandement. Il n'avait pas échappé, sans doute, à cet officier, en suivant la marche de l'insurrection, que les bandes qui marchaient avec l'agitateur, et qu'il ramassait successivement sur son passage, se composaient presque exclusivement de serviteurs religieux de Sidi Ech-Chikh, l'ancêtre des Hamza. Le commandant de Boghar ne pouvait pas non plus ignorer que les Oulad-Chaïb appartiennent à l'ordre du saint marabout des Oulad-Sidi-Ech-Chikh, et il était, dès lors, facile de prévoir qu'en raison de ce lien religieux, Sid Mohammed ne manquerait pas de les appeler sous son drapeau. C'était le cas, pensons-nous, de surveiller plus particulièrement ces Oulad-Chaïb, afin de savoir ce qui se passait chez eux, et d'arriver ainsi à la connaissance de leurs projets.

Nous sommes porté à croire que le commandant supérieur de Boghar, bien qu'excellent officier, ne s'est pas assez préoccupé de ces considérations, puisqu'il s'est trouvé sans moyens à opposer à la défection et à l'émigration des Oulad-Chaïb.

Nous allons donner quelques détails sur cette fâcheuse affaire qui entamait l'Ouest de la province d'Alger, laquelle, nous l'avons dit plus haut, n'avait pas encore bougé.

En raison de son importance numérique, la tribu des Oulad-Chaïb avait été, de tout temps, administrée par un agha ayant sous ses ordres un caïd. Des considérations politiques, des services rendus à notre cause par l'agha El-Djedid-ben-Ioucef avaient fait maintenir cet état de choses en faveur de son fils aîné En-Naïmi, lequel le remplaçait jeune encore dans le commandement de la tribu.

Le kaïd des Oulad-Chaïb, Sid Djelloul-ben-Msaoud, appartenait à une famille obscure de marabouts des Oulad-Sidi-Aïça-Souagui. En fonctions depuis longtemps déjà lors de la nomination d'En-Naïmi, plus âgé que son nouveau chef, le caïd trouva pénibles et difficiles la subordination et l'obéissance envers son agha ; aussi, chercha-t-il à s'affranchir peu à peu de son autorité.

L'expérience de Sid Djelloul et son dévouement à notre cause devaient nécessairement lui donner, auprès du commandant supérieur du cercle de Boghar, une influence que l'agha, qui ne possédait pas au même degré ces *avantages* de son caïd, ne pouvait que difficilement contre-balancer. Peut-être le chef de ce cercle ne sut-il pas adoucir par des égards ce que cette sorte de négation du principe d'autorité avait de blessant pour l'agha. Quoiqu'il en soit, cette place donnée à Sid Djelloul dans le conseil, et les préférences dont il était l'objet excitèrent chez En-Naïmi une profonde haine contre son caïd, en ce sens surtout que ses tendances, son parti pris lui paraissaient être l'annihilation du pouvoir dont il était investi. Dans son orgueil aristocratique de Sahrien, En-Naïmi trouvait, en outre, exorbitant que l'autorité française fît plus de cas d'un homme de mule et de prière que d'un vaillant *djied* (noble), c'est-à-dire d'un homme de poudre et de *chabirs* (éperons).

Cette haine des chefs des Oulad-Chaïb contre le kaïd Djelloul datait de loin déjà ; de nombreuses réclamations avaient été adressées à l'autorité française, du temps même de l'agha El-Djedid-ben-Ioucef, pour que le kaïdat des Oulad-Chaïb fût donné à un homme de la tribu. Le prétexte ostensible de cette animosité contre Djelloul, c'est sa qualité d'étranger ; mais la véritable raison, celle dont on ne parle pas, c'est le dévouement du kaïd à notre cause ; c'est là ce qui gêne les chefs des Oulad-Chaïb. « Donnez-nous un des nôtres pour nous commander, écrivaient-ils souvent au commandant de la subdivision de Médéa, et nous vous garantissons la fidélité de la tribu. »

L'autorité française ne tient pas plus compte de ces réclamations que des plaintes incessantes qui se produisaient contre Djelloul. Le vieil agha El-Djedid-ben-Ioucef mourut de dépit, dit-on, de voir le peu de cas que l'on faisait d'un désir qu'il exprimait avec tant de persistance.

En-Naïmi ne fut pas plus heureux que son père dans sa croisade contre Djelloul; aussi, vingt fois les officiers du bureau arabe de Boghar durent-ils intervenir entre l'agha et son kaïd pour s'opposer à ce que la haine qui animait ces deux fonctionnaires ne se traduisît par des coups de fusil; il était donc évident que cette inimitié ne devait finir que noyée dans le sang de l'un d'eux.

Outre son origine étrangère, qui, aux yeux d'En-Naïmi, faisait de Djelloul l'usurpateur d'une fonction qu'il considérait comme l'apanage des Oulad-Djedid, l'agha reprochait encore à son kaïd une humiliation qu'il aurait fait subir à sa famille — une famille de *djouad* (nobles) — en appuyant l'exécution d'un ordre de l'autorité française relatif à la restitution de 300 chameaux que lui, En-Naïmi, avait enlevés aux Oulad-Khelif.

L'agha En-Naïmi n'eut pas de peine à faire partager par les Ouled-Chaïb la haine qu'il avait vouée au kaïd Djelloul. Nous devons dire que ce dernier ne recherchait point la popularité, et qu'il ne faisait absolument rien pour amener chez ses administrés l'oubli de sa qualité d'étranger à la tribu. Djelloul se contentait de nous servir fidèlement et de surveiller les Oulad-Chaïb.

Vers la fin de 1863, M. Ahmed ben-Rouïlah, lieutenant indigène au 1er de spahis, était détaché, en qualité d'adjoint, au bureau arabe de Boghar. Cet officier, fils d'un ancien khodja d'Abd-el-Kader et son conseiller intime, avait été pris enfant à l'affaire de la zmala de l'émir en 1843, — ce beau fait d'armes de Tagguin, — et conduit en France, où il avait été élevé par les soins du Gouvernement. Les relations de service qui s'établirent entre M. Ben-Rouïlah et En-Naïmi ne tardèrent pas — c'était inévitable — à être marquées de froideur et de gêne; l'éducation et les allures *nsariennes* de l'officier indigène ne pouvaient manquer d'être peu sympathiques à l'agha. C'était toujours la lutte haineuse du vieux parti arabe contre celui des indigènes qui essaient de marcher dans la voie du progrès et qui se rapprochent de nous.

Quelques ordres transmis par M. Ben-Rouïlah d'un ton où

l'agha crut remarquer de la hauteur et du dédain, achevèrent de changer en haine un sentiment qui, chez En-Naïmi, n'était encore que de la malveillance. L'un des frères de l'agha, Bou-Bekeur-ould-El-Djedid, que Ben-Rouïlah avait, un jour, chassé du bureau arabe de Médéa, où il s'était présenté en état d'ivresse, partageait à un haut degré la haine qu'avait vouée En-Naïmi à l'officier indigène.

En-Naïmi et Bou-Bekeur attendaient donc l'occasion de se venger du kaïd Djelloul-ben-Msâoud et du lieutenant Ahmed-ben-Rouïlah : l'insurrection, fomentée par Sid Sliman-ben-Hamza vint hâter le dénouement que cherchaient l'agha et son frère Bou-Bekeur.

Nous avons dit plus haut que la tribu des Ouled-Châïb comptait dans son sein un grand nombre de serviteurs religieux de l'ancêtre des Hamza ; cette tribu devait donc, naturellement, se trouver parfaitement préparée pour bien accueillir l'appel à la révolte que lui faisait, avec insistance, l'ex-bach-agha des Oulad-Sidi-Ech-Chikh. Du reste, les Oulad-Moulaï, fraction à laquelle appartiennent les Oulad-Djedid, étaient, de longue date, en relations d'amitié avec les Oulad-Sidi-Ech-Chikh, et, à diverses époques, des alliances matrimoniales étaient venues resserrer les liens qui rattachaient les deux familles. Aussi, nous le répétons, En-Naïmi fut-il, dès le début de l'insurrection, en rapport avec Sid Sliman-ben-Hamza, et la pointe que fit son frère Mohammed vers El-Beïdha, au nord du Djebel-el-Amour, n'avait évidemment d'autre but que celui de mettre un terme à l'indécision des grands des Oulad-Châïb, et de précipiter le moment de leur défection. Le temps pressait aussi ; car, un jour plus tard, la vengeance d'En-Naïmi et de Bou-Bekeur leur échappait, puisque l'escadron de spahis se préparait à exécuter un mouvement rétrograde sur Chellala.

Le commandant supérieur du cercle de Boghar avait établi son camp à Ras-el-Aïn de Tagguin. Sur l'ordre de cet officier, l'agha En-Naïmi et le kaïd Djelloul avaient dressé leurs tentes de voyage auprès de celles de l'escadron de spahis.

Les tentes des Oulad-Châïb étaient réparties sur les pâturages, à l'est et au nord de Tagguin.

Informé depuis quelques jours des événements de l'ouest (massacre de la colonne Beauprêtre, de détachements et de soldats isolés), En-Naïmi, après s'être entendu avec les principaux de sa tribu, ordonnait, pour le 15 avril, la réunion à Mendjel, point situé à 12 kilomètres à l'est de Tagguin, de tous les douars des Oulad-Chaïb. Les marabouts les plus influents de la tribu étaient allés de douar en douar prêcher la guerre sainte, annonçant à leurs contribules que le marabout Si Mohamed-ben-Hamza les attendait à Mecheggag.

Ce mouvement de concentration, qui s'opérait sans que l'agha en eût informé son kaïd, lequel ne l'apprenait que par ses gens, avait donné à penser à Djelloul qu'En-Naïmi méditait quelque trahison, et il avait fait part de ses soupçons au commandant supérieur.

Le 16 avril, quatre spahis avaient été envoyés, de bon matin, en observation du côté de Mendjel, point où, d'après les ordres d'En-Naïmi, avaient dû se rassembler les douars des Oulad-Chaïb.

Le commandant supérieur de Boghar appelait, vers huit heures, En-Naïmi à sa tente pour lui demander des explications sur le mouvement de sa tribu. L'agha affecte de ne point croire à l'exactitude de ce renseignement; pour lui, il n'a donné aucun ordre; il ne sait ce que cela veut dire; il offre d'ailleurs au commandant de Boghar, qui semble douter de lui, d'accompagner le kaïd Djelloul, qui va monter à cheval pour s'assurer par lui-même de la situation des Oulad-Chaïb. En-Naïmi termine en protestant de sa fidélité et de celle de la tribu dont la France lui a donné le commandement.

Il était, en ce moment, huit heures et demie du matin environ. Le kaïd Djelloul-ben-Msaoud monte à cheval; un brigadier et quatre spahis l'accompagnent; l'agha En-Naïmi, suivi de deux de ses cavaliers, se joint à cette petite troupe, qui prend la direction de Mendjel, point situé à huit kilomètres de Tagguin, et où sont campés, dit-on, les Oulad-Chaïb. Les deux chefs de cette tribu et leur escorte n'étaient plus qu'à une courte distance du lieu indiqué, quand ils rencontrèrent les quatre spahis qui avaient été envoyés en reconnaissance à la pointe du jour. Ces spahis n'avaient rien remarqué d'extraordinaire, sinon que toute la tribu était, en effet, réunie, comme on l'avait dit ; ils y signalèrent un certain mouvement de va-et-vient ; on y semblait faire des apprêts ; beaucoup de gens circulaient dans l'étendue de la *nedjda* (1) soit à pied, soit à cheval.

Les spahis qui accompagnaient le kaïd Djelloul engagèrent ceux qui rentraient de reconnaissance à revenir sur leurs pas, ce à quoi ils consentirent.

Ils atteignaient la première tente de la nedjâa vers dix heures. Tout, en effet, y était en mouvement : le goum est à cheval, les chameaux et les troupeaux sont rassemblés. En-Naïmi s'écarte un instant et s'approche d'une tente comme pour y demander à boire. Une foule de gens, les uns à pied, les autres à cheval entourent les arrivants. Sid Djelloul demande à un Chaïbi des chameaux et des cordes pour son service personnel.

Il n'avait pas été difficile à Djelloul, en entrant dans la nedjâa, de lire sur le visage des gens qui l'entouraient la haine qui les animait et des projets sinistres. Il répondait au caïd des Mgan, qui lui faisait observer qu'il y avait là du danger pour lui : « Je le vois ; mais je ne puis reculer. »

En-Naïmi revient au galop sur Djelloul, et lui brise les reins d'une balle qu'il lui tire traîtreusement à bout portant. Djelloul se renverse sur le côté droit de la selle, au pommeau de laquelle il cherche à se retenir. L'agha l'achève d'un second coup de feu, et le malheureux kaïd va rouler dans les jambes de son cheval. Deux Oulad-Chaïb vident leurs fusils dans la tête de leur chef ; d'autres le dépouillent et le mutilent atrocement. Les spahis sont soudain entourés : l'un d'eux est tué ; trois autres, qui ont essayé de fuir, sont atteints par des cavaliers ennemis et massacrés ; ceux qui restent sont dépouillés.

Puis tous les cavaliers de la tribu s'assemblent. En-Naïmi ould-El-Djedid se met à leur tête ; ses trois frères, Bou-Bekeur, El-Meddah et Ben-Ioucef, et tous les djouad des Oulad-Chaïb, leurs

(1) De *nedjd*, chercher un bon endroit pour y faire paître les troupeaux. La *nedjda*, c'est la tribu nomade en marche.

parents, suivent le chef de la tribu ; ils se portent avec leurs drapeaux, et divisés en trois goums comptant ensemble de 4 à 500 cavaliers, dans la direction de Ras-el-Aïn de Tagguin pour y surprendre et enlever le camp français.

Mais, inquiet de ne point voir rentrer les spahis qu'il avait envoyés le matin aux renseignements, le commandant supérieur de Boghar ordonnait, vers onze heures et demie, à M. Ahmed ben-Rouïlah de monter à cheval, et de pousser, avec un peloton de spahis, dans la direction de Mendjel, pour tâcher d'avoir des nouvelles des reconnaissances. Le peloton mis aux ordres de Ben-Rouïlah se composait d'un maréchal-des-logis français, de deux brigadiers, dont un français, et de 25 spahis indigènes. Ce détachement se mettait immédiatement en route et prenait une direction sud-est, en longeant le marais de Tagguin. Le pays paraissait calme ; mais, arrivé au sommet d'une colline pierreuse, distante du camp d'environ quatre kilomètres, et sur les bords du ravin de Feïdh-Hallouf, le peloton de spahis se trouvait tout-à-coup en présence de trois goums échelonnés d'En-Naïmi. Les deux troupes s'arrêtent à deux cents pas l'une de l'autre. Un mekhazni de Sid Djelloul, envoyé en parlementaire à En-Naïm, est accueilli à coups de fusil. Le goum de Bou-Bekeur-ould-El-Djedid, — l'ennemi personnel du lieutenant Ben-Rouïlah, — qui était en tête, fond sur le peloton en faisant une décharge générale de ses armes. Une dizaine de spahis tombent mortellement frappés; les autres cherchent à s'échapper; mais ils sont poursuivis dans toutes les directions; plusieurs sont atteints et tués; quelques-uns réussissent à gagner le camp.

Le lieutenant Ahmed-ben-Rouïlah est resté seul de son peloton; les deux Français qui en faisaient partie sont morts; huit spahis indigènes ont été tués à ses côtés; le reste a été dispersé. Bou-Bekeur, suivi de ses cavaliers, se précipite vers Ben-Rouïlah, qui n'a point songé à fuir. Un sourire haineux plisse le visage de Bou-Bekeur, qui touche à l'instant de la vengeance. Il tient son fusil de la main gauche en travers de sa selle, pendant que de l'autre il caresse et lisse sa barbe noire avec une sorte de volupté fébrile. Il n'a pas besoin de se presser : Ben-Rouïla est embourbé dans un marais où son cheval vient de se jeter; Bou-Bekour peut savourer sa vengeance en le tuant en détail. Il arme lentement son fusil, vise, et lui brise le bras droit. Bou-Bekour le met en joue pour l'achever de son second coup : « Ai-je besoin de te rappeler, lui dit avec calme l'officier indigène, que les vrais *djouad* (nobles) ne tirent jamais deux fois sur un ennemi ? »

L'implacable Chaïbi presse la détente de son arme, et Ben-Rouïlah vient rouler à ses pieds mortellement frappé.

Les gens du goum ont mis pied à terre pour dépouiller les morts. Bou-Bekour s'adjuge, comme part de razia, les vêtements de Ben-Rouïlah, qu'il revêt à l'instant, ses bijoux, ses armes et son cheval.

Les pertes du peloton étaient de : un officier, un sous-officier (français), deux brigadiers (dont un français), et 11 spahis indigènes. Plusieurs autres avaient été blessés.

Une dizaine de spahis, qui avaient pu échapper aux poursuites des Oulad-Chaïb, regagnaient le camp à toute bride vers midi et demi, et y jetaient l'alarme en se disant poursuivis par quatre ou cinq cents cavaliers. Ne croyant point, sans doute, à la possibilité de la résistance contre des forces six fois supérieures à son effectif, l'escadron s'était mis en retraite par la route de Chellala.

Deux malheureux soldats de la 12e section d'Ouvriers d'administration, qui avaient refusé obstinément de monter sur des mulets et qui étaient restés en arrière, furent joints, tués et dépouillés aux *mathmour* (silos) de Ras-el-Aïn, à un quart-d'heure de Tagguin, par des cavaliers des Oulad-Chaïb, qui avaient suivi pendant quelque temps l'escadron dans sa retraite.

Après avoir pillé les bagages restés au camp, les goums rebelles se retirèrent, vers trois heures, sur leur nedjâa en marche dans la direction de Djeder-ed-Dib, où elle devait camper; ils la rejoignaient avant le coucher du soleil. Les Oulad-Chaïb restaient sur ce point jusqu'à ce qu'ils aient enlevé leurs grains ensilés à Tagguin ; puis la tribu gagnait l'ouest, et s'enfonçait dans le sud à la suite du marabout Mohammed-ben-Hamza.

Cinq spahis, de ceux qui, le matin, avaient accompagné le kaïd Djelloul à Mendjel, avaient été recueillis par un Chaïbi, qui favorisait leur fuite pendant la nuit. Ils purent, en évitant les postes qu'En-Naïmi avait fait placer sur le chemin de Tagguin, arriver sains et saufs, le lendemain matin 17 avril, à Chellala, d'où ils rejoignaient, le même jour, leur escadron au caravansérail de Bou-Kouzzoul, sur lequel il s'était retiré.

L'agha du Djebel-el-Amour, Ed-Din ben-Yahia, était venu, le 16, à onze heures du matin, à Tagguin, avec douze cavaliers; il ramenait au commandant supérieur de Boghar un soldat de la Remonte, détaché dans son aghalik pour le service des étalons des tribus. La présence de cet agha, en ce moment, au camp de Tagguin, son silence sur les menées de l'agha des Oulad-Chaïb, avaient fait croire qu'il n'était point étranger à cette défection, ou, tout au moins, qu'il en avait connaissance; mais il fut démontré plus tard que ce soupçon n'était pas fondé.

La preuve que le meurtre de Djelloul-ben-Msâoud était arrêté dans l'esprit d'En-Naïmi et convenu à l'avance entre cet agha et les principaux des Oulad-Chaïb, c'est que, dès le matin du 16, quelques heures avant sa mort, vingt cavaliers de cette tribu s'étaient rendus, du Mendjel à Mederreg, pour piller la tente de leur kaïd et lui enlever ses chameaux. Nous avons vu d'ailleurs qu'à l'arrivée de Djelloul à la nedjâa de Mendjel, le goum était à cheval et prêt à se porter sur le camp de Tagguin pour s'y venger et du kaïd et de Ben-Rouïlah, si la destinée de ces deux hommes ne les eût jetés entre les mains de leurs implacables ennemis. Aussi, Djelloul mort et la vengeance d'En-Naïmi satisfaite, c'était au tour de son frère Bou-Bekeur à chercher la sienne: c'est, en effet, son goum seul qui donne contre le peloton du lieutenant Ahmed-ben-Rouïlah; c'est Bou-Beckeur qui tue cet officier indigène de sa propre main, et cela au lieu même où, vingt-et-un ans avant, la France le ramassait, enfant, pour en faire un de ses plus dévoués soldats.

Une autre preuve que c'est la haine seule contre Djelloul et Ben-Rouïlah qui guida les chefs des Oulad-Chaïb dans cette triste affaire, c'est que les trois goums réunis, forts de plus de 400 cavaliers, ne songent même pas à poursuivre l'escadron de spahis, qui n'en a guère que 70, et qu'ils auraient pu si facilement atteindre.

Les puritains de l'armée, les officiers qui croient l'honneur, la force et la gloire du pays attachés d'une façon absolue à la conservation des traditions, des principes, de la religion et des dogmes militaires, ceux qui repoussent pleinement la maxime arabe : « Fuir en temps opportun, c'est vaincre, » prétendaient qu'une retraite précipitée devant les Arabes ne pouvait d'abord que produire le plus fâcheux effet ; qu'elle devait nécessairement avoir pour résultat de les enhardir outre mesure et de les gonfler d'orgueil. Ils ajoutaient que ce n'était point un renseignement apporté par des fuyards qui dût déterminer le mouvement rétrograde de l'escadron, et, qu'avant de l'exécuter, il y avait lieu de s'assurer si, réellement, l'alarme que venaient jeter les spahis était justifiée ; car, en résumé, sept cavaliers seulement — ceux qui ont tué les deux ouvriers d'administration, — se sont mis aux trousses de l'escadron, en se tenant toutefois à distance, et n'ont poussé leur timide charge que jusqu'aux *mathmour* de Ras-el-Aïn, c'est-à-dire à un quart d'heure de marche de Tagguin. Les goums ne se sont portés sur le camp abandonné que lorsqu'il ne leur est plus resté de doute sur la retraite de l'escadron.

D'autres officiers, moins rigoristes que les premiers, et qui sont d'avis qu'il est des circonstances où les principes doivent fléchir, faisaient remarquer, par contre, que la situation était extrêmement difficile ; ils ajoutaient qu'il n'était pas impossible que les rebelles fussent, en effet, au nombre de trois ou quatre cents, comme le disaient les spahis du peloton de M. Ahmed-ben-Rouïlah, que le commandant supérieur de Boghar n'avait plus guère à sa disposition que 70 cavaliers ; qu'il pouvait être cerné par des forces très-supérieures en nombre aux siennes ; qu'il était à quarante-cinq lieues de tout secours et de ses magasins ; et qu'en définitive, le souvenir tout saignant encore de la destruction du détachement Beauprêtre devait, dans cette occasion, lui ôter toute indécision sur le parti à prendre. Ils ajoutaient qu'une retraite est, en résumé, un mouvement militaire que n'exclut point la tactique, et que plusieurs de nos plus célèbres généraux se sont illustrés dans la conduite difficile d'opérations de ce genre.

Nous avons voulu rapporter ici, à cause du retentissement qu'a eu l'affaire de Tagguin dans la province d'Alger, les deux opinions qui se sont produites, à cette occasion, parmi les officiers de la colonne expéditionnaire du Sud.

Le détachement de Tagguin, comme nous l'avons dit plus haut, se retira sur le village indigène de Chellala, et, de là sur le caravansérail de Bou-Kouzzoul, d'où il rallia, le 19 avril, la colonne que le général Deens venait de constituer sous le ksar El-Bokhari.

Quand les Oulad-Chaïb avaient été parfaitement certains que la retraite de ce détachement était tout-à-fait sérieuse, ils s'étaient précipités sur le camp de Tagguin et y avaient mis au pillage les quelques effets que le détachement y avait oubliés, et dont ils ne manquèrent pas de faire des trophées. Bien que conquises sans trop de difficultés, ces dépouilles n'en enflammèrent pas moins, à un très-haut degré, les cerveaux des Oulad-Chaïb, lesquels n'avaient pas encore l'habitude de se pavaner orgueilleusement sous les uniformes de nos soldats.

Le 19, la tribu des Oulad-Chaïb faisait jonction, à Mecheggag, dans le sud-ouest de Tagguin, avec les bandes du marabout Sid Mohammed-ben-Hamza, et l'agha En-Naïmi mettait à la disposition du nouveau sultan les 500 cavaliers dont l'autorité française lui avait confié le commandement.

II

Dispositions militaires. — Rassemblement de troupes sous le ksar El-Bokhari. — Constitution de la colonne expéditionnaire du Sud dans la plaine de Zobra. — Le camp des goums. — Le général Yusuf harangue les goums du cercle de Médéa et de Boghar. — Les derniers préparatifs. — Cavaliers français et cavaliers arabes. — Mise en marche de la colonne. — Physionomie du pays parcouru. — L'horizon. — La végétation. — Le bivouac de Bou-Keuzzoul. — Bribes d'histoire. — Le bivouac d'Aïn el-Ousra. — Le bivouac de Guelt-es-Sthel. — Les feux de Halfa. — Le bivouac des Hadjeur-el-Meleh (rochers de sel). — Le gîte de sel. — Djelfa. — Bivouac de l'Ouad-Es-Sedeur. — Aïn-el-Ibel. — Bivouac de Mokthâ-bou-Zian. — Les vipères cornues. — Le bivouac de Sidi-Makhlouf. — La koubba de Sidi-Makhlouf. — Le Djebel-el-Milok. — Le goum des Arbaâ. — Les puits de Metlili. — Ras-el-Aïoun. — Entrée de la colonne dans Laghouath.

Il n'y avait plus à hésiter : il devenait urgent de s'opposer à la contagion insurrectionnelle qui menaçait de se communiquer à tout notre Sud. Puisque nous n'avions pas réussi à nous attacher les populations sahriennes par les bienfaits, il y avait lieu de tenter un autre moyen pour les maintenir dans l'obéissance, et nous étions nécessairement obligés de nous souvenir que les douze cents morts de Laghouath nous avaient donné douze années de paix et de tranquillité.

Le général commandant la division d'Alger n'avait pas attendu, du reste, le triste épisode de Tagguin pour agir. Dès le 12 avril, et bien que son commandement n'eût pas encore été entamé par l'insurrection, il avait proposé au Gouverneur général l'exécution d'un mouvement qu'il fut autorisé, le 16, à faire opérer ; le 18, une colonne, mise sous les ordres du général Doens, commandant la subdivision de Médéa, était constituée sous le ksar El-Bokhari et prête à se porter en avant.

Le même jour, le général Yusuf informait le commandant de la subdivision de Médéa qu'il partait d'Alger, suivi de renforts, pour venir se mettre à la tête de la colonne campée sous le ksar El Bokhari.

Le général Yusuf s'est donné Laghouath pour objectif; c'est là qu'il doit établir son quartier-général pour agir, de ce point, selon ce que réclameront les circonstances.

Une colonne d'observation, placée sous les ordres du commandant la subdivision de Miliana, a pour instructions de se rendre dans le Seressou, point d'où elle devra se tenir à la disposition du général commandant la division d'Oran, et répondre à son appel si la tournure des affaires venait à l'exiger.

La mission du général Liébert est de chercher à relier l'action du général Deligny à celle du général Yusuf, tout en ne perdant pas de vue que son premier devoir est de couvrir sa propre subdivision, et de porter appui, au besoin, au commandant de la subdivision d'Orléansville; il devra, en un mot, circonscrire ses opérations dans un cercle tel, que l'ouest de la division d'Alger se trouve toujours maintenu par la proximité de sa colonne. Le général Liébert reçoit, en outre, de son commandant de division, des instructions générales dans la prévision d'une insurrection simultanée de l'Ouarsenis et du Dahra.

Le général Yusuf arrivait, le 23 avril, au camp d'El-Bokhari, et portait sa colonne à 2 kilomètres au sud de ce ksar, dans la plaine de Zobra, sur la rive droite du Haut-Chelif.

Le 25, la colonne était complétée par l'arrivée, avec le colonel Archinard, de neuf compagnies du 3e de ligne.

Le même jour, la colonne expéditionnaire du Sud était constituée, et le général Yusuf en prenait le commandement. Elle se composait de seize compagnies d'infanterie (1er de zouaves, 3e de ligne, 1er de tirailleurs algériens) aux ordre du colonel Archinard, et de six escadrons de cavalerie (1er de chasseurs d'Afrique, 3e de hussards, 1er de spahis, commandés par le colonel Abdelal. L'artillerie était représentée par une section d'obusiers de montagne, et le génie, par un détachement de 25 hommes.

La remarquable qualité des troupes composant la colonne, la réputation de son chef, et la valeur et l'expérience des officiers placés à la tête des diverses armes étaient de sûrs garants du succès en cas de rencontre de l'ennemi.

Dès son arrivée à El-Bokhari, le général Yusuf avait pu se convaincre de la gravité de la situation. La malheureuse affaire des Oulad-Chaïb avait eu un retentissement fâcheux dans le sud de la subdivision de Médéa, et bien des fidélités n'y tenaient plus qu'à un fil. Deux succès en huit jours, c'était beaucoup, en effet, pour les Sahriens, qui n'en avaient pas l'habitude. En résumé, l'esprit des populations de notre Sud en général et de celles du cercle de Boghar en particulier était parfaitement mauvais, et la présence d'une colonne française au milieu d'elles n'était rien moins qu'urgente pour les arrêter dans leur folle envie d'aller grossir les contingents du marabout.

Les goums des cercles de Médéa et de Boghar doivent prendre part à l'expédition qui se prépare. Dès le 25, leurs tentes se dressaient, dans un désordre plein de caprices imprévus, sur une longue colline qui ferme, au sud, la plaine de Zobra, et leurs étendards aux couleurs rouges, vertes et jaunes s'agitaient dans leurs plis comme des oiseaux captifs qui rêvent la liberté. Cette plaine de Zobra, déserte et silencieuse hier, est aujourd'hui pleine de vie et d'animation : l'esprit de la France est là, et l'on y retrouve, avec cette gaîté active qui est le propre du soldat français, la croyance au drapeau et ces mâles enthousiasmes qui donnent le succès ; on sent dans l'air comme un parfum de gloire qui vous plonge dans les nobles ivresses, et qui vous fait courir au danger avec cette ardeur et cet élan sublimes que mettaient les premiers chrétiens à courir au martyre : c'est, en un mot, du fanatisme dans la lumière.

Comme nous le disions plus haut, la défection des Oulad-Chaïb n'avait pas été sans produire un certain ébranlement dans le sud du cercle de Boghar ; cependant, les cavaliers de ce cercle, qui, sans doute, n'étaient pas mûrs encore pour l'insurrection, avaient répondu à l'appel du général commandant la division qui les convoquaient pour le 25. On sentait pourtant que l'esprit de ce goum n'était pas avec nous; son attitude avait quelque chose de contraint, de gêné, d'embarrassé, et l'on ne trouvait pas, dans les relations entre Français et Arabes marchant pour la même cause, cet air de franchise et de bonne volonté qu'on avait pu remarquer dans d'autres occasions.

Le général Yusuf, à qui cette particularité n'avait pas échappé, résolut de parler à ces cavaliers : encourager les fidèles, raffermir les chancelants, et montrer aux douteux les conséquences d'un engagement dans une voie qui n'était pas la nôtre, tel fut le but que se proposa le général. Il réunit donc autour de lui les goums des cercles de Médéa et de Boghar, et il les harangua avec cette habileté, cette finesse et cette originalité d'esprit qu'on ne saurait lui contester. La manière dont le général prononce l'arabe, en l'accentuant à l'italienne, ajoutait encore à la couleur de l'expression ; aussi, fallait-il voir ses auditeurs l'oreille tendue vers lui et les yeux sur ses lèvres pour ne pas perdre une de ses paroles, et applaudissant à son discours par les interruptions de : « La vérité est chez-toi ! Tu es avec le vrai ! »

« O Arabes, leur dit-il, que pensez-vous de la défection des » Oulad-Chaïb?... Ont-ils cru, parce que nous étions peu » nombreux ici, que la France n'avait plus de soldats ? Les re» belles ont-ils cru en avoir fini avec les armées de la France » en égorgeant lâchement quelques soldats isolés?... Sachez-le » bien, ô Arabes, chaque tête de Français qui tomberait ici y » amènerait cent mille soldats !...

» Quel sera le sort des Oulad-Chaïb ? Où iront-ils ? Dans la » province du R'arb (ouest), ou dans celle du Cheurg (est) ? Mais » ils y rencontreront plus de soldats que dans celle-ci. Au » Maroc ? Mais le sultan Moula-Mohammed-ben-Abd-er-Rahman » les mangerait comme des chiens. Dans la Tunisie ? Mais le » bey, notre allié, les en chasserait honteusement... Que vont» ils devenir ?...

» Que voulez-vous ? que demandez-vous ? de quoi vous plai» gnez-vous ?...

» Le moment, vous en conviendrez, est mal choisi pour l'in» surrection ! Est-ce quand notre sultan l'Empereur dit : « Je

» regarde les Arabes comme mes enfants... Arabes et Français » ont un droit égal à ma protection, et je suis aussi bien l'Em- » pereur des Arabes que l'Empereur des Français... » Est-ce » bien, je vous le demande, quand l'Empereur, notre sultan » comme le vôtre, s'occupe de votre bien-être, est-ce bien, » dis-je, de répondre à ses bienfaits par l'ingratitude, au té- » moignage de sa sympathie et de sa haute justice par la rébel- » lion, par le pillage, et par le massacre de ses soldats?

» Aussi, cette déloyale conduite est-elle une sorte de triomphe » pour ceux qui prétendent que vous ne méritez pas le bien » qu'on vous fait, et rend-elle la tâche de vous défendre extrê- » mement difficile à ceux qui vous aiment. Moi-même qui, » depuis trente-quatre ans, combats pour vous avec deux épées, » vous me mettez aujourd'hui presque au repentir de vous avoir » aimés.

» Mais vous êtes ainsi faits, vous, les Arabes : vous êtes dans » la paix et dans le bien, et vous n'y savez rester. Un jour, que » vous êtes ivres de *leben* (lait aigre), vous vous croyez puis- » sants, et vous rêvez alors la possibilité de l'abandon du pays » par les Français. Ne vous bercez pas, ô Arabes, de ce vain » espoir ! car nous sommes ici par la volonté de Dieu !...

» Rappelez-vous donc la grande guerre d'autrefois ! Avez- » vous perdu le souvenir qu'avec cinq cents Chasseurs et l'aide » de Dieu, nous avons pris la zmala d'El-Hadj-Abd-el-Kader ?... » Que pouvez-vous donc espérer aujourd'hui que nous vous con- » naissons vous et votre pays ?...

» En sortant d'Alger, on me disait que le vent de la rébellion » avait soufflé sur vous ; je ne l'ai pas cru, parce que je vous » connais, et que je sais que vous n'êtes ni des ingrats, ni des » traîtres. Et je suis venu moi-même, et j'ai vu que j'avais eu » raison de rejeter le mal qu'on me disait de vous.

» A l'arrivée des Français dans votre pays, la plupart de ceux » qui m'entourent ici étaient des khammès ; n'est-ce pas là la » vérité ? Aujourd'hui, vous êtes tous vêtus de bons bernous ; » vous avez des chevaux, des troupeaux ; vous êtes propriétaires, » enfin ! Au temps où je vous parle, vos moutons se vendaient » de trois à quatre francs, tandis qu'à présent, vous en tirez

» sans peine de vingt à vingt-cinq francs ; une toison valait de » trois à quatre sous, aujourd'hui vous la vendez trois francs ; » une vache se vendait quinze francs, aujourd'hui vous la » vendez cent francs. Réfléchissez à tout cela. Et cette situation » heureuse, ne sont-ce pas les Français qui vous l'ont faite ? Et » cette richesse et le bien-être qui en est le résultat, n'est-ce » pas aux Français que vous en êtes redevables ? Enfin, dites-le » moi, de quoi avez-vous à vous plaindre ? Quel mal les Fran- » çais vous ont-ils fait ?...

» Rappelez-vous bien ceci, ô Arabes ! c'est que si la France est » bonne pour les fidèles, elle est, en revanche, sévère pour les » rebelles : aux premiers, la paix et le bien-être ; aux seconds, » la misère et le châtiment !

» Préparez-vous donc à marcher, ô Arabes ! Soyez sans crainte » pour vos femmes et vos enfants ; vous pouvez aujourd'hui les » laisser derrière vous : notre protection leur est assurée.

» En marchant avec nous, sachez-le bien, ce n'est pas moi que » vous suivez, c'est le drapeau de la France ! — Que Dieu le » rende victorieux !

» Allez donc préparer vos munitions, vos vivres, et revenez » reprendre votre place auprès de nous.

» Allez, mes enfants, avec le salut ! »

Cette harangue, dont nous avons essayé de rendre la forme et le sens, parut produire sur l'esprit des goums un effet salutaire. Grâce à la mobilité de caractère particulière aux Arabes, peuple enfant, ces cavaliers, dont la fidélité était, il n'y a qu'un instant, plus que douteuse, semblaient, nous ne dirons pas enthousiastes, mais tout au moins assez convenablement préparés pour marcher avec nous sans trop de répugnance ; et si l'on a égard aux dispositions peu favorables dans lesquelles se trouvaient les gens du goum avant l'allocution du général, la conversion qu'il venait d'obtenir pouvait certainement passer pour un succès.

Le spectacle donné par un homme haranguant une foule armée n'est jamais sans grandeur, quels que soient, d'ailleurs, les passions ou les sentiments auxquels il fait appel ; l'intérêt est surtout doublé quand la tribune est la borne de la rue, ou un tertre assis dans la plaine. Aussi, officiers et soldats de la colonne, bien qu'ils ne comprissent pas la langue arabe, formaient-ils une ceinture compacte autour des cavaliers du goum, et cherchaient-ils curieusement à lire sur le visage des harangués l'effet produit par la parole du général.

La plaine de Zobra est, du reste, parfaitement disposée pour les luttes oratoires du forum : encadrée par les hauteurs rocheuses de Kef-Ben-Alia, d'Aïn-el-Beïdha, de Maththin, de Mzouzi, de Kef-Oulad-Ahmed, de Bou-Khebza et de Taïg, elle forme une immense place carrée que vient couper, en serpentant du sud au nord, le bourbeux Nahr-el-Ouassel, qui a pris le nom de Chelif.

La journée du 26 est employée aux derniers préparatifs ; la plus grande activité règne dans le camp ; chacun achève de se gréer. Ce n'est pas, en effet, une petite affaire que de s'engager dans des régions où l'on n'a d'autres ressources que celles qu'on traîne derrière soit. Tous, ou à peu près, savent qu'il faudrait un peu plus que de la sobriété pour vivre là sur le pays, et l'on ne se moque déjà plus ni de la bosse, ni de la tournure dégingandée du chameau, l'indispensable et merveilleuse bête de somme des contrées sahriennes. Ils sont déjà là un millier faisant leur provision d'eau, et se portant grotesquement, une jambe en écharpe, sur l'emplacement qui leur a été assigné.

C'est décidément demain, 27 avril, que la colonne se met en route : les ordres de départ, de marche et de formation à l'arrivée au bivouac viennent d'être transmis aux différents corps par le chef d'État-major.

Bien que l'effectif de la colonne ne s'élève guère au-dessus de 2,000 hommes tant infanterie que cavalerie, la multiplicité des services et des accessoires surtout ne fait pas moins de cette petite armée une machine assez difficile à remuer et à diriger. Si la civilisation nous enseigne de merveilleuses et savantes formations, de très-ingénieux ordres de bataille, en revanche, elle nous alourdit singulièrement en nous donnant d'impérieux besoins à satisfaire, besoins qui exigent des moyens de transport tout-à-fait en disproportion avec nos effectifs. Cet inconvénient des impédiments se fait surtout sentir en Algérie lorsqu'on a à opérer dans le Sahra, puisqu'il faut, nous l'avons dit, tout emporter avec soi, nourriture des hommes et des animaux. Il faut bien avouer que les Arabes, peuple à cheval, nous sont bien supérieurs sous le rapport de la légèreté et de la mobilité, et que, malgré leurs juments hypothétiques, leurs fusils à canon de fer-blanc et leur poudre grossière, ils nous donneraient fort à faire s'ils pouvaient parvenir à s'entendre et s'ils étaient bien commandés. Il n'y a pas à se le dissimuler, quand nous les joignons, c'est que, généralement, ils l'ont bien voulu, ou c'est qu'ils ont été surpris en flagrant délit d'émigration, roulant et poussant devant eux leurs familles et leurs troupeaux. Nous irons plus loin, nous dirons que, même pour le combat, les cavaliers arabes sont toujours dans des conditions plus avantageuses que celles où nous nous trouvons ordinairement : d'abord, ils manient leurs chevaux avec une admirable dextérité; la selle et les étriers arabes, qui composent le plus parfait des harnachements de guerre, leur permettent de se servir du fusil avec la même facilité que s'ils étaient à pied; de plus, en combattant en fourrageurs et en fuyant à propos, — pour eux, « fuir en temps opportun, c'est vaincre, » — ils ne nous présentent que de trop rares occasions de les atteindre et de les frapper. Toutes les chances défavorables sont donc pour nous, qui recevons les bandes arabes ou qui nous présentons à elles dans le même ordre que si nous avions affaire à un régiment de cuirassiers prussiens. Ils n'ont, comme le disent nos soldats, qu'à *tirer dans le tas;* et bien que leur balle n'ait pas la forme aussi compliquée que savante de celle en usage dans notre infanterie, et qu'elle soit, en dépit du progrès, restée imperturbablement à peu près sphérique, elle n'en donne pas moins bel et bien la mort à un trop grand nombre de nos valeureux soldats. Pour un pareil résultat, ce n'est pas la peine d'être la première armée du monde. Du reste, il n'y aurait rien d'étonnant que tout cela ne fût dans les desseins de Dieu; car la civilisation en aurait trop vite fini avec la barbarie si la première avait pour elle tous les avantages.

Le *démarrage*, c'est-à-dire la mise en mouvement d'une colonne expéditionnaire qui doit s'enfoncer dans le Sahra n'est pas une petite affaire. N'a-t-on rien oublié? C'est que, demain, quand nous aurons quitté nos magasins, il sera déjà bien tard pour réparer notre oubli. Aussi la matinée du 27 est-elle consacrée à donner un dernier coup-d'œil pour s'assurer si toutes les pièces composant cette machine qu'on appelle une colonne sont en bon état et à leur place. Tout va bien, et promet un fonctionnement parfait. A onze heures, la ville de toile qui hérissait la plaine est renversée comme par l'effet d'un coup de théâtre ou d'un tremblement de terre, et les muletiers avec leurs mulets, et les *sokhkhrara* (1) avec leurs chameaux, attendent la sonnerie du *boute-charge* pour placer sur le dos de leurs bêtes de somme les habitations, les bagages et les approvisionnements en vivres et en munitions de guerre de la colonne. L'esprit des deux peuples, Français et Arabe, se révèle surtout dans cette opération du chargement. Ainsi, le Français — nous sommes pourtant les auteurs de la loi Grammont — chargera en injuriant et en battant sa bête, qui le lui rend souvent; l'Arabe — les Arabes ne parlent jamais à leurs bêtes — fera son chargement en silence, avec calme, et il obtiendra de son mulet ou de son chameau tout ce qu'il en voudra avec un simple cri ou un appel de langue.

Le général Yusuf sait que les troupes françaises sont aussi intelligentes qu'elles sont valeureuses, et que, tout en obéissant parfaitement, elles discutent volontiers les opérations des chefs auxquels on a confié et leur existence et leur honneur; elles tiennent à savoir où on les mène et ce qu'on attend d'elles. Ce ne sont point, en un mot, des troupes-machines agissant automatiquement sous une impulsion donnée. Le général sait cela; aussi, a-t-il voulu réunir autour de lui les officiers de sa colonne et leur faire connaître son plan de campagne.

Nous ne nions pas qu'il n'y ait quelque témérité à parler d'un plan de campagne dans le Sahra, et surtout à l'exposer et à le détailler à ses troupes. Avec l'extrême mobilité des bandes

---

(1) *Requis*, convoyeurs indigènes conduisant les bêtes de réquisition. Autrefois, *les corvéables*.

sahriennes, il n'est guère possible de prévoir où l'on sera le lendemain. La guerre, dans le Sud, ne peut donc se faire qu'au jour le jour et par improvisations. Nous admettons qu'un général puisse se donner un objectif, une direction générale; mais il sera bien rare qu'il y arrive tout d'une traite et sans avoir été obligé de se jeter plusieurs fois hors de cette direction.

Du reste, dans le Sahra, ce n'est pas par les armes qu'il faut chercher à vaincre; on arrive plus sûrement à ce résultat en fermant aux rebelles l'accès de leur pays: la misère les mettra bientôt à la merci du général qui n'aura pas exténué ses troupes et ses chevaux à la vaine poursuite d'un insaisissable ennemi, et qui sera resté imperturbablement sur une position remplissant le but qu'il se propose, celui de placer les rebelles dans l'alternative de se soumettre ou de mourir, eux et leurs troupeaux, de faim et de soif.

Évidemment, ce rôle expectant n'est pas extrêmement dans les goûts de nos bouillants soldats; une expédition sans coups de fusil, ce sont les misères de la guerre sans compensations: pour eux, pas de sang, pas de gloire! On n'a point couru de dangers par le fait de l'ennemi dans cette expédition; c'est à peine si l'on osera dire *qu'on y était.* Nous sommes ainsi faits, et ce propos de Montaigne n'est pas d'hier: « Cecy est digne d'estre « considéré, que nostre nation donne à la *vaillance* le premier « degré des vertus, comme son nom montre, qui vient de *valeur.* »

Eh! mon Dieu, oui! nos soldats sont toujours ce que les Italiens appelaient autrefois des « *bisognosi d'onore*, » des nécessiteux d'honneur, de cet honneur que donne la gloire, et, nous le répétons, pour eux, il n'y a pas de gloire quand le pistolet reste à la ceinture et la lame dans le fourreau.

L'objectif du général Yusuf est El-Ar'ouath, où il jettera un approvisionnement. Il espère que, d'ici à son arrivée dans cette place, l'insurrection se sera dessinée, et qu'il pourra prendre alors un parti, et agir en raison des éventualités qui se produiront soit dans la province d'Alger, soit dans celle d'Oran, foyer de la rébellion.

Le général, qui sait la guerre d'Afrique par cœur, et qui connaît son Sud sur le bout du doigt, donne aux officiers quelques bons conseils sur la manière de conduire les troupes dans les régions inhospitalières où ils vont avoir à opérer. Pour la plupart d'entre eux, le Sahra est un pays tout nouveau ; il faut oublier là ses souvenirs d'école et des théories dont ils ne trouveront certainement pas à faire l'application. Les opérations de guerre en Afrique reposent encore aujourd'hui sur les traditions, et jusqu'à ce qu'on ait donné la culotte de zouave et la chachia à notre *Service en Campagne*, il faudra bien se contenter des leçons professées par les officiers généraux qui ont été les disciples de l'illustre maréchal Bugeaud.

Le général termine en faisant remarquer aux officiers que, sa colonne étant appelée à agir dans le Sahra au moment où, habituellement, les troupes expéditionnaires rentrent dans le Tell, leurs soldats vont se trouver dans des conditions bien plus défavorables que si elles avaient à opérer pendant la saison d'hiver. En effet, les approches de l'été ne promettent guère autre chose que des eaux rares et des chaleurs insupportables ; il engage donc les officiers à redoubler de sollicitude à l'égard de leurs hommes.

Le général Yusuf sait aussi d'expérience tout ce qu'on peut obtenir de l'infanterie quand elle marche sans sacs. Cette faveur permet d'exiger d'elle des marches plus longues et plus rapides ; elle ôte aux traînards tout prétexte de rester en arrière, et le fantassin qui arrive sans fatigue au bivouac peut, si les circonstances le demandent, donner facilement un coup de collier. Nous ajouterons que, dans ces conditions, l'infanterie marche aussi vite que la cavalerie.

L'assemblée a sonné ; à ce signal, chaque corps, détachement ou service a pris le rang qui lui a été assigné dans l'ordre de marche. Les officiers d'État-major rectifient les fautes de détail qui ont pu se produire dans l'arrangement des différentes pièces composant la colonne. A la sonnerie de : *En avant !* la machine s'ébranle et plonge dans le Sud.

C'est dans la province d'Oran que les Hauts-Plateaux, cette immense terrasse formant la ligne de partage des eaux entre les bassins méditerranéen et saharien sont le plus fortement accusés ; cette vaste plate-forme, qui sépare le Tell du Sahra, va s'affaissant de l'Ouest à l'Est, et s'efface au-delà de Boghar pour disparaître entièrement dans la province de Constantine, où l'on passe de plein-pied du pays des céréales dans celui des dattes.

Bien qu'au-delà de Boghar les Hauts-Plateaux soient peu marqués sous le rapport de l'altitude, il n'en est pas moins vrai qu'on y sent bientôt l'approche des steppes : à quelques kilomètres dans le sud de la ligne de ceinture du Tell, les riches céréales de la vallée du Chelif moyen sont devenues rares et sans force ; la végétation arborescente a disparu. A part quelques fondrières, quelques plis de terrain que les eaux des pluies ont verdis, le sol ne présente plus guère que les teintes et la dureté de la carapace d'une tortue.

Le Chelif, le seul fleuve algérien qui, prenant sa source dans le Sahra, aille jeter ses eaux dans la Méditerranée, serpente sournoisement et traîtreusement sur notre droite. C'est sans doute ainsi qu'il a pu s'introduire furtivement dans le Tell : rien qui le décèle ; point de rives saillantes ; c'est comme une bouche sans lèvres ; point d'accidents qui paraissent gêner son allure ou contrarier son cours : fleuve égoïste qui s'est creusé un lit profond dans une sorte de marne boueuse, et qui se hâte de porter son tribut fangeux et ocreux à la mer sans se préoccuper de calmer la soif ardente du pays qu'il traverse.

La colonne a pris ce qu'on appelle pompeusement la *route impériale* d'Alger à Laghouath. Sous le rapport de la largeur, on ne saurait lui contester ses titres à cette haute qualification ; mais peut-être pourrait-on lui reprocher de n'avoir pas su éviter assez les mauvais pas et les marécages. Il est vrai que les voituriers ne sont pas absolument astreints à suivre le tracé de la route.

Au fur et à mesure que nous avançons, les traces de la charrue indigène deviennent plus rares ; le sol se caillloute, s'empierre, et prend déjà cette teinte fauve qui annonce le Sahra. Des roches bizarres, moirées de filons blanchâtres, se dressent sur notre gauche. La plaine s'évase à droite et n'est plus guère tourmentée que par quelques collines qui, par l'effet des ondulations, semblent bondir comme celles dont parle le Psalmiste. Nous rencontrons encore deux ou trois fois le Chelif roulant dans son ornière à berges droites et rongées, puis nous le laissons définitivement en appuyant légèrement dans l'Est.

Nous dépassons la coupure d'un dernier pli de terrain ; à la sortie de ce défilé, les portes de l'horizon s'ouvrent à deux battants : voilà le Sud aux monotones et vastes espaces ! Le regard, captif dans les montagnes du Tell, prend ici son vol tout à l'aise, sans crainte de se heurter aux obstacles, et ne trouve à se poser que sur des pitons d'un bleu vague qui, à trois journées de marche de là, se confondent avec la robe du ciel dont ils semblent la bordure. Puis, jalonnant la route, une longue ligne de poteaux-supports du fil électrique, cette monture de la pensée aussi rapide que la pensée elle-même. A notre droite, le Djebel-Oukat s'allonge de l'Est à l'Ouest et va finir à Tagguin ; devant nous, la chaîne des Sebâa-Rous (Sept-Têtes) semble les remparts d'une ville prise d'assaut sur lesquels on aurait exposé les têtes de sept géants décapités, sorte de *Sierra* (scie) que les Turcs appelaient *Iedi-Toptar*, les Sept-Canons. Plus près de nous, on distingue un point blanc noyé dans l'espace et pareil à une voile en pleine mer immobilisée par le calme : c'est le caravansérail de Bou-Kouzzoul (1) dressant ses murailles blanches au milieu de ces plates solitudes.

La végétation n'a déjà plus rien de celle du Tell : le *chih (artemisia herba alba)* s'est emparé du terrain et nous jette ses trop odorantes bouffées ; pomponnée à neuf de son feutre blanc, cette armoise, que le printemps a verdie, tigre le sol marneux de la plaine de ses touffes à ramification ramassée.

Des marais miroitent sur notre droite ; des bandes de flamants y dorment sur une jambe et la tête sous l'aile. On dirait, de loin, une patrouille anglaise.

Le camp a été tracé à l'avance par les officiers d'État-major, et les adjudants-majors des corps d'infanterie sont allés reconnaître l'emplacement que devra occuper la fraction à laquelle ils appartiennent. Ainsi que cela est d'usage en Algérie, les troupes camperont en carré. La cavalerie formera la première face, qui sera toujours placée dans la direction que la colonne devra prendre le lendemain.

---

(1) Bou-Kouzzoul est évidemment un surnom ; il signifierait *l'homme à la massue.*

Le camp appuie sa droite au caravansérail de Bou-Kenzzoul. La cavalerie a déjà pris sa place; les chevaux sont à la corde, et les tentes se dressent. L'infanterie se développe sur chacune des trois faces qu'elle doit former : les tambours battent, les clairons sonnent; mais ces bruits de la guerre se perdent dans l'immensité : ce ne sont plus que des sourdines lointaines qu'aucun écho ne répète et qui s'égarent dans le vide. Les faisceaux sont bientôt formés; quelques minutes après, une ville de toile dresse ses pignons gris au milieu de ces mornes espaces tout-à-l'heure calmes comme la solitude. L'artillerie et les divers services ont pris leur place dans le carré; le goum a établi ses tentes à quelque distance de notre bivouac : il campe avec cette indépendance en matière de castramétation qui est particulière aux peuples chez lesquels la géométrie n'a que médiocrement pénétré; les chameaux, débarrassés de leurs charges, sont allés dîner en dehors du camp, heureux de trouver leur table mise partout; ils reviendront à la nuit s'accroupir sur les emplacements qui ont été indiqués aux *sokhkhrara*.

La tente du général s'élève au milieu du camp : elle est reconnaissable à la crinière de cheval *(athouakh)*, cet insigne de la dignité des pachas, qui se dresse à son sommet; une seconde crinière, blanche comme le panache du roi Henry, et servant de fanion au général, est plantée devant l'entrée de sa tente.

La vie est dans le camp; cette petite colonne, noyée dans l'immensité, anime ces solitudes désolées. Chacun paraît chez soi dans cette ville éphémère que demain le soldat emportera avec lui. Vienne seulement un coup de vent, et il ne restera sur ce sol balayé, poli et vernissé par la tempête aucun vestige rappelant notre passage.

Le bivouac de Bou-Kenzzoul n'a rien de particulièrement réjouissant, et ce n'est pas précisément là qu'a dû être le paradis terrestre : pas de bois, pas de fourrages, peu d'eau, mais saumâtre. Le caravansérail a deux puits, l'un dans l'intérieur du caravansérail et l'autre en dehors; mais ils sont tout-à-fait insuffisants pour abreuver les chevaux et les bêtes de somme de la colonne; tous ces animaux boiront donc demain, s'il plaît à Dieu!

Les caravansérails (1) étant tous construits à peu près sur le même modèle, nous ne referons pas pour la centième fois la description de ce genre d'établissement, qui tient à la fois du fort et de l'hôtellerie. Nous dirons seulement que, pour habiter celui de Bou-Keuzzoul, le plus triste de toute l'Algérie peut-être, il faut joindre à un bien grand amour de la solitude un dégoût passablement prononcé de l'espèce humaine. Quoi qu'il en soit, il y a bien un certain mérite à accepter la garde de ces mornes demeures et à s'emprisonner ainsi dans l'immensité.

Nous sommes dans le pays des Oulad-Mokhtar, l'une des plus puissantes tribus de l'ancien Tithri. Du temps des Turcs, le chef des Oulad-Mokhtar était, après le bey, le premier personnage de la province. Il jouissait d'ailleurs d'une indépendance presque absolue, et il se considérait bien plus comme l'allié du pacha que comme son sujet.

Il faut dire que le chef de la Régence n'était pas fâché de laisser subsister une certaine rivalité entre le chikh des Oulad-Mokhtar et le bey du Tithri : c'était, selon le pacha, un moyen de maintenir dans la soumission ce haut fonctionnaire qu'une trop grande puissance pouvait, à l'occasion, rendre dangereux.

Vers la fin de 1835, Ben-Aouda-el-Mokhtari (2), chikh des Oulad-Mokthar, qui avait à se plaindre du hakem de Médéa, entrait en relations avec le général Voirol, et lui offrait ses services conjointement avec Djelloul, chikh des Aïad, Bou-Châra, chikh des Rbeïâ, et El-Djedid, chikh des Oulad-Chaïb. Ce Ben-Aouda n'ambitionnait rien moins que d'être placé à la tête du beylik de Tithri; mais cette combinaison n'eut pas le succès qu'en attendait El-Mokhtari.

---

(1) Les caravansérails de cette ligne appartiennent à l'administration du maréchal Randon; ils datent de 1853 à 1857.

(2) Ce Ben-Aouda, entraîné, malgré son grand âge et sa résistance, par les Oulad-Mokhtar dans la dernière insurrection, est mort de fatigue et de misère à la suite du marabouth dans le courant du mois d'octobre 1864. C'était le père de l'ex-agha Bou-Diça, qui abandonna notre cause, dans le mois d'août de la même année, pour suivre les drapeaux de Mohammed-ben-Hamza.

En 1837, une ligue se forma dans ces contrées contre El-Hadj-Abd-el-Kader ; elle avait à sa tête Bou-Dhïaf, chikh des Oulad-Madhi, et Ben-Aouda-el-Mokhtari. Après avoir obtenu assez facilement la défection du premier, l'émir marcha contre Ben-Aouda, lequel fut obligé de se soumettre et de lui livrer un fanatique qui se faisait appeler l'imam El-Mohy-ed-Din, et qui prêchait contre lui. Bien qu'il passât pour posséder le don des miracles, Abd-el-Kader envoya néanmoins ce thaumaturge prisonnier à Maskara. La mission de cet illuminé sur cette terre se termina sans doute dans les prisons du Beylik ; car on n'entendit plus jamais parler de lui.

Ce fut dans le mois de juin 1842 que les Oulad-Mokthar, cédant aux conseils de Mohammed-ben-el-Akhdhar, neveu de Ben-Aouda, vinrent faire leur soumission au colonel Comman, commandant supérieur du cercle de Médéa.

Un an après, le Sud du Tithri fut agité par de nouveaux désordres, dont Ben-Aouda-el-Mohktari, qui était devenu un chaud partisan de l'émir, comptait profiter dans l'intérêt de son nouveau maître. Le duc d'Aumale, qui commandait à Médéa, se porta sans délai dans le sud de son commandement ; il arrivait le 20 avril 1843 sur les Rahman, principaux fauteurs du trouble, lesquels se hâtaient de rentrer dans l'ordre après un petit combat de cavalerie qui ne leur fut pas avantageux.

Ben-Aouda, qui, nous l'avons dit, s'était rapproché de l'émir, finit par se soumettre définitivement en 1845, et il demanda à rentrer en grâce auprès de nous lorsque les Oulad-Naïl, traqués par le général Yusuf, furent obligés d'abandonner la cause d'Abd-el-Kader.

Le 28 avril, la colonne s'ébranlait à cinq heures et demie du matin et suivait la même direction que la veille. Nous entrons dans le pays de la halfa *(stipa tenacissima)*, cette plante du Sud par excellence. La plaine s'ondule et se moutonne. On rencontre çà et là, mais très-rarement, un pied de jujubier sauvage *(zizyphus lotus)* dont les feuilles charnues ont excité, malgré les épines qui les défendent, la convoitise des chameaux et des moutons ; parfois un *bethoum (pistacia atlantica)*, isolé dans une vallée, élève sa cime arrondie au-dessus des touffes de halfa. Le *chih* et l'*alala*, qui paraissent appartenir tous deux au genre *artemisia*, alternent avec la halfa dans l'occupation du sol ; ces armoises, diamantées de la rosée du matin, embaument l'air de leur énergique et pénétrante odeur, et nos fantassins, qui professent la plus grande estime pour cette grossière parfumerie, lèvent voluptueusement le nez dans la direction des brises embaumées et les aspirent bruyamment.

La colonne traverse une suite de *daya* (bas fonds) qui deviennent fangeuses à la suite des pluies hivernales. Sous l'action de notre implacable soleil, les eaux s'évaporent, le fond se dessèche, se fendille et se quadrille en mosaïque; on dirait, à voir ces cuves dénudées et sans trace de végétation, que le sol a été frappé d'alopécie.

La colonne fait sa grande halte au café maure de Khachem. Il n'y a là qu'un puits, et l'eau en est saumâtre.

Bien que nous en soyons encore fort éloignés, nous découvrons cependant le caravansérail d'Aïn-el-Oucera (1), qui dresse sa masse blanche devant nous. A quatre heures du soir, et après une longue marche de dix lieues et demie, la colonne touchait au caravansérail, et campait sous ses murs sur un plateau sablonneux de nuance blanchâtre moucheté de touffes de harmel *(peganum harmala)* (2).

Nous sommes sur les terres de parcours des tribus du Tithri méridional ; c'est dans ces grands espaces que les Arabes pasteurs campent avec leurs troupeaux pendant tout le temps qu'il leur est possible de les y abreuver : les Mfatah, les Mouïadat-el-R'eraba, les Oulad-Maàref, les Zenakhra, les Abadlia, les Rahman s'y partagent le terrain avec les Oulad-Mokhtar-el-R'eraba.

Le pays que nous traversons n'est point nouveau pour le général Yusuf : dès 1843, il préludait, par la part qu'il prenait au brillant épisode de la prise de la zmala de l'Émir, à cette rude et ingrate odyssée qui se terminait sur les ruines des murailles d'El-Ar'ouath.

---

(1) *Oucera*, terrain élevé.

(2) De la famille des zygophillées.

Le 29 avril, la colonne s'engage dans le pays des Rhaman. La chaleur commence à se faire sentir vigoureusement; la marche devient pénible, surtout pour l'arrière-garde, qui est noyée dans un nuage de sable brûlant soulevé par le convoi.

La colonne a pris, en sortant du bivouac d'Aïn-el-Oucera, son ordre de marche sur trois colonnes, comme si elle était en présence de l'ennemi. Cet ordre, qui n'est guère praticable que dans le Sahra, présente, pour le chef, les avantages de diminuer la profondeur de sa colonne, d'avoir mieux sa troupe dans la main, et d'être toujours prêt pour le combat dans le cas de rencontre fortuite de l'ennemi.

Nous approchons d'une chaîne de montagne qui coupe brusquement notre horizon: c'est, à l'est, le Djebel-el-Khidher, qui paraît s'aplatir sous le poids de ses sept têtes (*Sebda Rous*), et à l'ouest, le Djebel-Oukat, qui s'allonge dans la direction de Tagguin. Nous piquons droit devant nous sans trop savoir par quel point nous allons escalader ces montagnes; mais, arrivés à leur pied, une solution de continuité taillée en biseau nous ouvre une sorte de couloir dans lequel nous pénétrons. Quelques minutes après, nous atteignons le caravansérail de Guellet-es-Shiol (la mare du seau) (1); la colonne y pose son camp.

Le soir, les montagnes dans lesquelles est noyé le bivouac s'illuminent soudainement de flammes rouges qui courent sur les crêtes, et qui se développent au-dessus de nos têtes. Tout notre horizon n'est bientôt plus qu'un cercle de feu jetant sur le ciel des reflets empourprés. Des silhouettes humaines se dessinent en noir sur les principaux foyers qu'elles paraissent attiser: c'est probablement Satan et les siens qui, las de rôtir souterrainement depuis si longtemps, ont déclaré la guerre à Dieu, et cherchent à incendier la voûte céleste. Rassurons-nous cependant, le cas est moins grave: ce sont tout simplement les grand'gardes qui ont mis le feu aux touffes de halfa pour donner au camp cette

(1) La *Guella* (mare, excavation dans la pierre où séjourne l'eau des pluies) est en face de la porte du caravansérail. C'est un vaste réservoir alimenté par les eaux de pluie qui descendent du versant nord du Djebel-el-Khidher. Sa profondeur moyenne est de 4^{m}10.

splendide illumination. Nous jouirons, du reste, encore souvent de ce genre de spectacle; car, il faut bien le dire, il y a plus de gens qu'on ne le pense généralement qui sont nés avec des instincts d'incendiaires.

Le 30, la colonne se remettait en marche à la pointe du jour, et continuait de suivre la route de El-Ar'ouath.

Depuis l'affaire du 16, — celle de Tagguin, — nous étions sans nouvelles de l'ennemi; des bruits arabes commençaient déjà à circuler dans la colonne, et ils n'étaient pas précisément de nature à nous tirer d'inquiétude : on disait que le marabout, à la tête de nombreux contingents, avait attaqué la colonne du général Martineau, en marche sur El-Beïodh (Géryville), et que cette colonne avait été entièrement détruite. Une dépêche télégraphique vint heureusement nous apprendre la vérité : le général Martineau, attaqué furieusement, le 26, à Aïn-el-Katha, près de Kheneg-Azir, avait, il est vrai, éprouvé des pertes sérieuses; mais sa colonne avait pu contraindre l'ennemi à se mettre en retraite, et arriver, le lendemain, 27, à Géryville, où elle déposait son approvisionnement.

La province d'Alger était toujours parfaitement calme, et rien ne faisait supposer de mauvaises dispositions ni parmi les gens du goum, ni parmi les sokhkhrara qui marchaient avec nous.

A dix heures du matin, nous traversions la grande bande de sable de Mesran (1), qui est mouvementée comme une mer agitée; les sommets de ses vagues figées sont couverts de la végétation des sables, et le *retem*, ce genêt du désert, y balançait gracieusement, au souffle d'une légère brise du nord, ses branches empanachées de fleurs blanches.

La bande de sable de Mesran, qui n'a pas moins de trois kilomètres de largeur, semble être le trait d'union reliant entre elles les deux portions de la *Sebkha* (lac salé) Zar'ez. La colonne laisse à six kilomètres sur sa droite le Zar'ez occidental, qui se déve-

---

(1) La ferme-auberge du sieur Juan Mas est située à Mesran, et à un kilomètre en avant du banc de sable. A cinq kilomètres plus au nord, on avait commencé le forage d'un puits artésien; ce travail a été interrompu par suite de l'insurrection.

loppe dans l'ouest comme un vaste miroir destiné à la toilette du soleil.

Nous sommes sur les terres de parcours des Oulad-Si-Mohammed, et nous entrons dans le pays des Oulad-Naïl, de cette puissante tribu dont les femmes ont, avec leur réputation de beauté, celle, dit-on, d'une facilité de mœurs inimaginable. Les officiers de la colonne, qui possèdent ce détail et qui croient aux almées du désert, fouillent du regard les profondeurs de l'horizon pour chercher à découvrir quelque tente renfermant des spécimens de ces séduisantes houris; mais la plaine est déserte, et il n'y a pas trace, aux quatre points cardinaux, de la succursale du paradis de Mahomet.

La colonne vient de pénétrer par le Kheneg-el-Meleh (*défilé du Sel*), dans cette chaîne de montagnes qui relie le Djebel-es-Sahri au Djebel-el-Amour; elle passe au pied des Hadjeur-el-Meleh (*rochers de Sel*), qui semblent un caméléon gigantesque (1), coupe une première fois l'Ouad-el-Malah (*la Rivière salée*), laisse à sa droite le caravansérail, et va camper à Draâ-el-Hadjeur-el-Meleh (*le Contrefort des Rochers de Sel*), après avoir traversé une seconde fois l'Ouad-el-Malah.

Le gîte de sel-gemme des Hadjeur-el-Meleh, l'une des curiosités du Sahra, paraît être le résultat d'une éruption argilo-gypseuse et de sel-gemme qui se serait fait jour à travers les assises superposées des terrains crétacés inférieurs et tertiaires moyens. Le sel-gemme, fort abondant dans le Kheneg-el-Meleh, y forme des talus très-abrupts qui atteignent jusqu'à trente-cinq mètres de hauteur. Quand le soleil joue dans le fouillis de plis et d'arêtes de cette roche silicatée de couleur changeante passant successivement par le jaune, le vert, le rouge et le violet, les effets produits par toute cette joaillerie sont d'une richesse et d'un éclat qui viennent trancher magnifiquement sur le ton éternellement jaunâtre du pays que nous parcourons.

---

(1) Les Hadjeur-el-Meleh sont à tons grisâtres, marbrés de blanc. On rencontre à leur pied un lac de dix mètres de diamètre et d'une profondeur considérable. Tout ce qui s'y baigne en sort saturé de sel et couvert de cristallisations.

Plusieurs sources, très-riches en sel marin, sourdent des Hadjeur-el-Meleh et vont se jeter dans l'Ouad-el-Malah ; leurs bords se couvrent de croûtes salines par l'évaporation spontanée. C'est là que s'approvisionnent les garnisons de Djelfa et d'El-Ar'ouath.

Le 1er mai, la colonne remontait sur sa rive droite le cours de l'ouad El-Malah, qui a pris le nom d'ouad Djelfa ; elle coupait cette rivière avant d'arriver au moulin du minotier Main ; elle en suivait ensuite la rive gauche jusqu'à Djelfa. Des ksour ruinés dressent çà et là, des deux côtés de la route, leur squelette grisâtre. La colonne entrait, vers une heure, dans le village de Djelfa, où la population européenne, délivrée désormais de ses craintes, l'accueillait en libératrice.

Depuis le 16 avril, la population de Djelfa passait de mauvais jours et de bien plus mauvaises nuits encore ; le bruit de l'intention probable qu'avait Sid Mohammed-ben-Hamza de tenter un coup de main sur Djelfa pour entraîner le bach-agha Sid Cherif-bel-Harch (1) et les Oulad-Naïl, prenait à tout instant plus de consistance : Sid Bel-Kacem lui-même, le frère du bach-agha, le disait à qui voulait l'entendre. Aussi, chaque soir, quand sonnait la retraite, chaque famille abandonnait-elle sa maison pour aller s'enfermer dans le bordj, où, par parenthèse, ces pauvres colons étaient fort mal à leur aise, en raison de l'exiguïté de cet établissement et du peu de logement qu'il renferme.

Le village européen de Djelfa est déjà fort important ; c'est là que se sont réfugiés quelques-uns de ces hardis aventuriers de la colonisation qui, poussés par un pouvoir irrésistible, sont toujours à l'avant-garde de ce mouvement d'expansion qui ouvre les chemins de l'inconnu.

On croyait si peu, dans notre Sahra, à la possibilité d'une insurrection, on s'y reposait si tranquillement, si *françaisement* sur la foi des traités, qu'on n'avait pas même songé à entourer le village de Djelfa d'un simple retranchement pour en défendre les approches. « Toutes ces prudentes précautions, se disait-on,

(1) Le bach-agha Sid Cherif-bel-Harch a été tué le 13 octobre 1864 dans un engagement avec un goum des rebelles.

sont bonnes pour les villages du Tell. » Oui ; mais, un beau jour, l'insurrection a grondé dans le Sahra ; les Oulad-Naïl, au milieu desquels est planté le village, sont devenus insolents et se sont donné des airs indiquant de mauvais desseins ; Djelfa s'est alors aperçue qu'elle était accessible de toutes parts, et elle a pris peur. Mais l'heure de la défection des Oulad-Naïl n'était pas encore arrivée, et le marabouth Mohammed-ben-Hamza était occupé sur la route de Géryville par la colonne Martineau. L'attaque du village de Djelfa, placé sous le canon du bordj, ne présentait rien de bien tentant aux rebelles, et le marabouth savait bien que ce n'était pas là une proie à offrir à la rapacité de ses bandes.

La création du bordj de Djelfa, devenu plus tard une annexe du cercle de Lagouath, date de l'année 1852. Les fréquentes incursions du cherif d'Ouargla, Mohammed-ben-Abd-Allah, sur le territoire de nos tribus soumises avaient déterminé le général Randon, Gouverneur-général de l'Algérie, à porter nos points d'occupation bien plus en avant dans le Sud ; c'est dans ces vues qu'il décida la construction d'une maison de commandement à El-Beïodh (Géryville) et à Djelfa. Cette combinaison présentait le double avantage de protéger plus efficacement, nous l'avons dit, les tribus soumises contre les tentatives du cherif, et de maintenir dans l'obéissance celles dont la fidélité aurait pu manquer de solidité. Du reste, il faut bien le reconnaître ici, ce fut le général comte Randon qui comprit le premier que l'occupation du Sahra c'est la sécurité du Tell, et sa politique dans ces contrées fut toujours imperturbablement d'accord avec cette opinion.

La rébellion d'aujourd'hui est venue de nouveau lui donner raison, et prouver à ses contradicteurs que le Sud est encore le berceau des insurrections. Il n'y a pas de moyen terme : Voulons-nous la tranquillité et le calme dans le Tell ? Ayons alors le pied sur la poitrine des Sahriens.

Le point de Djelfa fut donc choisi pour recevoir la maison de commandement du bach-agha Sid Cherif-bel-Harch, bordj qui devait servir en même temps de poste-magasin et de base d'opérations aux colonnes ayant à agir dans la région des ksour et sur les tribus de la province d'Alger. Placé sur la route de Lagouath et à trois marches de ce ksar, dominant le pays de la puissante tribu des Oulad-Naïl, le poste de Djelfa remplissait parfaitement le but que s'était proposé le Gouverneur.

Le fort de Djelfa est situé sur la rive gauche de l'ouad de ce nom ; il s'élève, à l'est de la chaîne boisée de la Sen-el-Lebba (la dent de la lionne), sur un mouvement de terrain à pentes douces au-dessus du village européen et des jardins de la garnison. La couleur noire du sol indique que la partie basse de Djelfa était couverte de marais ; mais cette cause d'insalubrité n'a pas tardé à disparaître par le desséchement des marécages, et les terrains autrefois envahis par les eaux ont été livrés à la culture.

Le bordj de Djelfa s'est élevé comme par enchantement : cinquante-quatre jours ont suffi à la colonne Yusuf, et sous l'active impulsion de cet officier général, pour faire surgir du sol cette construction qui, dans le principe, était tout à la fois une maison de commandement, un caravansérail et une forteresse. Une inscription placée au-dessus de la porte d'entrée du bordj rappelle qu'il a été construit dans l'espace de temps que nous indiquons plus haut, dans les mois de novembre et décembre 1852, par la colonne du général Yusuf, sous le gouvernement du général Randon.

Aujourd'hui (1) le bordj est affecté au logement de la garnison et du personnel des divers services ; il renferme, en outre, des magasins d'approvisionnement. L'habitation du commandant de l'annexe et son bureau arabe se trouvent en dehors du bordj.

On remarque à 600 ou 700 mètres de l'entrée du village une vaste construction qu'habite le bach-agha des Oulad-Naïl.

La situation de Djelfa et son altitude à 1,100 mètres au-dessus du niveau de la mer l'exposent à toute la colère des vents et à l'influence des températures extrêmes : une chaleur tropicale en été, un froid sibérien en hiver. Malgré les plantations nombreuses que nous y avons faites et les soins infinis donnés à l'embellissement de ce poste qui, avant nous, n'avait pas un arbre, Djelfa n'est pas encore précisément un Éden. La pépinière y est pourtant fort belle, et c'est un vrai bonheur de retrouver là des arbres d'utilité et d'agrément qui rappellent nos vergers de France.

Le docteur Reboud a signalé quelques ruines romaines aux

(1) Ces notes ont été rédigées en 1864.

environs de Djelfa. Suivant le savant docteur, ces ruines présenteraient surtout cet intérêt d'indiquer d'une manière certaine le point extrême de l'occupation romaine dans ces régions. On y a aussi trouvé des tombeaux qui, par la forme, rappellent passablement les sépultures celtiques.

Divers détails d'organisation retiennent la colonne dans son camp de Djelfa du 1er au 4 mai. Les nuits y sont extrêmement froides, et, le matin, l'eau de nos bidons est recouverte d'une couche de glace; aussi le soleil est-il parfaitement accueilli quand il se présente à l'horizon.

La colonne se remet en marche le 4 à midi, et va coucher sur l'ouad Es-Sedeur (des jujubiers sauvages). Elle repart le 5, et va faire sa grande-halte à Aïn-el-Ibel (1) (fontaine des chameaux), après avoir laissé à sa droite et à sa gauche quelques petits ksour délabrés, celui d'Amra, entre autres, délicieuse oasis reposant l'œil fatigué par les tons jaunâtres et brûlés de la plaine rocheuse qui se développe dans l'ouest.

Aïn-el-Ibel se compose aujourd'hui d'un caravansérail et d'une construction en briques rouges d'aspect monumental. Ce dernier établissement, qui avait été bâti pour y loger les Oulad-Reggad, croyons-nous, est de forme rectangulaire ; des corps de bâtiments à étage s'élèvent sur trois de ses côtés, et enferment une vaste cour plantée d'accacias dans laquelle on entre par le côté sud. Un péristyle régnant sur les trois faces et une belle fontaine placée au milieu de la cour font participer cet établissement de la maison mauresque et du cloître.

Bien qu'elle ne date que de 1856, cette construction, qui est restée inhabitée, ne sera bientôt plus qu'une ruine par suite de l'incurable *pococurantisme* des Arabes, qui ne relèvent rien, qui ne réparent rien. Déjà les volets et les portes boitent tourmentés par tous les vents; la fontaine est tarie et les arbres meurent de soif; dans ces longs corridors, où l'on s'entend marcher, on sent l'abandon et ses conséquences, le délabrement et la désolation.

Nous pensons que les Sahriens préféreront encore longtemps

---

(1) *Ibel*, troupeau de cent chameaux.

l'existence murée qu'ils trouvent dans leurs masures des ksour, à ces somptueuses et solides constructions, à ces sortes de phalanstères qui les forcent à la vie en commun, genre d'existence pour lequel ils ont toujours montré beaucoup de répugnance. C'est ce qui explique l'état d'abandon dans lequel ils laissent Aïn-el-Ibel, et leurs préférences pour la maison arabe, malgré ses incommodités et son insalubrité. L'établissement d'Aïn-el-Ibel ne pouvait guère convenir que pour un fondouk ou pour un caravansérail.

Cet édifice fut élevé sous le commandement supérieur de M. le chef d'escadrons Margueritte, aujourd'hui général (1).

Il est difficile de trouver dans le Sahra de la province d'Alger un nom plus populaire que celui de cet officier général : tous les Sahriens vous parlent de *Gr'itt* avec admiration, et déjà ses exploits cynégétiques circulent dans le désert avec le merveilleux et l'intérêt de la légende. Les Arabes vantent aussi sa justice pleine de calme et la sagesse de son commandement. Ils le louent aujourd'hui d'avoir exigé d'eux certains travaux qui leur ont amené le bien-être, et que, pourtant, ils n'exécutèrent que par la contrainte et avec répugnance. En effet, à chaque pas, dans le cercle de Laghouath, on rencontre une création et une amélioration, et quand on demande aux Arabes quel en est l'auteur, ils ne manquent pas de vous répondre : « C'est Gr'itt. »

Dans un pays où tout est à créer, il serait à désirer qu'on trouvât beaucoup de commandants supérieurs possédant au même degré que le général Margueritte son initiative intelligente, sa science du faire faire, et son influence sur les indigènes.

Aïn-el-Ibel est une belle et abondante source. Des jardins complantés d'arbres fruitiers font de ce point une riante oasis de verdure qui repose l'œil fatigué et rappelle le Tell.

Le *danoun*, espèce d'orobanche à fleurs jaunes, est très-commun dans les environs d'Aïn-el-Ibel : c'est une belle plante, à tige charnue, d'une odeur assez agréable, et que la disposition de ses fleurs fait ressembler de loin à un épis de maïs. Dans

---

(1) Le général Margueritte a été tué sous Sedan pendant la funeste campagne de 1870. Il était général de division.

les temps de disette, les Sahriens mangent sa racine ou son pied.

La colonne va dresser ses tentes à Mokthâ-Bou-Zïan, sur la gauche de la route de Lagouath. Le 6 mai, elle quittait ce bivouac et prenait la direction de Sidi-Makhlouf. Nous sommes dans le pays de la vipère cornue (*lefâa*). A chaque instant, la présence de ce hideux céraste, dont la morsure est mortelle, est signalée sur le parcours de la colonne : engourdie par la fraîcheur de la nuit, la vipère à cornes, qui s'enroule en collier autour des touffes de halfa, se laisse facilement surprendre et sabrer.

Nous apercevons bientôt devant nous le caravansérail de Sidi-Makhlouf, flanqué sur sa gauche de la koubba du saint marabout qui lui a donné son nom ; quelques palmiers, les premiers que nous rencontrions, dressent leurs panaches en éventail au-dessus d'un amas de sable jaune qui noie leur pied. Nous doublons le caravansérail en laissant sur notre droite les remarquables plantations qu'y a faites le gardien de cet établissement, et, après avoir coupé une sorte de *daïa* marécageuse fourrée de gros buissons de *guethaf* (*atriplex halimus*), nous allons dresser nos tentes sur un plateau dont le fond, d'une dureté extrême, semble avoir été semé de scories.

Le caravansérail de Sidi-Makhlouf s'étend sur un plateau rocheux fortement raviné, envahi du côté sud par les sables que le *guebli* (vent du sud) y a apportés. Une source très-abondante sort des rochers sur lesquels s'élève le caravansérail, et ses eaux vont donner la vie aux jardins qui ont été créés au-dessous d'elle.

Une blanche koubba, plantée à l'est du caravansérail et sur le même plateau, dresse sa coupole capricieusement conique sur la dépouille mortelle du grand saint qui, de son vivant, fut Sidi Makhlouf. Quelques tombes se groupent autour de cette chapelle funéraire : ce sont celles de khoddam (serviteurs religieux) du saint qui ont voulu s'assurer sa puissante intercession auprès du Dieu unique.

L'intérieur de la koubba de Sidi Makhlouf n'est pas précisément somptueux, et l'*oukil* (1) chargé de l'entretien du saint

---

(1) *Oukil*, mandataire, administrateur.

lieu nous a paru en prendre tout-à-fait à son aise, et laisser aux pèlerins qui viennent se prosterner sur la tombe de Sidi Makhlouf le soin d'emporter dans leurs bernous la poussière que le vent souffle irrespectueusement dans la dernière demeure de l'*ouali* (1). Des tessons de poterie contiennent encore des restes de charbon sur lesquels ont été jetés les parfums que brûlent les fidèles les jours de *ziara* (pèlerinage, visite). Des loques, des fragments de bernous ou de mouchoirs de coton son accrochés en *ex-voto* aux murs du monument : ce sont les dons de malheureux croyants qui ont eu à demander quelques faveurs au saint, ou ceux d'infortunées croyantes qui auraient désiré bien vivement voir cesser une stérilité que leurs maris leur reprochaient si fréquemment et avec tant d'amertume. Une tenture d'indienne à couleurs ternies enveloppe, avec la prétention de le décorer, le catafalque de Sidi Makhlouf. Une ombrelle fond blanc à ramages, sortant des fabriques de Saint-Flour, est arborée au sommet du dais qui marque l'endroit où se trouve la tête du saint. La présence d'une ombrelle dans le Sahra n'a rien de bien étonnant ; mais comment cet appareil de la civilisation est-il arrivé à recevoir la bizarre destination d'abriter sous sa soie les restes de Sidi Makhlouf? Nous n'avons sur ce point que de vagues renseignements : une Anglaise, nous a-t-on dit, à la recherche de son mari voyageant dans le désert, aurait tenté de corrompre le saint, en lui promettant l'offrande de son ombrelle, si elle parvenait à remettre la main sur le fugitif. Ne voulant pas laisser échapper l'occasion de procurer cet ornement à sa dépouille, Sidi-Makhlouf aurait tant fait des pieds et des mains auprès du Dieu unique, que, grâce à son intercession, l'Anglaise aurait fini par retrouver son trop volage époux, lequel Anglais, ajoute-t-on, n'était autre que cet intrépide savant qui s'était fait faire une paire de houseaux en fer-blanc pour se garantir contre la morsure des vipères cornues, houseaux devenus légendaires dans tout le Sud de la province d'Alger, et qu'on voyait encore, il y a quelque temps, religieusement conservés dans une des chambres du caravansérail de Sidi-Makhlouf.

(1) *Ouali*, saint, ami de Dieu.

Le caravansérail de Sidi-Makhlouf fut construit dans les premiers mois de 1853.

Le 7 mai, la colonne continuait sa marche sur Laghouath, où elle devait arriver le même jour. Le terrain, couvert de halfa et de buissons de jujubiers sauvages, se mouvemente sensiblement. Nous nous engageons dans une sorte de vaste impasse formée à notre droite par la chaîne bleue du Djebel-el-Azreg et le Djebel-el-Milok, devant nous et à notre gauche, par la chaîne rocheuse du Djebel-eth-Thouila, du Kaf-Metlili, et les monts Ed-Dakhla et Ez-Zabecha.

Nous sommes bientôt à la corne est du Milok, vaste citadelle naturelle, avec ses murailles taillées à pic et crénelées comme celles d'une forteresse du moyen-âge. Là, dans son œuvre, le Créateur qui, généralement, se contente de fournir les matériaux, a presque atteint à la régularité, à la perfection de celles de sa créature, c'est-à-dire que Dieu, en bâtissant le Milok, a assez bien imité le travail de la main de l'homme. Cet immense rectangle, dont les deux grandes faces n'ont pas moins de seize kilomètres, s'ouvre par des brèches donnant accès dans l'intérieur de l'ouvrage, auquel sa surface légèrement concave a valu l'appellation de Milok (1).

Le Milok était autrefois un lieu de refuge pour les Mekhalif et leurs troupeaux quand ils étaient menacés par les tribus voisines.

Des coups de feu se font entendre au loin ; ils se rapprochent et deviennent plus précipités. Nos fantassins ouvrent les narines comme pour aspirer les parfums de la poudre. Les chevaux s'animent, respirent bruyamment, tendent la lèvre supérieure sous le vent en accélérant leur allure. Les cavaliers qui frappent ainsi la poudre montent évidemment des juments. « Si c'était l'ennemi ! » pensent nos ardents fantassins en caressant leurs fusils du regard. Ce n'est guère possible ; notre cavalerie est devant nous, et l'on ne prend aucune disposition de notre côté. Nous avons bientôt la clef de toute cette *tharaka* (fusillade) : c'est le goum des Arbaâ qui, sous les ordres du commandant supérieur de Laghouath, le chef de bataillon Thomassin, est venu saluer son

(1) *Milok*, sorte de soupière en bois à bords peu élevés.

général de division de ses salves de fête..... Déjà une déception pour notre infanterie !

A dix heures, nous arrivions à Metlili, lieu marqué depuis 1850 par une construction en briques rouges d'un assez bon effet. Cet établissement, dont la destination première était de recevoir un café, et qui aujourd'hui a pris presque l'importance d'un caravansérail, commençait la série de ces postes intermédiaires placés entre les gîtes d'étape.

Il existe à Metlili deux puits, dont l'un a acq s une sorte de célébrité par suite du déplorable accident qui, en 1856, amena la mort du capitaine Entz, des Tirailleurs algériens. Cet officier, qui, malheureusement, possédait, avec une certaine obésité, quelques connaissances dans l'art du puisatier, s'était fait descendre dans l'un de ces puits pour rechercher la cause qui en avait tari les eaux ; la corde se rompit sous le poids du capitaine, et sa chute détermina la mort.

Le caïd de Laghouath, Chikh-Ali, l'un des fils de l'ancien khalifa Ahmed-ben-Salem, a fait dresser une vaste et merveilleuse tente de la forme dite *marquise*, sous laquelle il offre un somptueux déjeuner arabe au général et aux officiers supérieurs de la colonne.

C'est dans cette plaine, qui s'étend entre Metlili et Djebel-el-Milok, un fourmillement bizarre et confus de gens et de bêtes : Français et Arabes, chevaux, mulets et chameaux grouillent, se croisent, se traversent dans un pêle-mêle tumultueux et discordant ; les chevaux, qui ont senti les juments, ne touchent pas à la musette d'orge qui leur pend au nez, et cherchent à se débarrasser de leurs entraves pour courir à ces maigres filles du désert, les chameaux, chargés de *greb* (outres) et de bagages, pénètrent ce fouillis, excités par les *ch ! ch !* sifflants des sokhkhara, et finissent, en promenant leur long cou au-dessus de ces foules, par trouver leur destination, puis tous ces bruits s'apaisent, le calme se fait, et chacun se hâte de mettre à profit l'heure et demie que doit durer la grande halte.

La chaleur devient intense ; le vent du sud commence à souffler et soulève un nuage de sable qui tend sur l'azur du ciel un voile jaune-sale ; les hauteurs rocheuses qui nous enveloppent se fondent peu à peu, et leurs crêtes deviennent vaguement indécises, puis le nuage s'affaisse et rampe en tournoyant à hauteur d'homme et en nous aveuglant.

La colonne se remet en marche; les goums des Arbaâ continuent de brûler leur poudre de bienvenue en avant du général : c'est la marque que leur esprit est encore bon et que le démon de l'insurrection ne les a pas touchés de son aile. Aussi, pense-t-on déjà à faire de ces Arbaâ une tribu-makhzen, — organisation renouvelée des Turcs, — et à leur donner le pays qu'ont abandonné les Oulad-Chaïb.

La route, après avoir tourné à gauche du Djebel-ez-Zabecha, serpente à travers une suite de mamelons rocheux saupoudrés de sable jaune; puis le pays s'apaise, l'horizon s'élargit, et le fond de la plaine se limite et se barre par une longue ligne vert-foncé formant trait d'union entre deux mamelons ocreux, surmontés chacun d'une petite construction blanche dont on ne devine pas encore le rôle : c'est la ville de Laghouath avec sa forêt de palmiers. Nous étions bientot dans le lit à sec de l'ouad Mzi, et nous arrivions à Ras-el-Aïoun (tête des sources), point où les eaux, après avoir disparu dans le sable à 20 kilomètres plus haut, reparaissent à ciel ouvert pour disparaître encore et définitivement entre Laghouath et Ksir-el-Haïran.

La colonne coupe l'ouad Mzi à Ras-el-Aïoun, et, longeant les jardins de la rive gauche de ce cours d'eau, dont les bords sont marqués par une luxuriante plantation de saules, elle fait son entrée dans la ville par Bab-ech-Chergui (porte de l'Est). Le canon parle, les tambours battent, les clairons sonnent, la milice et la garnison sont sous les armes et forment la haie sur le parcours de la colonne; Européens et Indigènes sont sur le seuil de leurs demeures, à leurs fenêtres et sur leurs terrasses; le drapeau de la France a été arboré au front des principales maisons; la satisfaction est sur tous les visages. Cette population, bigarrée, hybride, *babellienne*, qui vit côte à côte sans se mêler, a compris aujourd'hui que ses intérêts sont communs. Quant aux Beni-Laghouath, ils pouvaient se rappeler le drame sanglant de 1852, et ce qu'il en coûte de tendre l'oreille aux incitations des cherifs et des agitateurs.

La colonne traverse la ville et va poser son camp, en prenant l'avenue Cassaigne (1), au nord-ouest de la place, sur les bords d'une dérivation de l'ouad Mzi.

---

(1) Le colonel d'État-major Cassaigne, tué sous les murs de Sébastopol, avait été longtemps attaché à la personne du général Pelissier, devenu maréchal de France, en qualité d'aide-de-camp. C'était un officier d'une rare distinction et d'un remarquable mérite.

III

La ville de Laghouath. — Son histoire. — Les Ahlaf, les Oulad-Serghin et les Oulad-El-Hadj-Aïça. — Les Ahlaf font appel au bey d'Oran Mohammed-el-Kebir, qui chasse les Oulad-Serghin. — Ces derniers s'allient aux Oulad-El-Hadj-Aïça et battent les Ahlaf. — Les Ahlaf ressaisissent le pouvoir. — Le chef du parti des marabouths fait appel à l'émir Abd-el-Kader qui lui envoie des secours. — Les Ahlaf son chassés de Laghouath par les Oulad-El-Hadj-Aïça. L'émir rend le pouvoir au chef des Ahlaf. — L'émir envoie un de ses khalifas avec des forces régulières pour occuper Laghouath. — Les Beni-Laghouath se révoltent, battent et chassent le khalifa d'Abd-el-Kader. — Le chef du parti des marabouths, El-Hadj-el-Arbi, cherche en vain à reprendre le pouvoir. — Il est battu par Ahmed-ben-Salem et Tedjini. — El-Hadj-el-Arbi est tué à Ksir-el-Haïran. — La colonne du général Marey à Laghouath. — Prédiction du marabouth Sidi El-Hadj-Aïça. — Ahmed-ben-Salem reçoit l'investiture de la France pour le khalifalik de Laghouath. — Le cherif d'Ouargla et la prise de Laghouath. — Situation de l'insurrection dans la province d'Oran. — État de la province d'Alger; plan de campagne. — Marche de la colonne Yusuf dans l'ouest. — Le ksar de Tadjmout. — Son histoire. — Tadjmout sans soleil. — Mauvais esprit des gens de ce ksar. — Essai de l'emploi du dromadaire pour transporter l'infanterie. — Les opérations de la colonne Deligny dans la province d'Oran. — La colonne du général Yusuf vient camper sous Aïn-Madhi.

—

Celui qui, comme nous, ne serait pas entré dans Laghouath autrement que par la brèche qu'y fit, le 4 décembre 1852, le canon du général Pelissier, ne reconnaîtrait plus guère aujourd'hui ce vieux ksar que nous appelions la capitale du désert. Sous l'action intelligemment créatrice de ses deux premiers commandants supérieurs, les chefs d'escadrons Du Barail et Margueritte (aujourd'hui généraux de brigade), puissamment encouragés et sou tenus par le maréchal Gouverneur-général comte Randon, cette cité, délabrée, édentée, ébréchée, fangeuse, infecte, s'est métamorphosée en une ville franco-orientale, à laquelle l'*hybridité* de ses constructions donne un cachet tout particulier : c'est la France entée sur l'Orient. Ses fortifications, qui autrefois consistaient en deux grandes tours carrées bâties sur les points culminants de la crête, et auxquelles se rattachaient les murailles, ont été remplacées par une bonne et solide enceinte défendue à l'est et à l'ouest par le fort *Morand* et par le fort *Bouscaren*.

On a fait le jour dans la ville, et on l'a aérée en perçant de nouvelles rues; d'autres ont été modifiées, rectifiées, alignées. Bossuée par des détritus séculaires, la ville a été nettoyée, balayée (1), nivelée, et son parcours a été rendu plus facile. Il y a bien encore quelques quartiers arabes que le balai européen a effleurés à peine, quelques fumiers légendaires dont les premières couches appartiennent aux âges préhistoriques; mais tout cela disparaîtra, sans doute, du jour où les Sahriens seront bien pénétrés de l'efficacité des engrais; en attendant, ces débris, ces ordures vous prennent à la gorge, et il faudrait avoir l'odorat bien perverti pour croire qu'on est là dans le quartier des marchands de parfums de l'Orient.

Une belle place rectangulaire, à laquelle on a donné le nom du maréchal Randon, est encadrée d'édifices de style mauresque d'un bon effet : l'un de ses grands côtés est formé par l'hôtel du commandant supérieur et par le cercle militaire; celui qui lui est parallèle, par le pavillon du génie et par le bureau arabe; sur les deux petits côtés sont établis des bazars indigènes, dont l'un,

(1) L'armée française, pareille à Hercule, est éminemment purificatrice; non contente d'apporter la civilisation dans les plis de son drapeau aux peuples chez lesquels elle porte ses armes, elle se charge encore de nettoyer leurs capitales. C'est ainsi, pour ne parler que des travaux de nos jours, que nous avons nettoyé successivement Alger, Ancône, Rome, Civita-Vecchia, Gallipoli, Constantinople, Andrinople, Athènes, Saïgon, presque Péking, Beyrouth, Vera-Cruz, Puebla, Mejico, etc., etc. Nous craignons que notre manie de nettoyer n'enfante la spéculation chez les peuples malpropres de provoquer des *casus belli* pour nous attirer chez eux.

appartenant à Chikh-Ali, est surmonté d'une élégante coupole renfermant l'horloge de la ville. En fait de plantations, nous aurions voulu sur cette place autre chose que des palmiers, attendu que cette essence n'est pas précisément une rareté à Laghouath, et que les parasols de l'arbre-roi du désert, surtout quand il est isolé, ne paraissent pas avoir été spécialement créés pour donner l'ombre à l'espèce si myrmidonne des mortels.

La ville de Laghouath aura beaucoup gagné, au point de vue de l'aspect, quand les murs de ses anciennes maisons, qui sont en briques crues, et dont la nuance lie de vin donne des nausées, auront reçu un badigeon modifiant ce fâcheux effet.

La kasba de Ben-Salem, sur laquelle flotta, le 4 décembre 1852, l'aigle du 2me de Zouaves, vaste construction connue autrefois sous le nom de *Dar es-Seffah* (maison des dalles), et dans laquelle on avait d'abord installé l'hôpital, un casernement et des magasins, a été démolie pour faire place à une mosquée monumentale construite avec le produit d'une souscription faite parmi les indigènes du cercle. Cet édifice, qui ne paraît point [illegible]r été élevé en vue de faire oublier les architectes de la ravissante mosquée de Cordoue, nous a paru d'abord plus que suffisant pour y recevoir les serviteurs du Dieu unique ; ensuite, c'est lourd, écrasant, comme atteint d'éléphantiasis, et cela jure en diable avec la svelte élégance des palmiers.

Laghouath renferme de délicieux jardins, ceux, entre autres, du commandant supérieur et du cercle militaire. On y trouve, abrités par de gigantesques dattiers, tous les arbres fruitiers et les fleurs du midi de notre France ; tous les tons du vert se mêlent, se confondent, se marient dans ces luxuriants et splendides Edens qui font rêver aux jardins de Damas si pleins de mystérieuses voluptés et si éloquemment chantés par ses poëtes. La forêt de palmiers, qui s'étend au nord et au sud sur une longueur de près de trois kilomètres, revêt de sa sombre verdure les chaînons décharnés qui essaient de soulever au-dessus des cimes leurs arêtes vives et saillantes comme le dos d'un caméléon.

Nous ne voulons pas quitter Laghouath sans dire quelques

mots du passé de cette ville, qui est appelée inévitablement à jouer un rôle important dans notre Sahra.

Laghouath (1) est une ville très-ancienne ; jadis elle dépendait du Marok qui, vers la fin du XVIIe siècle, la céda aux Turcs. Elle fut d'abord mise à la main du bey de Tithri qui dut, à plusieurs reprises, s'y montrer en armes pour y faire respecter son autorité. Après quelques expéditions plus ou moins heureuses, ce bey renonça, en faveur de celui d'Oran, à l'administration plus nominative que réelle de cette turbulente cité ; elle releva dès lors de l'agha des Douaïr. Après être revenue une seconde fois au bey de Tithri, elle passa définitivement à la main de l'agha des Arabes.

Il va sans dire que la redevance qu'elle payait — quand cela lui convenait — aux maîtres du Tell était insignifiante.

Laghouath fut toujours, comme les ksour du Sahra, administré par une djemâa. Cette assemblée, où les trois quartiers étaient représentés, subissait alternativement l'influence de la famille du marabouth Sidi El-Hadj-Aïça, celle des Ahlaf, ou celle des Oulad-Serghin. Le combat et l'intrigue amenèrent tour-à-tour au pouvoir les chefs de ces trois partis, qui, dans leur avidité de puissance, ne craignirent point de faire intervenir dans leurs querelles soit les tribus voisines, soit le bey d'Oran.

Les Oulad-Serghin occupaient les hauteurs où s'élevait la tour de l'ouest ; les Ahlaf étaient établis à l'est. Séparés par le ruisseau de dérivation, il ne se passait pas de jour que l'une ou l'autre de ces deux fractions ne cherchât à franchir ce Rubicon. Quant aux Oulad-El-Hadj-Aïça, qui habitaient le côté sud de la ville, c'était plutôt par les pieuses intrigues que par les armes qu'ils tentaient d'établir leur domination.

---

(1) Laghouath, qui s'écrit *El-Ar'ouath*, viendrait, suivant quelques savants indigènes, de *r'aouth*, qui signifie *ferme, maison avec jardin*. Laghouath aurait été formé par l'agglomération successive de ces fermes, qui se seraient groupées dans l'étendue qu'occupe la ville aujourd'hui ; plus tard, ces sortes de haouch auraient été renfermés dans une enceinte, et mis ainsi à l'abri des incursions des tribus voisines. C'est au célèbre marabouth Sidi El-Hadj-Aïça qu'on attribue la construction de ces murailles que notre canon éventra en 1852.

En 1782, Ben-Salem, père de notre ancien khalifa et chef des Oulad-Zanoun (fraction des Ahlaf), voulant décidément triompher de son rival, et trouvant, sans doute, ses moyens insuffisants pour arriver à ce résultat, sollicita deux fois l'intervention du bey d'Oran, Mohammed-el-Kebir (1), qui répondit à l'appel de Ben-Salem en lui amenant des forces devant lesquelles les Oulad-Serghin ne cherchèrent même pas à lutter. En présence d'une manifestation si évidente de la volonté de Dieu, ils comprirent qu'il ne leur restait d'autre parti que celui de fuir au plus vite, remettant cependant à des jours meilleurs de nouvelles tentatives pour ressaisir un pouvoir qui ne leur avait échappé que par l'effet de l'intervention étrangère.

Avant de chasser les Oulad-Serghin, le bey Mohammed-el-Kebir avait eu le soin, pour se payer des frais de la guerre, de prélever une forte contribution sur les gens de cette fraction.

Puisque les moyens violents ne leur avaient point réussi, les Oulad-Serghin essayèrent, quelque temps après leur dernier insuccès, de mettre le parti des marabouths dans leurs intérêts : secondés par une puissance qui émane évidemment de Dieu, le succès ne pouvait leur être douteux. Ils ressaisirent, en effet, le pouvoir, et les Ahlaf prirent à leur tour le chemin de l'exil. Enfin, après une série de vicissitudes qui donnaient alternativement la domination à l'un et à l'autre parti, les Ahlaf, dont la politique était toujours celle des mesures violentes, résolurent de se défaire de leur rival. En 1828, ils tuèrent El-Akhedhar, chef des Oulad-Serghin, et Ahmed-ben-Salem resta maître de la ville jusqu'au moment où l'émir Abd-el-Kader songea à y établir son autorité.

Le parti des marabouths, bien que très-faible numériquement, voulut à son tour exercer le pouvoir. Ce ne pouvait être évidemment par la force de ses armes qu'il prétendait arriver à ce résultat ; mais l'exemple lui en avait été donné par les Ahlaf et

(1) Le qualificatif *el-kebir* (le grand) n'a pas ici le sens que nous attachons à cette épithète donnée aux souverains qui se sont illustrés par de grandes actions. *El-kebir* c'est l'aîné des enfants, le plus ancien, comme *es-s'rir* en est le cadet, le plus petit, le plus jeune. Ainsi, *Mohammed-el-Kebir* est tout simplement *Mohammed l'aîné*.

par les Oulad-Serghin ; il allait donc faire appel à l'un des maîtres du Tell. Le chef du parti marabouth était alors El-Hadj-el-Arbi, le descendant de l'illustre El-Hadj-Aïça-el-Aghouathi. En appelant l'étranger à son aide, El-Hadj-el-Arbi voulait surtout se venger d'Ahmed-ben-Salem, qui avait banni de Laghouath et envoyé en exil à El-Maïa et à Tadjerouna les Oulad-Bou-Zïan, parmi lesquels il comptait des parents et des alliés ; Chetti était l'homme d'action de cette fraction. C'est de Znina, où il s'était retiré, que Sid El-Hadj-el-Arbi offrit à l'Émir, en reconnaissance du service qu'il lui demandait, de soumettre le Sud.

La demande de secours de Sid El-Hadj-el-Arbi allait au-devant des désirs d'Abd-el-Kader, puisqu'elle lui fournissait l'occasion de se mêler des affaires du Sud, sur lequel il avait déjà des vues, et d'y faire sentir son influence ; la supplique du marabouth fut donc parfaitement accueillie. Donner le pouvoir à Sid El-Hadj-el-Arbi c'était, de plus, entrer dans l'application de son système de favoriser l'élévation des cherifs.

Abd-el-Kader inaugura sa nouvelle politique à l'endroit des Sahriens en faisant saisir à l'improviste toutes les caravanes des tribus et des ksour voisins de Laghouath, qui, sur la foi des traités, étaient venues s'approvisionner de grains dans le Tell. Il ne les rendit que sous conditions de soumission et de paiement de l'impôt. Il faut dire qu'en général, les ksariens mettaient infiniment de mauvaise grâce dans l'acquittement de cette dernière obligation. L'Émir fit aussitôt soutenir El-Hadj-el-Arbi par un bataillon de réguliers et deux pièces de canon.

El-Hadj-el-Arbi trouva un allié dans Tedjini, le chikh d'Aïn-Madhi ; quelques cavaliers des tribus voisines vinrent également défendre la cause des descendants d'El-Hadj-Aïça.

Le chef du parti des marabouths prit pour base d'opérations le ksar de Tadjemout, où il avait des partisans, puis il marcha sur Laghouath pour y attaquer Ahmed-ben-Salem. Après une lutte de deux jours, les Oulad-Zânoun furent vaincus et contraints d'abandonner la ville. Ils se retirèrent chez les Beni-Isguen, fraction des Beni-Mzab, où ils ne restèrent point inactifs. Ainsi, quand, deux ans plus tard, en 1838, Abd-el-Kader vint faire le siège d'Aïn-Madhi, Ahmed-ben-Salem se hâta d'envoyer à Tedjini, bien que ce chikh eût contribué à son renversement, le secours de son frère Yahia-ben-Salem et d'une centaine de combattants. Cette politique assez cauteleuse réussit à Ahmed-ben-Salem, puisque l'Émir lui promit de lui rendre le commandement particulier de Laghouath, si son frère Yahia abandonnait la cause de Tedjini. Le chef des Ahlaf ne se fit pas longtemps prier ; il rappela son frère, et il rentrait bientôt dans la ville dont la possession lui était si opiniâtrement et si souvent disputée. Une fois maître de Laghouath, Ahmed-ben-Salem mit tous ses efforts à gêner le gouvernement de son ennemi, le khalifa El-Hadj-El-Arbi, et il y eut un tel succès, que l'Émir finit par destituer sa créature.

Cette situation ne satisfaisait pas Abd-el-Kader ; il lui fallait à Laghouath un agent dévoué sur lequel il pût compter, et qui ne fût pas un obstacle à ses desseins rigoureux sur cette ville. Or, ce n'était pas parmi les grands du pays qu'il pouvait trouver un homme réunissant ces conditions. Il choisit donc pour exercer le commandement de Laghouath le khalifa Sid Kaddour-ben-Abd-el-Baki-el-Basri, qui appartenait à une famille considérable des environs de Tekdimt, et il lui donnait, pour assurer sa mission, un bataillon régulier et deux pièces de canon, en lui recommandant de tenir cette troupe constamment réunie. Ceci se passait en 1839.

Abd-el-Baki se porta sur Laghouath ; arrivé sous les murs de ce ksar, il somma d'abord les habitants de lui payer la *lezma* et la *kheudma* (25 francs par maison) ; il leur ordonna ensuite de lui ouvrir les portes de la place, et de lui réserver les meilleures maisons pour son logement particulier et le casernement de ses fantassins. Les Beni-Laghouath obtempérèrent avec une grande docilité aux exigences d'Abd-el-Baki. C'était certainement plus qu'il n'eût osé espérer. Il rendit compte de cette heureuse situation à Abd-el-Kader, qui, alors, était à Médéa. L'Émir, qui n'avait obéi qu'à la nécessité en rétablissant Ahmed-ben-Salem sur le *trône de ses pères*, se crut assez fort pour en finir d'un coup avec le parti dont ce khalifa était le chef, et faire acte de sultan en marquant avec des ruines et du sang son intervention dans les affaires du Sud. C'était, du reste, le contre-coup de son insuccès devant Aïn-Madhi. « Arrête tous les principaux de Laghouath, écrit-il à Abd-el-Baki, fais-les décapiter, ou envoie-les prisonniers à Tekdimt; détruis la ville et les jardins, et établis-toi à Tadjmout. »

Outre son bataillon régulier, le khalifa Abd-el-Baki avait à ses ordres El-Djedid-ben-Ioucef, agha des Oulad-Chaïb, et El-Kharroubi, agha des Oulad-Khelif, qui étaient campés autour de la ville avec leurs goums. Il fit connaître à ses aghas les ordres qu'il venait de recevoir de son maître et son intention de les exécuter.

Malgré les observations d'El-Djedid et d'El-Kharroubi sur les difficultés que devait inévitablement soulever cet acte de violence, Abd-el-Baki n'en persista pas moins à remplir la mission dont l'avait chargé l'Émir. Le soir, il convoquait chez lui, sous prétexte de les consulter sur la rentrée de l'impôt, Ahmed-ben-Salem, Yahia-ben-Salem, et dix des principaux personnages de la ville, et il les faisait mettre aux fers à mesure qu'ils arrivaient.

Malgré le mystère dont avait été enveloppée cette déloyale arrestation, le bruit en transpira cependant bientôt dans la ville : les Beni-Laghouath courent aux armes ; ils s'emparent des portes et des communications ; les réguliers d'Abd-el-Baki sont attaqués avec furie dans les rues ; serrés de près par la population, qui est tout entière en armes, ils ne peuvent tenir sur aucun point, et finissent par lâcher pied après avoir éprouvé de grandes pertes. Quelques-uns d'entre eux, guidés par les partisans d'El-Hadj-El-Arbi, parviennent à s'échapper par les jardins. Un grand nombre de ces malheureux fantassins sont tués ou pris et dépouillés.

Les pertes des Beni-Laghouath sont insignifiantes : ils ont six tués, parmi lesquels les deux enfants et la femme de Yahia-ben-Salem.

Le khalifa Abd-el-Baki, attaqué vivement dans sa maison, se décide à relâcher ses prisonniers, croyant ainsi apaiser la colère des Beni-Laghouath ; il n'en est pas moins dépouillé, lui et ses principaux officiers, et il ne doit la vie qu'à la protection dont le couvre Ahmed-ben-Salem. Abd-el-Baki est enfin remis aux aghas El-Djedid et El-Kharroubi, qui l'emmènent avec eux.

Toutes les munitions et le matériel — y compris une pièce de canon (1) — de la colonne d'Abd-el-Baki restaient aux mains des Beni-Laghouath.

Ces faits se passaient, avons-nous dit, en 1839; la reprise des hostilités entre l'Émir et nous était imminente; Abd-el-Kader ne pouvait donc songer, pour le moment, à tirer satisfaction de cet affront. Ne voulant cependant pas faire abandon d'une autorité qui, pour être très-précaire et mal assise, ne lui en donnait pas moins pied dans le Sahra, l'Émir remit à la tête du khalifalik de Laghouath le marabouth El-Hadj-El-Arbi, qui comptait encore un certain nombre de partisans dans le pays. Si, comme il était probable, il ne pouvait exercer le commandement, il ne lui était pas impossible, au moins, de neutraliser la puissance d'Ahmed-ben-Salem.

Après sa destitution, Sid El-Hadj-El-Arbi s'était retiré à Sidi-Bou-Zid, petit ksar situé au nord du Djebel-el-Amour. L'Émir lui envoya là trois cents réguliers pour servir de noyau et de point de ralliement à ceux des partisans du khalifa qui voudraient marcher sous ses drapeaux. Quelques fantassins de Sidi-Bou-Zid et deux ou trois cents cavaliers des tribus voisines de Laghouath répondirent à l'appel d'El-Hadj-El-Arbi. Ce n'était certainement pas avec ces moyens qu'il pouvait prétendre chasser de Laghouath son rival Ahmed-ben-Salem. Il le comprit. Il imagina une autre combinaison : ce fut celle d'occuper Aïn-Madhi, dont les murs, renversés par l'Émir, n'avaient pas encore été relevés. El-Hadj-El-Arbi enlevait ainsi cette position à son ennemi Tedjini, et l'occupation de ce point devait infailliblement décider les tièdes à accourir sous ses étendards.

Après avoir préalablement fait reconnaître son autorité à Tadjmout, El-Hadj-El-Arbi se dirigea sur Aïn-Madhi, qui n'est éloigné de ce premier ksar que de vingt-cinq kilomètres. Mais Ahmed-ben-Salem et Tedjini couvraient Aïn-Madhi avec des forces supérieures aux siennes. El-Hadj-El-Arbi accepta pourtant le combat. Il eut d'abord l'avantage; mais, à la fin du second jour, la

---

(1) Ce fut de cette pièce de canon que se servirent les Beni-Laghouath lors du siége de leur ville en 1852.

fortune se déclara définitivement contre lui ; il fut battu et contraint de chercher un refuge derrière les murailles de Tadjmout. Sid El-Hadj-El-Arbi avait eu, dans les différentes affaires qui marquèrent ces deux jours de combat, seize tués et un nombre considérable de blessés.

Après ce succès, Ahmed ben Salem rentra à Laghouath.

Nous étions en 1840 ; la guerre était décidément rallumée entre les Français et l'Émir. Ahmed-ben-Salem profita habilement de cette circonstance pour aller attaquer son rival toujours renfermé dans Tadjmout. El-Hadj-El-Arbi en est chassé après avoir perdu une cinquantaine de ses fantassins, et il se jette sur Açafia, où Ben Salem compte des adhérents ; le marabouth les y attaque et les expulse de leur quartier qu'il détruit.

Les affaires d'El-Hadj-El-Arbi ne prirent pas pour cela meilleure tournure. L'Émir, en guerre avec nous, n'avait pas trop de toutes ses forces pour soutenir la lutte qu'il avait imprudemment provoquée; aussi, retira-t-il à son khalifa les quelques troupes régulières qui lui restaient, et, dans son irritation contre les gens de Laghouath, il ordonna à Sid El-Hadj-El-Arbi de ne pas ménager ceux de ces ksariens qui se trouvaient au milieu des tribus où il commandait encore.

En 1842, Ahmed-ben-Salem, qui savait que l'Émir avait perdu tout espoir d'établir sa prépondérance dans le Sud et renoncé à toute action directe sur la confédération de Laghouath, vint attaquer El-Hadj-El-Arbi dans le ksar d'Açafia, d'où il le chassa. Le khalifa de l'Émir chercha un dernier refuge à Ksir-el-Haïran, où se réunirent ses partisans, lesquels apportèrent la guerre aux habitants de ce ksar, qui, pour la plupart, appartenaient au parti de Ben-Salem.

Enfin, au commencement de 1843, complètement convaincu de l'impuissance de l'Émir, Ahmed-ben-Salem vint avec toutes ses forces attaquer El-Hadj-El-Arbi dans Ksir-el-Haïran. Après un combat acharné qui dura trois jours, les maisons dans lesquelles s'était concentrée la défense furent prises l'une après l'autre, et l'infortuné marabouth lui-même paya de sa vie et de la défaite de son parti ses infructueuses tentatives pour ressaisir un pouvoir qui lui échappait obstinément.

Dès lors, tout ce qui était opposé aux Oulad-Zânoun fut chassé des ksour voisins de Laghouath ou obligé de se soumettre au vainqueur, et il était d'autant plus sage d'en passer par là, que les Sahriens n'ignorent pas qu'Abou-Saïd a dit dans ses Commentaires du Koran : « Soumettez-vous à toute puissance qui aura pour elle la force ; car la manifestation de la volonté de Dieu sur la terre c'est la force. »

De ce moment, l'autorité d'Ahmed-ben-Salem ne fut plus contestée dans le pays ; elle résumait, d'ailleurs, les luttes soutenues par sa famille et par ses adhérents pendant une période de trois siècles.

Nous étions en 1844. L'étoile de l'Émir pâlissait visiblement, et il était facile de prévoir que notre puissance finirait par absorber entièrement la sienne. Ahmed-ben-Salem, qui déjà avait profité de l'état de guerre dans lequel nous étions avec Abd-el-Kader, ne fut pas le dernier à comprendre que nous étions un pouvoir sérieux, et qu'il était probable que, tôt ou tard, le Sud aurait à compter avec nous. Dès 1843, il ne pouvait plus y avoir de doute à cet égard, et, dans cette prévision, les Arbaâ-ech-Cheraga étaient venus dans le Tell du Tithri demander une organisation à l'autorité française.

Dans les mois de mars et avril 1844, une colonne, forte de 1,500 hommes, aux ordres du général Marey, franchissant la ligne de ceinture du Tell, avait pénétré dans le Djebel-Es-Sahri et poussé jusqu'au ksar Zakkar. Cette pointe avait suffi pour déterminer la soumission des tribus dont la colonne avait traversé le territoire ; Laghouath même et la confédération des ksour envoyèrent au général une députation qui devait lui présenter leur *gada*. Ahmed-ben-Salem avait chargé son frère Yahia, qui était à la tête de la députation, de faire au général Marey la proposition suivante : Ben-Salem recevrait l'investiture de la France pour un khalifalik qui comprendrait Laghouath, les cinq ksour voisins de cette ville, les tribus des Arbaâ et des Harazlia, et même la confédération des Beni-Mzab. Comme nous n'avions pas la moindre raison pour rejeter les offres d'Ahmed-ben-Salem, le général envoya Yahia à Alger pour les développer et les faire accepter. Le Gouverneur-général, qui reconnut l'intérêt de cette proposition, décida qu'une colonne se rendrait sur les lieux pour organiser le pays dont Ahmed-ben-Salem demandait si humblement le commandement.

Le 21 mai, la colonne Marey, forte de 2,800 hommes, arrivait à Tadjmout où l'attendaient le khalifa Ahmed-ben-Salem et les chioukh du pays; le 25, elle dressait ses tentes devant Laghouath, où elle était parfaitement accueillie par la population; elle séjournait sous les murs de ce ksar le 26 et le 27. Du reste, la présence de nos soldats dans ces contrées ne paraissait étonner personne ; nous y étions reçus comme des gens qu'on attend. Cela s'expliquait : un marabouth de Laghouath, Sidi El-Hadj-Aïça (1), illustre autant par ses vertus que par le don de prophétie qu'il possédait, disait-on, à un rare degré, avait prédit, vers l'an 1714 de notre ère, que les Français prendraient Alger, qu'ils viendraient camper sous les murs de Laghouath, et qu'ils pousseraient même jusqu'à l'ouad El-Heumar (2).

Nous voulons, d'ailleurs, donner une traduction de cette prédiction que quelques incrédules regardent comme apocryphe, bien que le général Marey ait affirmé avoir eu entre ses mains le manuscrit contenant les œuvres complètes du saint, et y avoir lu les divers passages qui nous concernent. Du reste, cette prédiction était connue de tous les *tholba* de Laghouath bien avant 1830, et l'un des descendants du saint marabouth, qui la savait de mémoire, la récita d'un bout à l'autre au général Marey.

Comme la plupart de ses pareils, Sidi El-Hadj-Aïça joignait au don de prophétie celui de poésie ; il ne parlait et n'écrivait qu'en vers ; aussi est-ce dans la langue des dieux et de leurs envoyés que nous avons essayé de rendre les fragments des prophéties du saint marabouth qui se rapportent aux Français (3).

---

(1) Sidi El-Hadj-Aïça est le saint marabouth dont la dépouille mortelle repose sous la koubba dans laquelle, en 1852, on a établi la batterie de brèche qui nous ouvrit Laghouath.

(2) L'ouad El-Heumar est un affluent de droite de l'ouad El-Djedi, rivière qui n'est, du reste, que la continuation de l'ouad Mzi.

(3) Malgré son décousu, ses répétitions, le vague de quelques-unes de ses parties, la prédiction de Sidi El-Hadj-Aïça n'en présente pas moins quelques passages assez remarquables au point de vue, bien

Il ne restait plus au général Marey qu'à procéder, au nom de la France, à la reconnaissance du khalifa Ahmed-ben-Salem, et à l'organisation du pays que nous mettions à sa main. Notre nouvel agent ne paraissait, du reste, douter de rien : si on l'en avait cru, il se prétendait assez fort pour faire sentir son in-

---

entendu, du don de prophétie qu'avait la prétention de posséder le saint homme.

Ier FRAGMENT.

Par delà les sommets poudrés de sable d'or
Où nos ardents *djouad* (*) lancent le *thir el-horr* (**),
Je vois se dérouler en terre musulmane
De soldats inconnus la longue caravane.....
Ces étendards flottant sous le vent du désert
Ne sont pas nos drapeaux ; là, point de turban vert,
Insigne des cherifs descendants du Prophète,
Point de bruits de chabir que l'étrier répète
Et qui font se cabrer nos rapides coursiers
Sous l'étreinte de fer de nos vaillants guerriers !
Ces troupes, ces canons qui laissent dans nos sables
Un immense sillon, ces rangs si formidables
Serrés comme les grains de notre chapelet,
Ne sont point ceux, hélas ! de Sidna Mohammed !
Ce n'est pas là le Turc à la rouge bannière
Venant heurter nos ksour de sa vaine colère.....
Ils avancent toujours..... Déjà j'entends leurs voix.....
Ce sont, par le péché ! les enfants de la croix !
Oui, ce sont les Chrétiens que Dieu, dans ses vengeances,
A pris pour instruments de ses justes sentences ;
La puissante valeur et le sabre d'Omar
Ne les arrêteraient, et l'ouad El-Heumar (***)
— Car Dieu l'a décidé — verra sur ses deux rives
Du pied de leurs soldats les traces fugitives.....
Allons ! fils de l'Islam, préparez leurs repas
Du matin et du soir à ces maîtres du bras !
Allons ! à ces Chrétiens montrez dans leur parure
Vos femmes sans leur voile ainsi que sans ceinture !.....
Par ma tête ! ils sont là !... Voyez-vous de leurs feux
La flamme s'élever sur nos rochers poudreux ?.....

(*) Les nobles.
(**) *Thir el-horr*, l'oiseau noble, de race, le faucon.
(***) Affluent de droite de l'ouad Djedi, à dix lieues à l'est de Laghouath.

fluence et exercer son pouvoir jusque sur les Oulad-Seïah, qui touchent à Touggourt, sur les Mdabih, les Mkhalif et les fractions des Châanba qui se rattachent aux Beni-Mzab et au ksar de Metlili, et sur les Oulad-Sidi-Ech-Chikh, qui confinent au Marok. Enfin, puisque le prophète des Beni-Laghouath, — dont

---

O vous qui m'entendez, ne dites pas : « Il rêve !
Ce n'est point l'heure encore où Dieu, rompant sa trêve,
S'apprête à nous frapper, et bien loin sont les temps
— S'ils doivent arriver — où l'on verra les camps
Des Chrétiens menacer les remparts de nos villes.....
Ils trouveraient la mort dans nos sables stériles !.....
Aïça, tu vois mal. » — Les méchants de Temoud,
D'Ad et de Madian ont dit au prophète Houd,
A Châïb, à Salah, quand, avant de détruire,
Dieu les eût envoyés à ce peuple en délire
Pour lui porter encor ses avertissements,
Ces aveugles ont dit : O prophète, tu mens !.....
On eut en vain, le soir, de ces maudites races
Recherché sur le sol les méprisables traces.....
Moi je vous dis : J'ai vu, je vois de mes deux yeux
Les étendards chrétiens partout victorieux ;
Je vois El-Djezaïr (*), la ville bien gardée,
De soldats étrangers la muraille inondée ;
Des entrailles de fer de leurs puissants vaisseaux,
Je les ai vus sortir comme de leurs tombeaux
Sortiront les mortels quand arrivera l'heure
Où la terre, qui fut leur dernière demeure,
Rejettera sa charge..... Alger — trois fois malheur !
— Se tord de désespoir sous le pied du vainqueur ;
Les Croyants, repoussés par la vague qui monte,
— La vague des Chrétiens, — s'en vont cacher leur honte
Aux déserts de Moghreb que baigne l'Océan,
A Tunis, à Maceur (**), ces terres du Koran ;
Et la voix de l'imam qui guidait la prière
Du musulman courbé le front dans la poussière,
Ne parle plus de Dieu dans nos vieilles mosquées
Aux enfants de l'Islam, aux foules convoquées.
Sur nos dômes sacrés la croix tend ses bras d'or,
Et nos croissants brunis au chaud soleil du *dhor* (***)

(*) *El-Djezaïr*, les îles. Nous en avons fait Alger. On dit aussi par abréviation *Dzaïr* et *Dzer*.
(**) *Maceur*, l'Égypte.
(***) Le moment qui suit l'heure de midi.

notre présence, en vérifiant ses prédictions, ne pouvait qu'augmenter la considération, — puisque, disons-nous, Sidi Aïça se faisait — involontairement, sans doute, — le complice de notre politique dans le Sahra, il fallait profiter de cette heureuse situation et l'accepter avec toutes ses conséquences.

Sont partout renversés..... O toi, cité splendide!
— Telle est la volonté de Celui qui décide,
Toi, dont les fiers *raïs* (*) sont les maîtres des mers,
Tu prendras des Chrétiens la loi, la foi, des fers!

II° FRAGMENT.

Le Turc se reposait sur ses vieux janissaires;
La mer obéissait tremblante à ses corsaires;
Son pouvoir enlaçait dans un vaste réseau
La moitié de la terre, et son sanglant drapeau
Étouffait dans ses plis du couchant à l'aurore
Tout un peuple éperdu qui le craint et l'abhorre.
Au lieu de louer Dieu, — Dieu qui les a comblés,
— Au lieu de prier Dieu dans son temple assemblés,
Ces enfants du péché qu'enivre leur puissance
Poussent l'impiété jusques à la démence :
Ils ont tout oublié, foi, loi, religion;
Tout est fange chez eux, vice et corruption ;
Le peuple perverti de Sodome et Gomorrhe,
Sur qui Dieu fit pleuvoir la flamme qui dévore,
Était moins criminel que ces chiens d'Ottomans,
Qui — ne les croyez pas — se disent Musulmans.....
Mais le jour approchait où, comblant la mesure,
Le Turc allait finir son règne de souillure :
Endurci dans le crime, il dormait son sommeil,
Et Dieu lui préparait un terrible réveil.....
Voyez-vous ces Chrétiens s'avançant innombrables
Comme les grains qu'enlève en soufflant dans nos sables
Le *guebli* (**) furieux ?..... Partout ils sont vainqueurs ;
Ils avertissent Dieu par d'ardentes clameurs
Qu'ils l'ont enfin vengé !...... Le Turc fuit, plein de honte,
Devant ses ennemis dont le flot toujours monte ;
Il laisse abandonnés et sans protection
Ses femmes, ses foyers. La malédiction

(*) Capitaines de navire.
(**) Le vent du sud ou du désert.

Le général Marey voulut donner une sorte de solennité à l'investiture de notre nouveau khalifa, et faire sentir aux indigènes de son khalifalik que c'était bien de la France qu'il tenait son pouvoir. Les officiers de la colonne et les principaux chefs des tribus et ksour voisins de Laghouath furent réunis à El-Haouïtha,

---

Du Seigneur le poursuit et pèse sur sa tête.....
Le Chrétien marche encore ; il n'est rien qui l'arrête.
Son pouvoir est sans borne ; il émane de Dieu :
Du pays des palmiers à la mer du Milieu (*),
De Tunis à Marok, la terre des fidèles,
Il n'est point de muraille ou bien de citadelles
Qui puissent faire obstacle aux terribles soldats
Que la mer a vomis.... Après de vains combats,
Le Turc, toujours vaincu, laisse Alger, — son esclave,
— Que, depuis trois cents ans, il corrompt et déprave.....
Mais Alger reste esclave, et prend de nouveaux fers,
Toute meurtrie encor des maux qu'elle a soufferts.....
Mettant en Dieu pourtant toute sa confiance,
D'un avenir meilleur elle avait l'espérance !

IIIe FRAGMENT.

Quand, dans la nuit d'El-Kadr, les anges et l'esprit
Ont réglé l'avenir dans l'immuable écrit,
Dans ce livre éternel des arrêts inflexibles,
Ainsi que l'ont voulu les destins infaillibles,
Tout arrive ici-bas..... Quand tu verras venir
Le jour du jugement et le ciel s'entr'ouvrir,
Ne crains rien si, pendant ton séjour en ce monde,
Ta mortelle existence en vertus fut féconde ;
Ne t'inquiète pas de ce que fera Dieu
Si la foi fut ta part et ton unique vœu.....
Comme un immense éclair écrivant sur la nue
Sa terrible menace en sa langue inconnue,
L'ange Tedzel viendra sur les ailes des vents
Apporter les décrets du Seigneur aux vivants :
Tout être écoutera d'une oreille attentive
Sa parole, et la foule, à ses lèvres captive,
Entendra les arrêts dictés par l'Éternel.
Écoutez ce que dit l'ange envoyé du ciel :
« La puissance des Turcs, par le mal ébranlée,

(*) C'est ainsi que les Arabes désignent la Méditerranée.

petit ksar situé à dix lieues au sud-ouest de cette ville : après lecture faite en français et en arabe du titre par lequel la France élevait Ahmed-ben-Salem à la dignité de khalifa, on procéda à son investiture en le revêtant du bernous de sa fonction. Un coup de canon vint ajouter encore à la pompe de cette consécra-

---

Comme un mur ruiné sur eux s'est écroulée ;
La ville aux croissants d'or, subissant les décrets,
N'entend plus le mouddem sur ses blancs minarets.
Alger, malheur à toi ! malheur à tes murailles
Qui virent impuissants aux jours de tes batailles
Les efforts des Chrétiens ! Malheur à ton beau port,
Tombe où sont endormis du sommeil de la mort
Tes ennemis venus sur leurs vaisseaux de guerre
Pour te faire trembler, toi, des cités la mère !
Malheur à tes tyrans ! car Dieu les a maudits,
Et prochains sont les temps par l'Apôtre prédits !.....
C'est en vain que des Turcs on cherchera la trace,
Sillage fugitif qui paraît et s'efface ;
Leur pouvoir odieux, ô belle Djezaïr,
Pour les Croyants, tes fils, sera sans souvenir !.....
Les destins l'ont voulu ! Alger, la blanche ville
Que le vainqueur chrétien de son talon mutile,
Abrite dans ses murs le soldat d'outre-mer,
Qui la presse et l'étreint de son poignet de fer.
Ses temples sont détruits, ses maisons somptueuses,
Ses ravissants jardins aux sources merveilleuses,
Sont souillés et déserts, et la mer aux flots bleus
Jamais ne verra plus nos corsaires fameux
Faisant fuir devant eux les enfants de l'Espagne ;
La mer ne verra plus ces pourvoyeurs du bagne
Jeter dans les harems ces vierges, ces esclaves
Qu'aux rivages chrétiens ravissaient les plus braves !.....
La louange sur Dieu dont c'est la volonté !
Il nous donne la joie ou bien l'adversité !.....

IVe FRAGMENT.

D'innombrables soldats, portés par des galères
Hissant à leur grand mât des couleurs étrangères,
Menacent Djezaïr, et comme des vautours
Je les vois assaillir ses remparts et ses tours :
C'est, par le Dieu vivant ! le pavillon de France !
Je dis : Malheur aux Turcs ! leur immense puissance

tion. Yahia-ben-Salem, frère du khalifa, fut nommé son agha à Laghouath ; El-Djedid restait l'agha des Arbaâ.

Soutenu par l'ascendant de la France, n'ayant plus rien à redouter de la part des maîtres du Tell, Ahmed-ben-Salem régna enfin paisiblement dans sa kasba de Laghouath ; seulement,

---

Qui retenait captif l'univers sous leur bras
— C'est Dieu qui l'a voulu ! — s'écroule avec fracas.
A l'aspect imposant de ces bannières blanches
Venant leur demander de sanglantes revanches,
Les Turcs remplis d'effroi désertent leur cité,
En laissant aux soldats de cette chrétienté
Dont ils ont si souvent excité les alarmes,
Leurs femmes, leurs palais, leur honneur et leurs armes.....
Aujourd'hui, le Chrétien, ce pâle enfant du Nord,
Ne voit plus le corsaire emmener à son bord
Ses vierges pour peupler du Turc les gynécées ;
Ses rives ne sont plus sans cesse menacées
Par ces hardis raïs qui portaient la terreur
Jusque sous le canon du pays de l'Erreur..... (*)
Tout ce que souffre Alger, la ville magnifique,
C'est Dieu qui l'a voulu, Dieu le seul et l'unique !

Ve FRAGMENT.

C'en est fait de Dzaïr ! les destins l'ont voulu !
Des impuissants pachas l'empire vermoulu
S'est effondré sous eux, et la foi musulmane,
Témoignage sacré qui de Dieu même émane,
Est morte dans Alger, la cité dont les forts
Des Chrétiens ennemis arrêtaient les efforts.....
J'ai vu..... — Ne dites pas que c'est de la démence,
— J'atteste que j'ai vu les soldats de la France
Dresser sur nos coteaux leurs gourbis et leurs camps,
Et, sans être troublés, moissonner dans nos champs !.....
Voyez-la s'avancer cette puissante armée
Bondissant furieuse en panthère affamée :
Rien ne résiste, hélas ! à son terrible choc,
Et sous ses rudes coups, nos murailles de roc,
Comme un vieux tronc pourri qu'aurait frappé la foudre,
Se brisent en éclats et s'envolent en poudre.
Les Chrétiens sont vainqueurs, et les portes de Dzer

(*) Tout pays où l'on ne professe pas la religion mahométane.

son pouvoir ne put guère se faire sentir au-delà des ksour de son khalifalik et de la tribu des Arbaâ. Ses fils lui succédèrent; mais leur goût prononcé pour les douceurs de la civilisation les ayant rapprochés de nous, ils perdirent sensiblement de l'influence qu'exerçait leur père sur ses coreligionnaires. C'est ce qui fit qu'en 1852, le cherif d'Ouargla, Mohammed-ben-Abd-Allah, qui, depuis l'année précédente, s'était révélé par plusieurs pointes sur le Nord, ne songea rien moins qu'à enlever Laghouath aux fils d'Ahmed-ben-Salem, malgré la présence dans ce ksar d'un peloton de spahis que le général Jusuf y avait établi pour faire respecter l'autorité, déjà si amoindrie, des successeurs du khalifa.

Yahia, le frère d'Ahmed-ben-Salem, qui s'était fait des partisans dans Laghouath, mais qui ne se sentait pas assez fort cependant pour tenter seul d'enlever le pouvoir à ses neveux, proposa au cherif d'Ouargla, qui avait dressé ses tentes à Ksir-el-Haïran, de l'aider dans l'opération qu'il méditait, en combinant les efforts de ses partisans avec les moyens dont disposait Mohammed-ben-Abd-Allah. Le cherif, qui ne comptait pas sur ce concours, accepta avec empressement la proposition que lui faisait le frère du khalifa, et se porta, le 15 septembre 1852, sous les murs de Laghouath. Mais un mouvement du général Jusuf, qui croisait dans les environs de la ville menacée, renversa les projets de Yahia et de Mohammed-ben-Abd-Allah.

Malgré ses insuccès, le cherif d'Ouargla regardait toujours Laghouath comme une proie qui, un jour ou l'autre, devait infail-

---

Ouvrent leurs deux battants aux maîtres de la mer :
Les riches sont chassés ; leur opime dépouille
Va charger les vaisseaux de la flotte qui mouille.....
Alger voit aujourd'hui les sectateurs du bois (*)
Envahir la mosquée, et les sublimes lois
Que dicta le Seigneur à son dernier prophète,
Dans le *menbeur* (**) sacré restent sans interprète.....
Mais Dieu le veut ainsi ; la louange sur lui !.....
Cherchons dans le Seigneur notre plus ferme appui !.....

(*) Terme de mépris par lequel les Musulmans désignent les Chrétiens, qu'ils regardent comme des idolâtres.
(**) Chaire dans la mosquée.

liblement tomber entre ses mains. Remonté vers cette oasis, dont il se tenait à une marche ou deux, il épiait l'occasion de pénétrer dans la ville pour en soulever la population.

Dans les derniers jours de septembre 1852, le général Jusuf, qui était à Djelfa, apprit que Mohammed-ben-Abd-Allah menaçait de nouveau Laghouath : il surprend le cherif, le 4 octobre, à Reg, sur les r'dir de l'ouad Mzi, lui tue 200 hommes, et lui enlève 2,000 chameaux et 20,000 moutons. Mohammed-ben-Abd-Allah, talonné par notre cavalerie, se jette dans Laghouath, où il est accueilli avec enthousiasme par la population, laquelle venait d'achever de se compromettre vis-à-vis de nous en chassant de la ville les fils de Ben-Salem, et le détachement de spahis chargé de la protection de leurs intérêts. Le cherif profite de cette circonstance pour enflammer toutes les têtes par ses prédications, et pour engager les habitants à la résistance dans le cas très-probable d'une attaque des Français contre le ksar. L'exaltation est bientôt à son comble dans Laghouath ; comptant sur la solidité de leurs murailles, les habitants jurent de les défendre jusqu'à la dernière extrémité, et de s'ensevelir sous leurs ruines si la fortune leur est contraire.

Le général Jusuf, informé de cet état de choses, se présente devant la ville pour en réclamer l'entrée ; mais les Beni-Laghouath sortent de leurs jardins et accueillent son avant-garde à coups de fusil.

Il ne nous restait qu'à faire payer cher à ces insensés l'hospitalité qu'ils ont donnée au cherif et leur folle résistance. Le 2 décembre, le général Pelissier arrivait sous les murs de Laghouath à la tête de huit bataillons, de huit escadrons et de son artillerie ; le 3, il reconnaissait le ksar, et le 4, pendant que les troupes du commandant de la province d'Oran y entraient par la brèche, celles du général Jusuf y pénétraient par escalade. Le drapeau de la France, planté au sommet de Dar-es-Seffah, apprenait à ceux des Beni-Laghouath qui survivaient à leur défaite que leur ksar était désormais français.

En effet, le Gouverneur-général comte Randon, qui comprenait toute l'importance du rôle que devait jouer Laghouath et comme poste avancé et comme moyen d'établir notre influence dans le Sahra algérien, décidait bientôt l'occupation définitive de ce ksar, et lui donnait un commandant supérieur et une garnison française. Quelque temps après, Laghouath devenait un chef-lieu de cercle relevant de la subdivision de Médéa.

Depuis qu'elle est en notre pouvoir, la ville de Laghouath n'a plus d'histoire : plus de sang, plus de ruines, plus de ces misères déguenillées, filles de la discorde et de folles et mesquines ambitions.

Sous l'intelligente direction de ses commandants supérieurs, elle a pu apprécier les douceurs de la paix, qu'avant nous elle n'avait guère pu entrevoir qu'en rêve. Aujourd'hui, comme une courtisane qui n'aurait d'autre préoccupation que celle de chercher à plaire, la ville, étendue nonchalamment dans son hamac de verdure, prend tous les jours des charmes nouveaux, et c'est à présent surtout qu'elle pourrait à juste titre se dire la capitale du désert.

Mais reprenons la suite des opérations de la colonne Jusuf.

L'insurrection était toujours concentrée dans la province d'Oran, où elle paraissait faire peu de progrès; chassés de leur ligne d'eau de Géryville, après le combat d'Aïn-el-Katha, les rebelles s'étaient rejetés à l'est sur celle de l'ouad Sidi-En-Naccur, couvrant ainsi les têtes de cette rivière, le ksar de Stiten, l'ouad Doudar, et les plaines de Sidi-Thifour, où s'étaient agglomérées, avec leurs troupeaux, les populations insoumises.

Le général Deligny arrivait, le 7 mai, à Kheneg-es-Souk, sur l'ouad Sidi-En-Naccur, refoulant dans le Sud la masse des Harar, qui s'était portée vers le nord-est pour retrouver ses cultures et ses silos.

La première partie du programme du général Jusuf était réalisée : il avait atteint Laghouath, son premier objectif, et il pouvait de là se porter sur les points que réclameraient la présence de sa colonne.

La situation de la province d'Alger n'avait pas changé; le calme y régnait toujours; les réquisitions s'y faisaient assez facilement, et les goums qui marchaient avec nous paraissaient animés d'un bon esprit. Cet état de choses permettait au général Jusuf de poursuivre son mouvement dans l'ouest de sa division : il donnait ainsi de sérieuses inquiétudes au Djebel-el-Amour, dont une grande partie de la population marchait avec les rebelles, et il coupait à Sid Mohammed-ben-Hamza sa ligne de retraite par l'ouad Zergoun ou Brizina. Cette combinaison, exécutée rapidement, amenait infailliblement des résultats décisifs en renfermant les rebelles entre les colonnes Deligny au nord, Jusuf au sud, et Martineau à l'ouest; le général Liebert tenait l'est en se portant de Tagguin à El-Beïdha. Ce fut à ce plan que s'arrêta le général Jusuf, et en même temps qu'il le soumettait au Gouverneur général et qu'il sollicitait l'autorisation de l'exécuter, il écrivait au général commandant la division d'Oran pour lui demander son entente, et lui offrir, au besoin, le concours de sa colonne.

Soit que le commandant de la division d'Oran crût pouvoir suffire seul — et nous le comprenons — à la tâche de ramener l'ordre dans son commandement et d'y vaincre la rébellion, soit qu'il craignît que le mouvement de menace du général Jusuf sur la ligne de retraite des insurgés ne lui enlevât un ennemi qu'il espérait atteindre et châtier, quoi qu'il en soit, il ne fut pas donné suite au projet du commandant de la division d'Alger, et les événements se chargeaient bientôt de démontrer qu'il y avait eu là une faute.

Quelques détails d'organisation retinrent la colonne Jusuf sous les murs de Laghouath jusqu'au 10 mai; le 11, le général dessinait son mouvement dans l'ouest de sa division, et allait poser son camp à Recheg, sur l'ouad Mzi; la colonne y séjournait le 12, et en repartait le 13 pour aller coucher à Tadjemout; elle dressait ses tentes à un kilomètre de ce ksar, sur la rive droite de l'ouad Mzi.

Campés au sud de Tadjemout, nous étions dans les meilleures conditions pour jouir, quand venait le soir, du merveilleux panorama qui se développait devant nous. Il n'est rien de plus gracieusement féerique que l'aspect de ce ksar quand le soleil, presque couché sur l'horizon, le noie dans un bain d'or. C'est la bourgade des temps bibliques, avec ses constructions carrées, ses terrasses, ses jardins qui lui font une ceinture de verdure, ses palmiers dessinant leurs cimes en éventail sur un ciel de feu, ses murailles l'enlaçant de zigzags bizarres soudés à des tours élevées sur de capricieux polygones, hercotectonique naïve de quelque Vauban primitif, suffisante cependant pour rassurer les Beni-Tadjemout, persuadés qu'ils sont que leur ksar est puissamment fortifié.

La koubba de Sidi Athallah, dont la blanche coupole paraît s'élancer d'un bouquet de palmiers, est d'un délicieux effet.

Le ksar de Tadjemout, établi sur une boursouflure rocailleuse dominant la rive gauche de l'oued Mzi, a été fondé par une migration de Beni-Laghouath qui, à la suite de guerres intestines, furent chassés par le parti vainqueur. Ces malheureux émigrés ne trouvèrent pas pour cela la tranquillité qu'ils cherchaient et sur laquelle ils comptaient : quand ce n'était pas l'ennemi extérieur qui se ruait sur leurs murailles ou menaçait leurs palmiers, les tumultes, les déchirements, les convulsions achevaient l'œuvre de destruction entamée par leurs voisins, long suicide amené par des rivalités sans cause, par des ambitions drapées dans des guenilles. C'est l'histoire des républiques italiennes au moyen-âge, mais avec des loques au lieu de velours, avec le couteau de fer au lieu du poignard ciselé ; des deux côtés, lutte affreusement implacable ; mais là-bas, l'Italien relève ses ruines avec des marbres et des métaux précieux ; ici, le ksarien laisse la demeure de ses ancêtres baver éternellement ses briques de boue séchée au soleil.

Les dernières blessures du ksar de Tadjemout sont récentes ; elles datent de l'année 1841, quand Ahmed-ben-Salem et Tedjini allèrent y attaquer le khalifa de l'Émir, Sid El-Hadj-El-Arbi, qui s'y était renfermé après avoir été battu par eux proche d'Aïn-Madhi.

Nous avons vu plus haut qu'à la suite du combat d'Aïn-Madhi, qui n'avait pas duré moins de deux jours, avec des chances diverses, Sid El-Hadj-El-Arbi s'était retiré sur Tadjemout. Ben-Salem et Tedjini, qui s'étaient mis à la poursuite du khalifa de l'Émir, n'avaient pu cependant empêcher son entrée dans le ksar, où il avait eu la précaution, avant de tenter sa pointe sur

Aïn-Madhi, de faire reconnaître son autorité. Les cavaliers de Tedjini étaient cependant parvenus à atteindre quelques goums d'El-Hadj-El-Arbi qui avaient pris la fuite, et à ramener 25 prisonniers et 25 troupeaux de moutons.

Tedjini et Ben-Salem, qui n'avaient aucun moyen de faire tomber les murailles de Tadjemout, bien qu'elles fussent dans un piteux état, allaient se retirer impuissants, en remettant à une autre occasion la ruine de leur ennemi, quand quelques Beni-Tadjemout, khouan de la confrérie de Tedjini, se présentèrent à son camp et lui dirent : « Restez ; Tadjemout est à vous. Demain, vous pourrez vous approcher du ksar et l'attaquer, car la plus grande partie de la population vous est dévouée. » Complètement rassuré sur les chances de cette entreprise, Tedjini fit attaquer, le lendemain matin, par un détachement de sa troupe, le côté ouest du ksar, pendant qu'avec le gros de ses forces, il se jetait sur la porte de l'est, qui céda assez facilement sous ses efforts : il mena battant, avec l'aide des trois quarts de la population de Tadjemout, les fantassins du khalifa El-Hadj-El-Arbi, qu'il parvint à chasser de tous les points où ils avaient voulu lui faire tête ; rejetés sur l'attaque de la porte de l'ouest, et ne pouvant plus faire usage de leurs armes par l'effet du pêle-mêle dans lequel les avait mis ces deux attaques, les soldats réguliers du khalifa furent très-maltraités. Ils eurent là, en très-peu de temps, cinquante hommes tués ou blessés. Ceux qui le purent s'enfuirent par les brèches ou de tout autre manière ; mais ils reconnurent bientôt qu'ils n'avaient échappé à un danger que pour tomber dans un autre : les goums, qui avaient investi la place, leur barrèrent le passage et les firent prisonniers. Sid El-Hadj-El-Arbi réussit cependant à s'échapper avec vingt-huit cavaliers. Nous avons vu plus haut que ce malheureux khalifa de l'Émir s'était jeté dans le ksar d'Açalla.

Tedjini fut clément après la victoire ; il pardonna généreusement aux gens de Tadjemout qui l'avaient combattu ; deux familles ne purent cependant trouver grâce devant lui : ce furent celles d'El-Arbi-ben-Barka et de Kouïder-ben-Goubeur, dont il avait eu particulièrement à se plaindre.

Le ksar de Tadjemout souffrit beaucoup dans cette guerre, qui, heureusement, fut la dernière qu'il eut à soutenir. Tadjemout comptait, à cette époque, environ 120 fusils.

Aujourd'hui que le soleil, ce grand peintre, n'y a pas mis la main, le ksar de Tadjemout présente extérieurement, comme un décor qui n'est pas éclairé, un fouillis gris-sourd de murailles ébréchées, crevassées, lézardées, percées de jours informes ; les terrasses s'y étagent dans un pêle-mêle confus, inextricable, pareil à un jeu de cartes mal battues, ou bien, c'est encore comme un amas de cendres provenant d'un bûcher gigantesque. C'est triste, laid, sordide, dépenaillé; les palmiers eux-mêmes, qui échevelaient si gracieusement sur un fond d'or, paraissent avoir été découpés dans du carton : roide, les feuilles horripilées, plaquant son vert sombre sur le gris des murailles du ksar, ou, à l'horizon, sur le bleu foncé des derniers rameaux du Djebel-el-Azereg, le dattier n'est plus du tout, dans ces conditions, l'arbre-roi du desert. Du reste, ôtez-lui son soleil, et le Sahra n'est plus qu'un vaste suaire à tons blafards, maculé de plaques noirâtres produites comme par du sang vieilli, ou bien, c'est la dépouille livide et cadavéreuse d'une vipère-cornue morte de maladie.

Depuis le commencement de l'insurrection, la conduite de la population de Tadjemout avait quelque chose de louche et de cauteleux ; sans avoir ouvertement pris parti pour les rebelles, on sentait cependant que ses sympathies étaient de leur côté, et qu'elle n'attendait qu'une pointe de Mohammed-ben-Hamza dans la direction de Laghouath pour embrasser sa cause. Quelques-uns même de ses habitants étaient allés grossir les bandes de l'agitateur. On comptait, d'ailleurs, dans ce ksar, comme dans les autres, deux partis bien marqués, dont l'un, celui des mécontents et des chercheurs d'aventures, devait infailliblement prendre le dessus et entraîner l'autre. Notre présence seule avait fait avorter les projets de défection mis en avant par le parti de l'action. Aussi, à notre arrivée sous les murs de Tadjemout, l'attitude des gens de ce ksar était-elle celle de coupables. Le général se contenta, pour le moment, de quelques remaniements dans le personnel administratif de l'oasis, remettant à notre retour le redressement des torts qu'il avait à reprocher aux Beni-Tadjemout.

Prévoyant que les événements l'obligeraient à s'alléger, le général Jusuf avait engagé les officiers, la veille de notre départ de Laghouath, à se munir de tentes-abris qui, au besoin, remplaceraient les leurs; pour compléter cette mesure, le général avait voulu tenter de nouveau l'essai de l'emploi du dromadaire comme moyen de transport de son infanterie, système qui, depuis plus de vingt ans, a eu tour-à-tour ses admirateurs et ses détracteurs : pendant que les uns voulaient faire du dromadaire un animal de guerre destiné à remplacer le cheval comme monture, les autres prétendaient qu'il était tout-à-fait impropre à ce genre de service. A côté de ces deux opinions, qui avaient le tort d'être formulées d'une façon trop absolue, il s'en présentait une troisième, et nous pensons qu'elle était la meilleure : le dromadaire peut servir de transport à l'infanterie pour l'exécution d'une marche rapide, pour se jeter promptement sur un point donné ; mais c'est à la condition de faire mettre pied à terre à cette infanterie bien avant du lieu où l'on présume devoir rencontrer l'ennemi, à cause de la déplorable facilité avec laquelle l'espèce camélienne se laisse aller aux paniques; nous ajouterons que ce mode de transport de l'infanterie est tout-à-fait impraticable dans le cas où la colonne court le risque d'être attaquée inopinément pendant sa marche. Cette idée de faire du dromadaire une monture de guerre pour opérer dans le désert avait, en effet, quelque chose de séduisant ; mais c'était trop beau pour que cela fût pratique.

Le dromadaire est par excellence l'animal des grands espaces; nous ajouterons qu'il est le seul qui y soit possible : d'abord, il n'a pas besoin d'orge; il trouve des fourrages de son goût dans la plupart des plantes du désert; il peut rester plusieurs jours sans boire, et un homme suffit pour conduire douze de ces animaux.

Le mulet, au contraire, est obligé de porter son orge; il n'appète que médiocrement les plantes fourragères du Sud; il ne peut guère rester plus d'un jour sans boire, surtout pendant la saison des chaleurs; il faut, enfin, un conducteur pour deux mulets.

Tous les avantages sont donc du côté du dromadaire; mais,

nous le répétons, ne forçons point ses qualités, et laissons-lui le rôle que le Créateur lui a donné, celui de bête de somme, d'animal de transport. Il est bien entendu que ce que nous disons ici ne s'applique pas au *mehari*, qui est un dromadaire de selle.

Or, puisqu'il est démontré que le dromadaire est seul possible dans le Sud, pourquoi ne créerait-on pas, pour opérer dans ces régions, un corps de Train spécial, dont le personnel serait recruté parmi les indigènes, et qui, au lieu de mulets, se composerait de dromadaires? L'idée, nous le savons, n'est pas neuve; plusieurs essais de ce système ont été tentés, et nous ajouterons qu'ils ont donné d'excellents résultats. Dès 1844, dans son expédition de Laghouath, le général Marey formait un équipage de 277 chameaux appartenant à l'État, et, bien que son personnel de conducteurs fût composé de soldats français, ce train d'un nouveau genre lui rendit d'excellents services. Plus tard, les commandants supérieurs des cercles de Laghouath (1) et de Géryville — le commandant Du Barail et le capitaine De Colomb, — créèrent, avec des chameaux provenant de razias, des équipages de dromadaires qu'ils avaient sous la main dès que les besoins du service le réclamaient, et qui, en dehors des expéditions, étaient mis soit en zmala, soit en pension dans les tribus. Du reste, du temps des Turcs et de l'émir Abd-el-Kader, le Beylik avait ses dromadaires, qui étaient placés sous la surveillance d'un *bach-douadji* (2).

La création des équipages de dromadaires présenterait les avantages suivants : supprimer, ou, tout au moins, diminuer sensiblement la réquisition, qui coûte fort cher, eu égard surtout au nombre de bêtes qui meurent pendant les expéditions et qu'il faut payer; au lieu de ces dromadaires haridelles que fournit la réquisition, et qui jalonnent les chemins de leurs cadavres, les colonnes seraient toujours pourvues d'animaux de

---

(1) En mars 1853, le commandant Du Barail créa à Laghouath un équipage de 500 chameaux destiné au transport de l'infanterie. Cette troupe pouvait fournir, ainsi montée, une étape de quinze lieues par jour.

(2) De *dadja*, suivants du camp, qui suivent l'armée comme domestiques, chameliers, etc.

premier choix ; enfin, dernière et importante considération, les mouvements de nos colonnes et l'approvisionnement de nos postes avancés ne resteraient plus subordonnés au bon ou au mauvais vouloir des tribus sahriennes.

Quoi qu'en dise le général Marey, nous persistons dans cette opinion que les indigènes sont seuls aptes à constituer le train de dromadaires, et que des Français se montreront toujours absolument réfractaires à toute organisation dans laquelle entrera, comme élément constitutif, l'animal qu'ils appellent si improprement *le chameau*. C'est à cette dénomination surtout, qui évoque une idée ridicule, qu'il faut attribuer l'insuccès des essais tentés si héroïquement par le colonel Carbuccia.

Le général Jusuf, nous le répétons, qui a prévu le cas où il serait obligé de porter rapidement une partie de son infanterie sur la ligne de retraite de l'ennemi, veut exercer nos fantassins à *l'équitation* du dromadaire, manœuvre toute nouvelle pour la plupart d'entre eux ; il veut les habituer aux allures tout d'une pièce et si dépourvues de liant de ces *vaisseaux du désert*, et leur démontrer que, bien que cette calomnie soit généralement admise, le chameau ne donne à celui qui le monte ni nausées, ni mal de mer.

Le bataillon de Tirailleurs algériens commence, sous la direction de ses officiers, l'expérience de ce moyen de transport : à part quelques chutes *heureuses* amenées par un dévergondage d'allures à déraciner la bosse même du ruminant, les tirailleurs se tirent fort crânement d'affaire. Moins familiarisés avec ce genre de monture, les Zouaves se comportent cependant très-bien sur le dos d'un animal qu'en France, vu sa rareté, on fait voir pour deux sous ; cependant, quelques-uns de ces dromadaires, de ceux que les Arabes disent manquer d'*âqueul* (sagesse), surpris, sans doute, de se sentir montés par des gens qui les interpellent dans une langue qui leur est inconnue, entament une course furibonde, vertigineuse, qui se termine inévitablement par la chute de l'objet qui cause leur étonnement ; mais le zouave ne se rend pas facilement ; il lutte, il se cramponne à la bosse, au bât de sa monture ; le roulis se combine bientôt avec le tangage ; les paris s'engagent alors : la victime tombera-t-elle *pile* ou tombera-t-elle *face?* Ces gageures cruelles ne sont pas faites, on le pense bien, pour ramener la sérénité dans l'esprit du ballotté. Le chameau court sur une spirale dont le centre est marqué par un groupe de ses pareils ; il a l'instinct de la société ; mais il ne veut pas rentrer dans son sein — est-ce de la dignité ? — avant de s'être débarrassé de ce qu'il a sur le dos. Le zouave est tenace ; il descendrait volontiers, mais jamais il ne consentira à tomber. En attendant ce résultat, qui ne peut pourtant tarder, il insulte l'animal, le menace des châtiments les plus terribles dès qu'il sera à terre.... et ce ne sera pas long ; car le zouave ne tient plus sur la bête que par la force de l'amour-propre, et cet amour-propre n'est bientôt plus qu'un fil : c'est la situation de Claude Frollo sur sa gouttière de Notre-Dame de Paris ; un dernier coup de rein, et la disjonction est opérée... Le zouave a rejoint la surface de notre planète, et a démontré une fois de plus — chose humiliante ! — l'impuissance de l'homme sur les animaux. Quant au chameau, il a pénétré comme un coin dans un groupe des siens, en levant bêtement la tête pour quêter, sans aucun doute, des applaudissements. Le zouave en a été quitte pour quelques contusions et les plaisanteries de ses camarades.

Tout le bataillon est monté ; au signal de la marche, cette *chamellerie* s'ébranle avec cette majesté superbe que met le chameau dans toutes ses actions ; les sokhkhara suivent à pied ; ils reprendront la conduite de leurs animaux quand l'infanterie mettra pied à terre. Tout va donc à merveille, et l'expérience est concluante ; mais, comme nous le disons plus haut, à la condition que notre infanterie n'aura pas à rencontrer l'ennemi.

La chaleur devient insupportable, et le séjour de la tente impossible ; le terrain sablonneux sur lequel est assis notre camp est brûlant pendant tout le temps que le soleil est au-dessus de l'horizon ; en revanche, les nuits sont très-fraîches, et leur température n'admet pas les imprudences de tenue.

Au-dessous de Tadjemout, les eaux de l'oued Mzi coulent souterrainement, et son lit ensablé ne diffère de la plaine qu'il traverse que par l'absence de végétation.

La colonne séjourne le 14 mai à Tadjemout.

Nous avons laissé le général Deligny dans son camp de Kheneg-es-Souk, où il était arrivé le 7 mai en refoulant devant lui les Harar insurgés. Le 12, à midi, le commandant de la division d'Oran quittait ce camp, où il laissait ses impédiments, et il allait établir son bivouac aux *koubab* (1) de Sidi En-Naceur, sur l'ouad de ce nom; il se remettait en marche le lendemain 13, et il faisait sa grande halte à Aïn-el-Khecheb, sur la rive gauche du Sidi En-Naceur; à dix heures, il reprenait sa marche; à onze heures, il était furieusement attaqué à Châb-el-Heumar, sur le haut Sidi En-Naceur, par une masse forte de 3,000 chevaux et de 600 fantassins environ, sous les ordres de Sid Mohammed-ben-Hamza. La colonne prenait l'offensive sur toutes ses faces; repoussé et poursuivi, l'ennemi perdait un drapeau, des armes, des chevaux, et laissait sur le terrain plus de 200 hommes.

Ce combat n'avait pas duré moins de quatre heures, en deux reprises différentes. Nos pertes avaient été minimes.

Les contingents rebelles qui avaient pris part à cette affaire appartenaient au Djebel-el-Amour, aux Oulad-Yacoub, aux Oulad-Châïb, aux Laghouath du Ksal, aux Trafi et aux Oulad-Sidi-Ech-Chikh.

Les rebelles s'étaient retirés sur le ksar de Stiten, où ils avaient, disait-on, résolu de se défendre à outrance.

Le général Deligny allait camper à Aïn-Feïdh-Rir'a, à deux lieues nord-est de Stiten.

Le 14, le commandant de la division d'Oran marchait sur ce ksar en longeant la chaîne du Ksal; après deux heures de marche, il tournait rapidement à gauche, et enlevait avec un bataillon du 2e de Tirailleurs algériens les crêtes couronnant le défilé des Maghraoua, qui domine immédiatement Stiten à l'ouest. L'ennemi paraissait avoir renoncé à sa détermination de s'ensevelir sous les ruines du ksar, car il l'avait prudemment évacué.

Le général Deligny séjournait, le 15, à Stiten pour y enlever les orges entassées dans ce ksar. Il envoyait, le même jour, à Aïn-Bou-Bekr un officier supérieur, avec un détachement d'in-

(1) Pluriel de *koubba*, chapelle funéraire élevée sur le tombeau d'un saint marabouth ou en son honneur.

fanterie et de cavalerie et des députations de tous les corps, pour rendre les derniers devoirs aux restes des héros qui avaient succombé avec le colonel Beauprêtre dans la journée du 8 avril.

Le général Jusuf continuait son mouvement dans l'ouest, menaçant le Djebel-el-Amour, et jetant l'inquiétude parmi les populations insurgées réunies sur les têtes de l'ouad Sidi-En-Naceur. Le 15, à midi, la colonne levait son camp de Tadjemout et se portait sur Aïn-Madhi, où elle arrivait à quatre heures et demie du soir. Le général dressait ses tentes sur un terrain pierreux au nord de ce ksar et sous les murs de ses jardins. Le marabouth Sid Ahmed-et-Tedjini, chikh d'Aïn-Madhi, et le caïd Rian-ben-El-Mecheri, qui, du reste, s'étaient déjà présentés au général Jusuf dans son camp de Tadjemout, sont venus au-devant de la colonne française à quelques kilomètres de leur ksar.

IV

Le ksar d'Aïn-Madhi. — Sidi Mohammed, son fondateur. — Ses disciples et la révélation. — Fondation du ksar. — Pillards et sultans. — Naissance d'Ahmed-ben-Mohammed-et-Tedjini. — Il fonde un ordre religieux. — Prise d'Aïn-Madhi par le bey d'Oran Mohammed-el-Kebir. — Expédition du bey Otsman sur Aïn-Madhi. — Reconstruction des murailles d'Aïn-Madhi. — Mort d'Ahmed-ben-Mohammed-et-Tedjini. — Son fils aîné, Sid Mohammed-el-Kebir, lui succède. — L'expédition du bey Haçan sur Aïn-Madhi. — Siège d'Aïn-Madhi. — Le bey Haçan contraint de lever le siège. — Tedjini bat le bey de Tithri venu pour assiéger Aïn-Madhi. — Tedjini bat un parti de Zegdou. — Expédition de Tedjini sur Màskara. — Il est trahi par les Hachem et battu par le bey Haçan. — Tedjini est tué et sa tête est exposée sur l'une des portes d'Alger. — Sid Mohammed-es-S'rir lui succède. — Vues d'Abd-el-Kader sur le Sahra. — L'émir recherche vainement l'alliance de Tedjini. — L'émir raze les troupeaux de Tedjini et des Madhiens. — Tedjini envoie un miâad à l'émir. — L'émir vient poser son camp devant Aïn-Madhi. — Tedjini refuse de se présenter à l'émir. — Investissement du ksar. — Forces des assiégeants et des assiégés. — Attaque du ksar. — L'émir détache Yahia-ben-Salem de la cause de Tedjini. — Nouvelle attaque du ksar. — Exigences de l'émir. — Trêve ; l'émir demande à être admis avec son armée dans la mosquée du ksar pour y prier. — Sa demande est repoussée. — Reprise de la lutte. — Négociations infructueuses d'El-Hadj-Mousthafa. — Canonnade sans résultat. — L'émir fait appel à Mokammed-ben-Nouna. — Canonnade et assauts. — Les assiégeants sont repoussés. — Mines et contre-mines. — Tedjini consent à traiter. — Conditions de la reddition de la place. — Tedjini et les défenseurs du ksar l'évacuent. — L'émir y entre avec son armée et le démentèle. — Tedjini se rend à Laghouath et l'émir retourne dans le Tell. — Tentatives du khalifa El-Hadj-el-Arbi sur Aïn-Madhi. — Il est battu et rejeté dans Tadjmout. — Tedjini relève les murailles d'Aïn-Madhi. — Expédition du général Marey sur Laghouath. — Tedjini lui fait sa soumission. — Le lieutenant-colonel de Saint-Arnaud à Aïn-Madhi. — Le général Pélissier fait une visite à Tedjini. — Mort de Tedjini. — Le caïd Rian a la tutelle de son successeur. — Mort du fils de Tedjini. — Rian à la recherche d'un héritier de Tedjini. — Un nègre bourricotier à Batna est reconnu comme l'héritier du dernier Tedjini. — Son arrivée à Aïn-Madhi. — Enthousiasme des khoddam des Tedjini. — Portrait de Rian. — Ses fils. — Situation du ksar d'Aïn-Madhi et sa fortification. — Aïn-Madhi extérieur et intérieur. — Le tombeau de Sidi Ahmed-ben-Mohammed-et-Tedjini. — L'intérieur du palais des Tedjini. — La dhifa. — L'horizon et l'un des fils de Rian.

Malgré la modestie de son aspect, le ksar d'Aïn-Madhi n'en a pas moins une grande importance à plusieurs points de vue, et son passé historique ne le cède en rien, sous le rapport de l'intérêt, à celui d'aucun des ksour de notre Sahra algérien. Nous voulons le démontrer.

Aïn-Madhi s'élève au pied du versant sud du Djebel-el-Amour, sur un monticule dominant une plaine légèrement ondulée que tigrent des touffes de chih et de halfa. Sa kasba à hautes murailles, résidence du chikh, et la demeure du kaïd Rian-ben-El-Mecheri, soigneusement blanchies à la chaux, donnent une fort bonne apparence au ksar, et le distinguent très-avantageusement de tous ces villages délabrés et à tons gris-sourd qui formaient l'ancienne confédération de Laghouath. Des jardins, plantés d'arbres fruitiers, font au ksar une large ceinture de verdure qui tranche agréablement sur le sol affreusement pierreux qui l'entoure.

Comme la plupart des anciens ksour du Sahra, Aïn-Madhi n'est pas parfaitement fixée sur son âge, et ses commencements sont noyés dans cette obscurité qu'on est convenu d'appeler *la nuit des temps*. On croit que, bien avant l'établissement de la domination turque, un marabouth — aussi savant que pieux — du nom de Sidi Mohammed, et venant du Marok, la patrie de tous les saints, se serait enthousiasmé de l'emplacement sur lequel s'élève aujourd'hui le ksar, et l'aurait acheté — comme achètent les marabouts — aux Oulad-Yâkoub-ez-Zerara.

Si c'était pour en faire une Thébaïde, un bivouac de saints, nous comprenons le choix de Sidi Mohammed ; car il est difficile de trouver un lieu plus pelé, plus péniblement rocailleux, plus sordidement ingrat que celui-là. Quoi qu'il en soit, Sidi Mohammed y établit sa *kheloua* (solitude, ermitage). Il y vécut seul pendant quelque temps. Son départ du Marok n'avait pas été sans laisser un certain vide parmi ses disciples, inconsolables, d'ailleurs, de la perte de l'un des plus éclatants flambeaux de l'Islam. N'y pouvant plus tenir, ils avaient résolu de se mettre à sa recherche et de vivre désormais, s'ils parvenaient à le retrouver, sous l'aile de cet ami de Dieu. Après avoir marché longtemps dans une direction qui n'était pas du tout celle qu'avait suivie le saint, ils désespéraient de mettre la main dessus, et ils allaient reprendre le chemin du Marok, lorsque l'un d'eux s'avisa de demander à Dieu la fin d'une situation qui devenait particulièrement désagréable. Le Dieu unique reconnut, sans doute, que la prière du Marokin n'avait rien d'exorbitant ; car, la nuit même de ce jour, il lui envoya la révélation suivante : « Enfourche le vent, et tu trouveras. » Le Mr'arbi s'empressa, le lendemain matin, de faire connaître à ses compagnons le songe qu'il avait eu la nuit, en leur avouant humblement pourtant qu'il n'en saisissait pas très-clairement le sens. Après avoir réfléchi quelques instants, les autres s'accordèrent à dire qu'ils n'étaient pas plus avancés que lui. Mais, tout-à-coup, un vent violent venant de l'ouest s'engouffra dans leurs bernous, et s'obstina à les pousser dans l'est. Ils comprirent dès lors que ce vent pourrait bien être la monture dont il était question dans la révélation de leur compagnon, et ils cessèrent leur résistance. Ils s'abandonnèrent donc sur les ailes de ce véhicule, et avant qu'ils eussent terminé l'égrenage des quatre-vingt-dix-neuf attributs de Dieu sur leurs chapelets, ils étaient aux pieds du saint marabouth.

En leur qualité de Marokins, ils devaient nécessairement être maçons, — tous les Marokins le sont ; — ils l'étaient, en effet, et, de plus, ils professaient une profonde horreur pour la tente. Cette prédisposition à la construction, jointe à la vue continuelle des pierres qui tapissaient le monticule où s'était installé Sidi Mohammed, ne pouvait manquer de leur donner l'idée de bâtir une maison. Après avoir sollicité longtemps l'autorisation de mettre la main à la truelle, ils finirent par l'obtenir de Sidi Mohammed, qui s'obstinait à la leur refuser, sous le spécieux prétexte que la maison n'est pas dans la nature, et que la vie était, d'ailleurs, trop courte pour qu'on se donnât la peine de se construire de somptueuses demeures.

La faiblesse de Sidi Mohammed porta bientôt ses fruits : une seconde maison ne tarda pas à s'élever auprès de la première, et une troisième auprès de la deuxième. Aïn-Madhi était fondée.

La réputation de sainteté du vénéré marabouth, sa science profonde, les connaissances de ses savants et pieux disciples, amenèrent des quatre points cardinaux une foule de pèlerins avides d'entendre la parole de Dieu, ou désireux d'étudier sous de pareils maîtres. Au bout de quelques années, les Oulad-Madhi étaient tellement nombreux, qu'ils se voyaient obligés de se fractionner et d'aller former dans l'est une nouvelle tribu.

Les successeurs de Sidi Mohammed continuèrent les traditions du saint marabouth, et Aïn-Madhi ne cessa pas d'être une ville de science et de religion.

Malgré le caractère sacré d'Aïn-Madhi, son territoire ne fut pourtant pas toujours à l'abri des incursions de ses voisins : plusieurs fois, les Madhiens eurent à déplorer l'enlèvement de leurs troupeaux par des mécréants qui allaient abriter leurs prises dans le Djebel-el-Amour. Les sultans ne vont pas tarder à s'en mêler aussi : Moula-Ismaïl, cherif du Maroc, envoie ses troupes, en 1706, sous les murs d'Aïn-Madhi, et l'assujettit à un tribut annuel ; plus tard, Moula-Yezid trouve cet impôt trop léger et l'augmente.

Mais nous approchons de l'époque où Aïn-Madhi va prendre un nouveau lustre et de la célébrité : en 1737, il y naissait un enfant auquel on donnait le nom d'Ahmed-ben-Mohammed-et-Tedjani (plus vulgairement Tedjini), et qui devait jouer un grand rôle religieux en pays musulman.

Dès ses premières années, Sid Ahmed se fit remarquer par une singulière aptitude pour l'étude, et, plus tard, pour les choses du ciel. Le bruit de sa science profonde se répandit bientôt dans toute la Régence, dans le Marok, dans la Tunisie, et jusqu'au pays des Touareg; les savants de ces contrées accoururent en foule à Aïn-Madhi pour entendre le jeune marabouth, et essayer avec lui ces luttes de la parole tant goûtées des Arabes d'autrefois, luttes dont Sid Ahmed sortait toujours vainqueur. Tous étaient émerveillés de tant de science mêlée à tant de piété. Un grand nombre de ces visiteurs ne voulurent plus le quitter et s'établirent auprès de lui. Ces savants formèrent ainsi le noyau de l'ordre religieux que fonda Sid Et-Tedjini en 1780, ordre qui prit son nom et qui, bientôt, compta des adeptes dans toute l'Afrique septentrionale et jusqu'au fond du Sahra; partout, dans la Tripolitaine, en Syrie et en Égypte, cette confrérie étendit rapidement ses rameaux et son influence religieuse, et de nombreux fidèles sollicitèrent la faveur d'en être les propagandistes et les *khouan* (frères); partout enfin, même parmi les *djouad* (nobles), on prit l'*ouerd* (1) de Tedjini et l'on récita son *dekeur* (2) avec la dévotion la plus ardente et la foi la plus vive.

Chez les Musulmans, la réputation de sainteté est loin d'être infructueuse; du moment qu'il est reconnu qu'un marabouth a l'oreille de Dieu, les présents de toute nature fondent sur le saint homme et emplissent ses magasins. Les pèlerins ne viennent jamais en *ziara* (visite) les mains vides; car ils savent que les faveurs du Dieu unique sont cotées et tarifées en raison de

---

(1) Plusieurs savants ont cru voir dans le mot *ouerd*, qui signifie *rose*, une certaine analogie avec l'expression de *prendre la rose*, c'est-à-dire de se faire recevoir membre d'un ordre ou d'une confrérie. C'est ainsi, par exemple, qu'au commencement du XVIIe siècle, les sectaires de Christian Rosenkreuz exprimaient leur affiliation à la secte des *Rose-Croix*. Aujourd'hui, ce terme est encore usité dans la franc-maçonnerie. Malgré ce que le rapprochement dont nous parlons plus haut pourrait avoir de séduisant, nous devons dire que les *tholba* font venir le mot *ouerd* du verbe *oured*, être présent, se trouver, venir à la source, etc.

(2) Le *dekeur* est une oraison particulière à un marabouth, et que ses *khoddam* (serviteurs religieux) doivent réciter chaque jour en surérogation aux heures canoniques de la prière. Le *dekeur* de Tedjini est récité après les prières du *fedjeur*, de l'*àceur* et du *moghreb*. Le mot *dekeur* exprime aussi l'action de réciter cette prière imposée aux fidèles. La prière du *dekeur* se marmotte souvent des milliers de fois, qu'on compte sur le chapelet.

l'importance des demandes qu'ils ont à lui faire transmettre par l'intermédiaire de leur intercesseur. Aussi, voit-on arriver de toutes parts des tapis, des vêtements, des chameaux, des chèvres, des moutons, des dattes, du blé, de l'orge, du beurre, etc. Ces dons finissent par faire au marabouth une assez opulente prébende, et ce n'est pas sa faute à lui si les fidèles croyants l'obligent à négliger complètement son vœu de pauvreté.

La zaouïa d'Aïn-Madhi fut bientôt aussi riche qu'elle était savante; malheureusement, cette prospérité ne pouvait manquer d'éveiller la cupidité des maîtres du Tell, lesquels, à plusieurs reprises, essayèrent de soumettre le ksar. Tedjini avait bien consenti à payer au gouvernement turc une faible redevance annuelle; mais, néanmoins, il se considérait comme relevant moralement du Marok. Pendant quelque temps, l'habile marabouth réussit à détourner l'orage par des présents; mais les beys d'Oran ne perdaient pas de vue cette riche proie qui, suivant leurs calculs, ne pouvait leur échapper.

L'occasion, ou plutôt le prétexte d'une expédition sur Aïn-Madhi ne se fit pas longtemps attendre : en 1783, le bey d'Oran, Mohammed-el-Kebir, s'était porté sur Laghouath pour soutenir par les armes les prétentions du chikh Ahmed-ben-Salem; un des soldats du bey fut grossièrement insulté dans son camp par un homme d'Aïn-Madhi. Mohammed-el-Kebir demanda satisfaction de cet affront à Tedjini, qui refusa de la lui donner, et qui se prépara à la résistance en fermant les portes de son ksar. Le bey, qui, sans doute, ne se trouvait pas en mesure d'exiger ce qu'il demandait, retourna à Oran, d'où il repartit bientôt avec de nouvelles troupes pour revenir sur Aïn-Madhi. Le ksar fut immédiatement investi, les murs des jardins furent abattus, et les soldats du bey s'avancèrent jusque sous les murailles de la ville en se faisant ingénieusement précéder et couvrir par des chameaux qui recevaient les balles des assiégés. L'assaut est donné par escalade; le ksar est pris et pillé, et ses murailles sont rasées. Quant à Tedjini, qui avait réussi, non sans peine, à s'échapper, il se retirait à Bou-Semr'oun, où il possédait déjà de grands biens.

Après avoir chassé de leur ksar les habitants d'Aïn-Madhi,

Mohammed-el-Kebir les y rappela sous la condition qu'ils lui paieraient annuellement une *lezma* (1) dont il avait fixé le montant.

Quatre ans après, en 1787, les gens d'Aïn-Madhi, croyant le danger bien loin, paraissaient décidés à refuser l'acquittement de la *lezma* que leur avait imposée le bey Mohammed-el-Kebir. Le bey Otsman, son fils et son successeur, résolut d'aller en personne réclamer à ces oublieux ksariens l'impôt qu'avait fixé son père. Il partit d'Oran à la tête d'une petite armée composée de cinquante tentes turques (2) et de tous les goums du Makhzen, et il vint poser son camp sous les murs des jardins du ksar.

Il va sans dire qu'Aïn-Madhi s'empressa de se soumettre à toutes les exigences du bey, qui frappa le ksar d'un impôt de 17,000 rial-boudjhou (31,600 francs) en argent, et d'une immense quantité de bernous, de haïks, kessa, etc.

Tedjini, qui était à Fas (Fez) depuis 1785, n'avait point pourtant oublié sa chère Aïn-Madhi, qu'il considérait toujours comme le sanctuaire de l'ordre qu'il avait institué; mais il ne voulait pas y rentrer avant de l'avoir mise à l'abri de l'attaque des Turcs. Il chargea de ce soin un des khouan de son ordre, le marabouth-ingénieur Mahmoud, qu'il fit venir de Tunis en 1790. De solides murailles de douze mètres de hauteur sur deux mètres d'épaisseur, construites en pierres de taille reliées par du mortier, et défendues par des flanquements et de nombreux créneaux, s'élevèrent sur les murs ruinés et délabrés du ksar qui, jusqu'alors, avaient été bâtis en briques cuites au soleil.

Cette fortification faisait d'Aïn-Madhi une place pouvant défier désormais les attaques des Turcs.

Sid Ahmed-ben-Mohammed-et-Tedjini mourut à Fez, où il résidait, en 1814, à l'âge de soixante-dix-sept ans. L'illustre chikh laissait deux fils, Sid Mohammed-el-Kebir, né en 1795, et Sid

---

(1) La *lezma* (obligation) est un impôt sur chaque maison. C'est l'impôt auquel sont soumis les gens des ksour.

(2) La tente (*khcubba*) se composait de 23 hommes.

Mohammed-es-Sr'ir, né en 1799. Ils vinrent s'établir tous deux à Aïn-Madhi.

L'aîné, Sid Mohammed-el-Kebir, qui avait hérité de son père les pouvoirs temporel et spirituel, prit naturellement la direction de l'ordre ; malheureusement, on lui reprochait d'être ambitieux et de manquer de prudence. Cédant aux conseils perfides des marabouths des Oulad-Sidi-El-Hadj-Aïça, qui voulaient le perdre en le rendant odieux à ses adhérents, le jeune chikh mit à mort plusieurs des membres de sa famille ; confiant dans la solidité de ses murailles, il affecta, en outre, de prendre vis-à-vis des Turcs une attitude sensiblement hostile. Cette situation ne pouvait manquer d'amener de nouveau les maîtres du Tell devant Aïn-Madhi ; l'influence toujours croissante du nom de Tedjini alarmait d'ailleurs le *diouan* (divan) d'Alger, et il était temps de chercher à opposer une barrière à cette puissance envahissante qui faisait sentir ses effets jusque sur les tribus les plus rapprochées d'Oran, puissance qui, bien que religieuse, pouvait, chez un peuple où le spirituel et le temporel se confondent, amener de sérieux dangers pour le Beylik turc.

On était en 1820. Le pacha Hoceïn ordonna au bey d'Oran Haçan de tenter une expédition sur Aïn-Madhi. Le bey s'occupa aussitôt de la formation de son corps expéditionnaire. Il parvint à réunir 700 hommes d'infanterie, Turcs ou Koulour'lar, en faisant appel à tous les *Khezourdjia* (1) de son beylik, et environ 4,000 hommes de goum de son makhzen et de celui de son khalifa. Son artillerie se composait de deux mortiers et de quatre canons de petit calibre portés à dos de mulet. Cette petite armée, commandée par le bey en personne, était suivie, en outre, d'un nombreux convoi de chameaux portant des approvisionnements, des bagages et des munitions de toute espèce.

Le bey Haçan ne rencontra point de résistance sur son che-

---

(1) Sorte de position de disponibilité des soldats de la milice turque. Ils passaient un an sur trois dans la position de *khezour* (repos, mise à l'écart, de *khezeur*, bouder.)

min; mais la population des ksour de Taouïala, d'El-Khadhra et de Tadjmout les avait évacués à l'approche de la colonne turque. Dès qu'il fut en vue d'Aïn-Madhi, le bey envoya une députation aux gens du ksar pour leur faire connaître que ce n'était ni contre eux, ni contre leur ville qu'était dirigée l'expédition. « Remettez-nous les deux fils du chikh Tedjini, leur dirent les envoyés du bey, et l'armée se retirera aussitôt. » Les Madhiens répondirent aux envoyés que le bey pouvait exiger d'eux telle contribution qu'il lui plairait de fixer, mais que jamais ils ne consentiraient à livrer les fils de leur ancien maître.

Le bey Haçan fit alors avancer sa colonne sous les murs d'Aïn-Madhi, et il y posa son camp.

La vue des hautes murailles du ksar n'avait pas été sans donner à réfléchir aux kaïds commandant les goums; sensiblement imbus de principes machiavéliques, ils avaient imaginé un moyen de ne pas tout perdre dans le cas où la fortune des armes ne leur serait pas favorable; ce moyen, qu'ils s'efforcèrent de faire adopter au bey, était le suivant : accepter d'abord la contribution qu'offraient de payer les gens d'Aïn-Madhi, agir ensuite offensivement contre la ville si le bey le jugeait convenable. Ce conseil présentait des avantages trop manifestes pour que Haçan le rejetât. La contribution fut donc fixée à 100,000 boudjhou en argent, auxquels les Madhiens devaient ajouter une grande quantité de bernous, de haïks, de kessa, etc.

Dix jours entiers furent nécessaires pour le payement intégral de cette contribution de guerre.

Le onzième jour, lorsque tout eut été payé, le bey fit commencer le feu sur le ksar, le canonnant pendant le jour, et le bombardant pendant la nuit. Le feu dura un jour entier et deux nuits; le bey fit ensuite tenter sur la porte de l'Est plusieurs assauts qui ne réussirent pas. L'attaque ne paraissant pas devoir lasser de sitôt la défense, les kaïds firent entendre au Bey que ce qu'il avait de mieux à faire était d'ordonner la retraite, et qu'il devait d'autant moins hésiter à prendre cette détermination, que l'énorme contribution dont il avait frappé Aïn-Madhi était un châtiment très-suffisant pour l'expiation des griefs que le Gouvernement avait à reprocher aux fils de Tedjini. Bien que Haçan comprit parfaitement qu'il n'avait pas encore complètement rempli le but qu'il s'était proposé en partant d'Oran, il se rangea cependant à l'avis de ses kaïds : il leva donc son camp et reprit le chemin du Nord, sans que les gens d'Aïn-Madhi cherchassent à inquiéter son mouvement de retraite.

Cette opération, qui avait duré quatre mois, coûtait au bey trente hommes tués et quarante-cinq blessés.

Bien qu'il eût fait contribuer Aïn-Madhi, cette affaire n'en était pas moins un échec pour le bey Haçan : il avait laissé dans leur ksar les Tedjini plus forts que jamais, et, de plus, il leur avait révélé le sentiment de leur puissance ; mais, ainsi que nous le verrons plus loin, ce quasi-succès du chikh d'Aïn-Madhi devait, malheureusement, en l'illusionnant sur sa force réelle, devenir la cause de sa perte.

En 1822, Sid-Mohammed-el-Kebir battit et repoussa les troupes du bey de Tithri, Mousthafa-bou-Mezrag, venues pour faire le siège d'Aïn-Madhi.

En 1824, l'attaqué se faisait attaquant : Sid Mohammed dirigeait une opération militaire contre le Tell d'Oran ; en route, il se croise, sur l'ouad Sidi-En-Naceur, avec une troupe de Zegdou, tribu pillarde de la frontière du Marok, qui, elle-même, allait écumer le sud du Beylik de l'ouest. Sid Mohammed l'attaque et la raze ; mais une blessure qu'il reçoit au cou l'oblige à rentrer à Aïn-Madhi.

En 1827, les Hachem-Eghris, qui supportaient impatiemment la domination des Turcs, faisaient appel à Tedjini pour qu'il les aidât à se soustraire à leur odieuse autorité. Sid Mohammed hésitait à se lancer, loin de son ksar, dans une entreprise qui lui paraissait tout au moins hasardeuse. Pour achever de le décider, les Hachem s'emparèrent de deux Turcs envoyés chez eux pour presser la rentrée de l'impôt, les décapitèrent, et expédièrent les deux têtes au chikh en lui faisant dire : « Nous t'envoyons la tête du bey et celle de son khalifa. Viens avec nous ; tu seras notre bey. Toutes les tribus n'attendent que ta présence pour se déclarer en ta faveur. » Ce témoignage sanglant ne suffisant pas encore à Tedjini, il fit jurer aux envoyés, sur le livre de Sidi

El-Bokhari (1), que tout ce qu'ils disaient était la vérité. Les Hachem jurèrent, et Tedjini, malgré les conseils de son frère, partit pour le Tell avec 400 cavaliers.

Le désenchantement commença pour Sid Mohammed-el-Kebir en arrivant près de Mâskara : de toutes ces tribus qu'on lui avait représentées comme n'attendant que sa présence pour se déclarer et accourir sous ses drapeaux, il ne vit se réunir à lui que les Hachem de la plaine d'Eghris. Le chikh d'Aïn-Madhi ne voulut cependant pas reculer ; il espérait que les tribus finiraient par se décider à l'aider, et ce résultat devait être considérablement hâté, pensait-il, s'il parvenait, avec ce qu'il avait de monde, à s'emparer de Mâskara avant l'arrivée des Turcs.

Pendant qu'il faisait sommer la garnison turque de Mâskara de lui livrer la ville, ses émissaires parcouraient les tribus voisines et les appelaient à la guerre nationale. « Moi, Tedjini, Arabe comme vous, leur écrivait-il, je viens vous délivrer de vos oppresseurs. » Mais les tribus furent sourdes à son appel, et la garnison turque de Mâskara ferma les portes de la ville et se prépara à la défense.

Tedjini prépare l'investissement de Mâskara en s'emparant des dehors de la place. Mais le bey Haçan, qui a pu être prévenu de la situation critique de la ville et de la garnison, sort d'Oran en toute hâte, et se porte à marches forcées au secours de la place menacée. Il était à une heure de Mâskara ; une vive fusillade se faisait entendre dans cette direction : c'est Tidjini qui se dispose à tenter une attaque générale sur la ville. Mais les tirailleurs du bey sont déjà en vue ; les fantassins des Hachem ne les ont pas plus tôt aperçus qu'ils prennent la fuite honteusement, abandonnant ainsi Tedjini qu'ils ont attiré dans cette aventure. Il reste encore au chikh 1,500 cavaliers de cette tribu qu'il a mis en réserve à Ar'cibia, dans la plaine d'Eghris. Le bey, pendant

---

(1) Sidi El-Bokhari, écrivain du VIII° siècle de notre ère, est l'auteur d'un recueil de traditions sur les actes, les paroles et les maximes attribués à Mohammed. Les Musulmans professent pour le livre de Sidi El-Bokhari la plus profonde vénération, et un serment fait sur ce livre par les Arabes a quelque chance de ne pas être entaché de fausseté ou trahi. On en cite des exemples.

qu'il marche droit à Tedjini avec le gros de son armée, détache son khalifa Selim sur sa gauche ; les cavaliers Hachem, craignant d'être tournés par le khalifa, lâchent pied à leur tour avec la même unanimité que les fantassins de leur tribu. L'infortuné Tedjini n'a plus autour de lui que les 400 cavaliers qu'il a amenés du Sud ; ils succomberont, ils le savent, mais ce sera avec leur chikh, si traîtreusement et si lâchement abandonné. Les cavaliers du bey se sont rués sur cette poignée de braves ; Tedjini, qui était très-obèse, est renversé de cheval et ne peut se relever ; les cadavres des siens s'amoncellent autour de lui. Ils ne sont plus là qu'une centaine à le couvrir et à retarder une mort à laquelle ils ne sauraient échapper : ils sont entourés et pris, et le bey les fait impitoyablement décapiter.

Mais la colère de Haçan n'était pas encore satisfaite : il lui fallait la tête de son ennemi ; il a promis 500 solthanis d'or à celui qui la lui apportera. Après l'avoir cherché longtemps, on finit par découvrir le malheureux chikh enfoui sous les cadavres des siens, et vivant encore. L'agha des Zmala, Adda-ben-Kaddour, le tue d'un coup de pistolet, et le bach-chaouch lui coupe la tête et l'apporte au bey son maître.

Haçan s'empressa d'envoyer au pacha Hoceïn ce sanglant trophée, qui fut exposé empaillé sur les crochets de Bab-Azzoun.

Sid Mohammed-es-Sr'ir succéda à son frère aîné : il héritait le nom, l'influence et le pouvoir des Tedjini. Bien différent de Mohammed-el-Kebir, le nouveau chikh d'Aïn Madhi était un homme de paix et de religion ; on le citait, en outre, pour sa prudente sagesse, qu'il savait allier cependant à une remarquable fermeté de caractère.

Dix ans se sont écoulés depuis les événements que nous venons de raconter. Après trois siècles d'une domination brutale et durement impitoyable, l'édifice dont Baba-Aroudj avait posé les bases s'est écroulé avec fracas, et le glorieux drapeau de la France a remplacé le pavillon rouge des pachas. Mais une nouvelle puissance s'est élevée à côté de la nôtre : les Hachem — ceux-là même qui ont abandonné si lâchement Tedjini — se sont donné un sultan qu'ils ont pris parmi eux, et ce sultan, un peu grâce à la naïveté de notre politique, est devenu l'Émir des Croyants.

Nous sommes en 1837 (1). El-Hadj-Abd-el-Kader, au faîte de sa puissance, songe à faire franchir les limites du Tell à son autorité ; il y a là, dans la région des oasis, des populations guerrières qu'il pourrait bien pousser sur le Nord, et qui l'aideraient puissamment dans la réalisation de ce rêve qu'il caresse de nous jeter à la mer et de fonder un royaume arabe sur nos débris. Mais, pour cela, il lui faut le concours des grands seigneurs sahriens ; il faut s'en faire des alliés, en attendant qu'il puisse en faire des vassaux.

L'émir pense tout d'abord à agir sur Mohammed-es-Sr'ir-Et-Tedjini, à qui son immense influence religieuse, ses richesses, la position stratégique et la force de son ksar donnaient une haute importance politique, et, comme marque de l'alliance qu'il désirait former avec lui, il lui demandait l'échange de leurs chapelets.

Tedjini, que toutes les grandeurs, toutes les splendeurs que faisait miroiter l'émir à ses yeux ne séduisaient pas, rejeta tout net, bien qu'avec les formes de l'humilité, l'association que lui proposait l'ambitieux sultan : « Je désire, lui écrivait Tedjini, rester dans le calme de la vie religieuse, et ne m'occuper que des choses du ciel. Je n'ai, d'ailleurs, ni la force, ni l'influence qu'on me suppose, et s'il est dans les desseins de Dieu — qui a amené les Français en pays musulman — de les en chasser et de leur faire repasser la mer, il n'est pas besoin de mon bras pour l'accomplissement de cette sainte œuvre. Il est de mon devoir, au contraire, de diriger dans la voie de Dieu ceux qui me sont attachés, et de les maintenir en dehors des luttes hasardeuses de ce monde. »

Ce refus, bien que formulé onctueusement, était pourtant péremptoire. L'émir comprit dès lors qu'il lui faudrait demander à la violence ce qu'il ne pouvait obtenir par la persuasion, et il se prépara.

---

(1) Nous empruntons la plupart des détails qui vont suivre à une excellente relation du siége d'Aïn-Madhi, publiée dans la *Revue Africaine* par M. l'interprète militaire Arnaud.

Tedjini, de son côté, prévoyant bien qu'Abd-el-Kader, froissé d'avoir vu son alliance repoussée, ne tarderait pas à se venger de cette injure, Tedjini, disons-nous, se mit en mesure, laissant là provisoirement les choses du ciel, de repousser, si elles se produisaient, les attaques du sultan-marabouth : il approvisionna d'armes et de munitions de guerre son ksar d'Aïn-Madhi, dont il fit réparer les remparts ; le Mzab et les ksour lui fournirent une grande quantité de poudre ; il fit ensuite appel aux tribus voisines sur lesquelles il pouvait compter : les Arbaâ, les Oulad-Seghrin (Beni-Laghouath), voire même les Beni-Mzab, lui promirent des contingents ; quant aux gens d'Aïn-Madhi, tout leur sang était à lui. Ces forces seront suffisantes pour la défense du ksar. Il ne restait plus qu'à attendre.

Les choses traînèrent ainsi jusqu'au printemps de 1838. Ainsi que cela se passait habituellement dans cette saison, les gens du Sud avaient envoyé leurs troupeaux sur les pâturages du Tell. Ceux d'Aïn-Madhi paissaient sur le Seressou, entre Tnïet-el-Ahd et Tiaret. Abd-el-Kader résolut d'entamer les hostilités par l'enlèvement des chameaux de Tedjini. Il embusqua, à cet effet, dans un pli de terrain quelques cavaliers qui, au point du jour, tombèrent sur les troupeaux, et s'emparèrent de 500 chameaux avant que les pâtres eussent pu s'y opposer. Sur cette prise, 100 chamelles appartenaient aux gens d'Aïn-Madhi, et 130 chameaux à Tedjini.

Lorsque le chikh d'Aïn-Madhi se plaignit de cet acte inqualifiable, l'émir lui répondit ironiquement qu'il ne comprenait pas sa plainte ; que la guerre sainte était la cause commune, et qu'ayant besoin des chameaux de Tedjini et de ceux de ses amis dans un intérêt dont il devait profiter, il n'avait pas dû hésiter, lui le bras dont Dieu se servait pour l'accomplissement de ses desseins, à s'emparer de ces chameaux qu'il avait sous la main. Le chikh se sentait fort ; mais il ne voulut rien brusquer ; il mit, au contraire, toute sa politique à endormir la colère de l'émir, dans l'espoir que le temps modifierait ses résolutions. Au mois d'avril 1838, il lui envoya même un *miâad* (députation) à Médéa, avec sa *gada*, pour lui demander la paix, s'excusant de son mieux de ne pouvoir l'aider dans la guerre sainte contre les

Français; ce n'est pas la bonne volonté qui lui manque, mais le pouvoir. Le rusé chikh concluait en demandant la restitution de ses troupeaux. A marabouth, marabouth et demi.

L'heure approchait où la haine d'Abd-el-Kader contre Tedjini allait se traduire par des faits plus sérieux. Il venait de décider qu'une colonne expéditionnaire, qu'il commanderait en personne, irait demander au chikh d'Aïn-Madhi sa soumission et l'entrée de son ksar. Il réunit à Taqdimt les éléments de cette colonne, qui devait se grossir en route des contingents des Oulad-Mokhtar, aux ordres de Ben-Aouda-el-Mokhtari, des Oulad-Chaïb, conduits par El-Djedid-ben-Ioucef, des Oulad-Khelif, commandés par El-Kharroubi, des Harar, avec Djelloul à leur tête, et des Hachem de la plaine d'Eghris. De nombreux cavaliers de goum avaient l'ordre de rallier les troupes de l'émir sur des points déterminés où devait passer la colonne expéditionnaire.

Cette petite armée, parfaitement approvisionnée, se mit en marche le 26 mai 1838. De son bivouac sur l'ouad El-Beïdha, Abd-el-Kader envoya M. Roches à Aïn-Madhi, avec une escorte de vingt cavaliers des Harar, pour *inviter* Sid Mohammed-et-Tedjini à venir sans plus tarder à sa rencontre, et le menacer du ressentiment de l'émir s'il refusait de se rendre à son injonction.

La démarche de M. Roches fut sans succès. Tedjini s'opiniâtra dans sa résolution de ne pas sortir de son ksar. Il envoya cependant sa *gada* à l'émir avec un *midad* chargé de lui demander ce qui l'amenait dans le Sahra, et de lui rappeler, dans le cas où ses intentions seraient hostiles, qu'il lui avait récemment accordé l'aman.

Abd-el-Kader, qui, sans doute, se croyait certain du succès, et que le rappel de cette promesse d'aman gênait peut-être un peu, répondit aux envoyés de Tedjini « qu'il venait se réjouir en visitant le pays dont Dieu lui avait donné la possession. »

Le 5 juin, l'émir, qui avait marché à petites journées, attendant toujours que Tedjini vînt lui apporter sa soumission, arrivait devant Aïn-Madhi, et posait son camp à peu distance du ksar, près de Ras-el-Aïoun. Une somptueuse dhifa, qui fut parfaitement acceptée, est offerte par Tedjini aux troupes d'Abd-el-

Kader ; mais le chikh ne se présente pas. Le lendemain, l'émir lui envoie une députation de Harar et de Hachem pour l'engager à se rendre auprès de lui : l'émir veut tout simplement — ce sont les députés qui l'affirment — « s'entretenir avec Tedjini des intérêts de la religion. » Le chikh persiste néanmoins dans sa résolution de ne pas se présenter : il allègue qu'il craint une trahison, un piége. Malgré les assurances que lui fait donner Abd-el-Kader qu'il n'a absolument rien à redouter, Tedjini ne veut pas faire une démarche qui, outre qu'elle pourrait lui coûter cher, serait aussi la reconnaissance de la souveraineté d'Abd-el-Kader, et lui, Tedjini, le descendant de l'illustre fondateur d'un ordre religieux comptant des affiliés de l'Égypte au Marok, ne pouvait réellement pas se résoudre à cette respectueuse démonstration.

L'émir attendit encore huit jours, espérant toujours faire fléchir cette indomptable opiniâtreté ; puis, voyant qu'il ne fallait plus compter sur la démarche qu'il avait vainement attendue, il se décida à l'attaque.

Le 30 juin, Abd-el-Kader se rapprochait de la place et procédait à son investissement, après avoir affecté de faire défiler ses troupes sous les murs du ksar.

Les forces de l'émir étaient relativement importantes, eu égard au petit nombre des défenseurs renfermés dans le ksar. Ainsi, l'assiégeant comptait 2,000 fantassins, dont 200 réguliers, 30 artilleurs servant des obusiers de 24 approvisionnés à 110 boulets et 60 obus (nous lui avions envoyé 400 obus). La cavalerie se composait de 1,000 cavaliers environ sous les ordres de quatre aghas. Ces goums se renforcèrent de 350 cavaliers des tribus du Sud, qui portèrent l'effectif de la colonne de l'émir à 3,380 combattants.

Tedjini n'avait à opposer à ces forces que 710 défenseurs, dont l'effectif se décomposait ainsi qu'il suit : 300 fantassins appartenant au ksar, 166 fantassins des Beni-Laghouath, envoyés à Tedjini par Ahmed-ben-Salem sous la conduite de son frère Yahia, 170 des Oulad-Salah (El-Arbaâ), 17 du village d'El-R'icha, 20 de Tadjemout, 22 de Haouïtha, et 15 étrangers, parmi lesquels on comptait des Juifs, des Beni-Mzab et des Nègres.

Cette poignée de combattants suppléait à son infériorité numérique par une grande exaltation, par la conscience de la bonté de sa cause, et, surtout, par une entière confiance dans la solidité des murailles du ksar.

Dès que la place fut investie, l'émir donna l'ordre de commencer le combat ; les assiégés furent d'abord assez facilement débusqués des jardins les plus éloignés du corps de place ; mais un retour offensif vigoureusement mené rejeta les assiégeants en dehors de ces jardins. Le lendemain, le combat recommença, mais plus acharné que la veille ; les troupes de l'émir parvinrent cependant à occuper définitivement la zone des jardins qui entourent le ksar, après avoir fait subir aux assiégés une perte de quatre hommes.

Pour les troupes de l'émir, c'était heureusement débuter ; aussi, Abd-el-Kader en éprouva-t-il une grande satisfaction. Mais si les gens de Tedjini reconnaissaient l'impossibilité de conserver les approches de leur ksar, ils ne renonçaient pas pour cela à la lutte ; ils s'apprêtaient, au contraire, à défendre énergiquement les murailles de la place.

Contre toute prévision, l'émir se contenta de se maintenir dans les jardins. Soit qu'en présence des obstacles qu'il avait à vaincre pour se rendre maître du ksar, il crût son armée insuffisante, soit qu'il espérât arriver à ce résultat autrement que par une attaque de vive force, il n'en est pas moins vrai qu'il interrompit son feu pendant tout le mois de juillet, et qu'il demanda à la ruse les moyens de pénétrer dans la place. Il employa tour-à-tour les intrigues et les tentatives de séduction pour se créer des intelligences parmi les assiégés ; mais ce fut vainement : ses essais de corruption échouèrent devant la ferme résolution des habitants de pousser la résistance jusqu'au bout.

Nous l'avons dit plus haut, la source qui sert à l'alimentation des habitants d'Aïn-Madhi est en dehors du ksar. L'émir ne manqua pas d'en détourner les eaux dans l'espoir d'amener les assiégés à composition ; mais il n'obtint pas de ce moyen le résultat qu'il en attendait : les gens de Tedjini creusèrent des puits dans le ksar, et ils purent se passer des eaux de la source.

Tout cela n'avançait pas les affaires de l'émir, qui se voyait arrêté indéfiniment et sans beaucoup de gloire pour ses armes devant les murs d'un petit ksar perdu au milieu du Sahra ; et, pourtant, il ne pouvait se retirer sur un échec, c'est-à-dire sans avoir obtenu de Tedjini la soumission qu'il était venu lui demander. Il lui fallait donc, sous peine de se déconsidérer aux yeux des Arabes, poursuivre et mener à bonne fin l'œuvre commencée.

En présence de l'énergie de la résistance, résistance qu'il n'avait pas prévue, l'émir vit bien qu'il ne pourrait avoir raison des Madhiens qu'en se décidant à bloquer étroitement le ksar et à en faire sérieusement le siége. Mais les forces qu'il avait devant Aïn-Madhi étaient insuffisantes pour l'objet qu'il se proposait ; aussi, pendant qu'il faisait venir de nouvelles troupes du Tell, ordonnait-il une nouvelle levée dans les tribus. Par suite de l'arrivée à son camp des Koulour'lar de Médéa, de Miliana et de Tlemsen, et d'un grand nombre de cavaliers de goum, l'armée de l'émir atteignit le respectable effectif de 8,000 combattants.

Bien que ses tentatives de corruption n'eussent pas eu le succès qu'il en espérait, l'émir, qui connaissait les Arabes, ne se rebuta cependant pas. Nous avons vu plus haut qu'Ahmed-ben-Salem, le chef du parti des Ahlaf (Beni-Laghouath), s'était retiré chez les Beni-Mzab, après avoir été battu grâce à l'aide qu'avait prêtée l'émir à son compétiteur, El-Hadj-El-Arbi. Ahmed-ben-Salem ne s'était donc jeté dans le parti de Tedjini et ne lui avait fourni son contingent qu'en haine d'Abd-el-Kader. L'émir pensa judicieusement que cette haine perdait sa raison d'être s'il rendait à Ben-Salem le pouvoir qu'il lui avait ôté. Il lui fit donc proposer de lui rendre le commandement de Laghouath si son frère Yahia abandonnait la cause de Tedjini, et se retirait d'Aïn-Madhi avec le contingent qu'il y avait amené.

Ahmed-ben-Salem, avec cette élasticité de principes qui est particulière aux Sahriens, accepta sans le moindre trouble de conscience la proposition de l'émir, et son frère Yahia exécuta immédiatement l'évolution convenue.

Cette défection diminuait sensiblement les moyens des assiégés ; ils ne faiblirent pourtant point, et la vénération enthousiaste qu'ils professaient pour leur marabouth compensa la perte qu'ils venaient de faire de ces tièdes auxiliaires.

Quelques jours après l'arrivée des renforts, Abd-el-Kader fait recommencer l'attaque : l'action se borne encore à un combat dans les jardins, qui coûte six hommes aux assiégés. L'émir, qui pense avoir jeté la crainte dans l'esprit des défenseurs du ksar, suspend de nouveau ses opérations, et demande à Tedjini et à ses adhérents leur soumission et une *gada*.

« Tout ce que vous requerrez de nous, leur font-ils dire, nous vous le donnerons, » et ils lui envoyaient en même temps deux esclaves et deux juments. Mais l'émir se souciait fort peu de ces cadeaux ; c'était Tedjini qu'il lui fallait, et Tedjini ne venait pas. Aussi, repoussa-t-il la *gada* en faisant dire aux assiégés : « Gardez votre *gada ;* ce que je demande, c'est la présence du marabouth dans ma tente ; c'est la remise entre mes mains de vos armes et de vos munitions ; c'est l'ouverture d'une porte de la ville par laquelle j'entrerai à la tête de mon armée. »

Ces exigences étaient certainement prématurées ; car la place, entièrement intacte, ne paraissait pas en être réduite encore à l'obligation d'accepter de semblables conditions. Elles furent rejetées. La poudre prit de nouveau la parole, mais mollement ; ce ne fut, pendant le mois de septembre, qu'une suite d'escarmouches qui ne coûtèrent que huit hommes aux assiégés.

On ne sait ce qu'il faut le plus admirer ou de la patience d'Abd-el-Kader, ou de l'opiniâtreté de son adversaire. Est-ce le caractère sacré de marabouth dont était revêtu Tedjini qui amenait chez le fils de Mohi-ed-Din, marabouth lui-même, ces lenteurs, ces hésitations qu'on a tant de peine à s'expliquer ? ou bien, ne conviendrait-il pas mieux de les attribuer à son impuissance de triompher des obstacles qu'il avait devant lui ? Quoi qu'il en soit, il est évident qu'il y avait lutte dans l'esprit de l'émir, et qu'il devait se repentir d'avoir tenté une entreprise qui, même couronnée par le succès, ne pouvait manquer de le déconsidérer aux yeux des Croyants.

La poudre se tait de nouveau ; les travaux du siége sont suspendus. L'émir, qui paraît vouloir entrer dans la voie des négociations, demande aux défenseurs du ksar une contribution de guerre de 20,000 réaux (37,000 francs) ; il s'engage à se retirer après le paiement de cette imposition. Les assiégés, qui n'ont pas cette somme en leur possession, lui en font remettre la moitié, et, pour garantie du reste, ils lui envoient comme ôtages dix jeunes gens des meilleures familles d'Aïn-Madhi.

Était-ce bien la paix ? On le crut pendant une vingtaine de jours : des relations s'établissent entre les assiégés et les assiégeants; les premiers parcourent le camp en toute sécurité; les autres pénètrent dans le ksar sans difficulté, individuellement, bien entendu. Malheureusement, ce n'était qu'une trêve. Dans le courant d'octobre, de nouvelles prétentions de l'émir Abd-el-Kader viennent remettre les armes à la main à des gens qui n'auraient pas mieux demandé que de se réconcilier. El-Hadj-Abd-el-Kader, pris subitement d'un accès de piété, fait connaître à Tedjini qu'il a juré *par serment* d'aller faire la prière du vendredi dans la mosquée d'Aïn-Madhi. Comme il désire que son armée participe à cet acte de dévotion, il demande, par la même occasion, l'entrée de ses troupes dans la place. Il lèvera le siége, ajoute-t-il, dès qu'il aura accompli ce pieux devoir. Le piége était grossier.

Les gens d'Aïn-Madhi lui font répondre que les portes du ksar lui sont ouvertes s'il tient absolument à prier dans leur mosquée. Ils ajoutaient avec une adorable simplicité que, lors même qu'il n'y aurait pas d'inconvénient à accorder sa demande au sujet de l'admission de ses troupes dans le ksar, il leur serait à eux matériellement impossible d'y accéder, vu l'exiguïté de l'édifice sacré. Du reste, Tedjini ne devait pas se laisser prendre facilement aux ruses de l'émir : des frères de son ordre appartenant à l'armée d'Abd-el-Kader l'avaient fait prévenir que cette demande d'entrer dans la place masquait une trahison.

Il n'est rien de plus curieux que le spectacle de ces deux marabouts aux prises, et apportant dans leurs négociations toute cette politique louche, cauteleuse et si joliment perfide dont les Arabes ont tant le secret, surtout lorsqu'ils ajoutent aux finasseries du caractère national les onctueuses hypocrisies du caractère religieux. Ici, devant Aïn-Madhi, tantôt les griffes de l'assiégeant sont gantées de velours : c'est quand il veut faire sortir de son ksar — une forte noix à casser — cet opiniâtre assiégé qui, pourtant, proteste à tout bout de champ de sa soumission, qui bourre l'assiégeant de gadas, de dhifas et de douros, mais qui, pour rien au monde, ne veut mettre le pied hors de sa bicoque, même pour embrasser dans sa tente celui qui brûle d'un si ardent désir de le presser dans ses bras; car enfin, c'est à cette démonstration caressante que se réduisent les prétentions de l'assiégeant. Eh bien! non! le méfiant Tedjini refuse de s'abandonner aux élans du cœur de son ami. Tantôt irrité de son impuissance, l'assiégeant laisse le ton câlin et les paroles au miel; il dégante ses griffes et les crispe; il devient menaçant, exigeant; il a juré par serment d'aller prier sur le tombeau du grand Tedjini, et il ne peut se parjurer. Qu'en dirait son armée, qui, prise comme lui, d'un accès de zèle religieux, a fait aussi le même serment? « Viens-y seul, lui crie-t-on du haut des remparts et avec un canon de fusil dans chaque créneau; viens-y seul, et tu seras bien reçu. » Mais l'émir n'a pas plus de confiance en Tedjini que Tedjini n'en a en lui; ils se connaissent, et l'assiégeant se garderait bien de pénétrer seul dans le ksar. Et puis là n'est pas son but; il veut humilier Tedjini, et l'humiliation serait médiocre si l'émir faisait le premier la démarche de soumission qu'il exige de Tedjini. Il lui faut cependant le triomphe à ce sultan indigène qui a là, dans sa main, huit mille combattants à jeter sur ce misérable ksar défendu par moins de cinq cents fantassins. Repassant successivement par les mêmes alternatives de douceurs et de fureurs, comme un chat convoitant un oiseau renfermé dans une cage, se laissant aller tour-à-tour à tous les espoirs et à tous les découragements, il sent les jours, les mois s'écouler, et entraîner avec eux des lambeaux de sa gloire, de sa réputation et de sa popularité.

L'émir reprend la lutte : furieux d'une résistance qui ne se lasse pas, il essaie de faire passer dans l'esprit de ses soldats la colère qui bouillonne dans son cœur; il les lance pour la dixième fois contre des murailles qui portent à peine, après chaque assaut, l'empreinte de leurs impuissants efforts. Serait-il obligé, comme le bey Haçan, de se retirer honteusement, lui le sultan du Tell, lui qui a eu l'honneur de se mesurer avec nos meilleures troupes commandées par nos plus illustres généraux? Cette pensée le plongeait dans une farouche et sourde exaltation qu'il cherchait en vain à dissimuler.

Nous sommes au 20 octobre ; l'émir, qui est occupé sous les murs d'Aïn-Madhi depuis le 5 juin, a compris qu'il fallait décidément renoncer aux voies diplomatiques, et que la force seule pouvait avoir raison de la résistance de Tedjini ; il tentera donc un suprême effort pour terrasser et amoindrir cet opiniâtre marabouth dont l'obésité — cette infirmité de famille — lui paraissait pourtant incompatible avec l'aptitude pour la lutte. Les *thobdjia* (canonniers) d'Abd-el-Kader approchent de nouveau leurs canons des murailles de la place pour y faire brèche ; mais, sous leur tir mal dirigé, les remparts résistent insolemment. Le combat recommence furieux dans les jardins ; pendant trois jours, la lutte est incessante et acharnée. Neuf Madhiens sont tués ; les pertes de l'émir sont considérables. Dans la crainte de jeter la démoralisation parmi les siens, il attend la nuit pour enterrer ses cadavres ; il en pousse jusqu'à trois et quatre dans la même fosse.

Du 20 octobre au 30 novembre, on ne cessa de combattre ; les assiégés avaient été définitivement rejetés dans la place, et l'attaque, nous l'avons dit, était arrivée presque au pied des murailles. Mais le siége n'avançait pas, et les travaux d'approche coûtaient beaucoup de monde à l'émir. Les Madhiens, devenus d'habiles tireurs et familiarisés d'ailleurs avec le combat, faisaient énormément de mal aux assiégeants, tandis que ceux-ci ne pouvaient rien contre eux.

Les forces de l'assiégeant sont encore augmentées dans les premiers jours de décembre par l'arrivée à son camp de 150 réguliers et de 3,000 Arabes des tribus, tant fantassins que cavaliers. Malgré cet accroissement de forces, les assaillants deviennent timides ; ce n'est plus que la nuit et embusqués derrière les arbres des jardins qu'ils tentent leurs attaques. Tedjini est partout et montre une activité qui paraît n'être ni dans ses goûts, ni dans ses aptitudes ; sa surveillance ne se laisse pas endormir ; il la recommande aux défenseurs du ksar qu'il encourage et qu'il exalte. Un jour, l'Émir, avec sa brillante témérité et ce remarquable mépris du danger dont il a donné tant de preuves déjà, s'exposait dans les jardins aux coups des assiégés qui garnissaient les remparts; Tedjini, que tant d'audace exaspère, saisit frémissant un fusil, et envoie à l'Émir une balle qui coupe les rênes de la bride de son cheval.

Mais les munitions commencent à s'épuiser dans le ksar; un convoi de poudre, venant du Mzab, avait déjà été saisi par les goums de l'Émir, et il devenait urgent de réapprovisionner la défense. Tedjini réussit pourtant à faire entrer dans son ksar six charges de salpêtre provenant des Beni-Isguen.

La situation de l'Émir n'est plus tolérable, et rien ne permet d'en prévoir la fin; il se décide à réunir ses khalifas et ses aghas en conseil de guerre pour les consulter et leur demander leur avis sur la suite à donner aux opérations. « Je suis venu, leur dit-il, avec l'intention de détruire ce ksar et de réduire son marabouth à implorer mon pardon. Me retirer sans avoir obtenu cette satisfaction, c'est m'exposer au mépris de mes tribus; c'est compromettre ma réputation. »

El-Hadj Mousthafa, son frère, lui propose de simuler l'abandon du siége en se portant à deux milles de la place; on permet ainsi la sortie du ksar à ceux de ses défenseurs qu'a refroidis la longueur du siége. Revenant ensuite sur ses pas, l'Émir doit alors avoir bon marché de la place réduite aux seules ressources de sa population.

L'Émir rejette ce moyen; il craint que son mouvement de retraite ne soit considéré comme une fuite. L'ennemi peut d'ailleurs profiter de cette levée de l'investissement pour introduire, au contraire, de nouveaux défenseurs dans le ksar.

El-Hadj Mousthafa revient encore à cette éternelle demande d'une entrevue avec le chikh d'Aïn-Madhi, tentative qui, jusqu'alors, avait si peu réussi à l'Émir. Mais Abd-el-Kader croit à l'éloquence persuasive de son frère; peut-être, cette fois, en jurant bien fort que le chikh n'aura absolument rien à craindre, qu'on répond de lui devant le Très-Haut, peut-être, disons-nous, que Tedjini, qui pourtant connaît la valeur des protestations de son ennemi, consentira à sortir tant soit peu de son ksar. El-Hadj Mousthafa lui demande d'ailleurs un entretien pour faire tomber toute défiance. Par exemple, ajoute le frère de l'Émir, si Tedjini persévère dans son refus, l'arrêt prononcé contre lui ne peut tarder à l'atteindre.

Tedjini, à qui les tendresses d'El-Hadj Mousthafa ne paraissent pas avoir rendu la confiance, répond à la proposition de ce négociateur : « Moi, me rendre auprès de vous ! Je n'aurai jamais, s'il plaît à Dieu, à me reprocher une pareille imprudence ! Demandez-moi la *lezma*, ma soumission ; je vous accorde tout cela ; mais quant à sortir de mon ksar, Dieu ne m'a pas aveuglé à ce point de me faire commettre une semblable sottise ! »

Comme tous les négociateurs qui échouent, El-Hadj Mousthafa, blessé dans son amour-propre de diplomate, conseille à l'Émir de mettre tout à feu et à sang. Mais c'était précisément là qu'était la difficulté ; néanmoins, on fera ce qu'on pourra pour approcher au plus près de ce résultat.

Accablé sous le poids de ses insuccès, l'Émir charge son frère de diriger l'attaque nouvelle qu'il médite : il espère qu'il y sera plus heureux que dans ses négociations. Depuis quelques jours, Abd-el-Kader a augmenté sa première batterie de trois pièces de campagne et de deux mortiers pris dans ses arsenaux de Tekdimt et de Tlemsen. Ces pièces, bien approvisionnées, sont dirigées par Ben-Kousksou, artilleur de grande réputation dans les armées de l'Émir. Les assiégeants attendent de cette artillerie les plus foudroyants effets : c'est le « *Sésame, ouvre-toi !* » des *Mille-et-une-Nuits*, et ils se partagent déjà — en imagination — les immenses trésors que la chute infaillible du ksar va faire tomber entre leurs mains.

Tout est préparé ; le soleil n'est pas levé que les artilleurs sont à leurs pièces ; Ben-Kousksou, rayonnant, donne ses dernières instructions. A son signal, la canonnade commence. Jamais le Sahra n'a retenti d'un pareil tintamarre. Les sifflements des boulets, les explosions des projectiles creux, tous ces bruits sinistres de la guerre jettent la terreur parmi les assiégés : c'est le jour du jugement dernier avec ses éclats, ses ébranlements, ses nuages de fumée mêlés aux décombres poudreux d'un monde qui finit. Cette effrayante canonnade se continue persistante, implacable, jusqu'au coucher du soleil, puis tout se tait ; la fumée se dissipe, et les artilleurs de Ben-Kousksou remarquent avec stupeur que le ksar est encore insolemment debout : sa muraille en était quitte pour un éboulement insignifiant et l'érosion de sa crête. Il n'y avait pas à se le dissimuler ; c'était un échec pour Ben-Kousksou.

Quand, à la nuit, les assiégés virent que les dégâts produits par l'artillerie de l'Émir étaient si peu en rapport avec le bruit dont elle les avait assourdis pendant tout le jour, ils reprirent courage et espoir. Sous l'impulsion de leur marabouth, qui se multipliait, hommes, femmes, enfants se mettent à l'œuvre : on répare les brèches, on consolide les murs d'enceinte, on crenèle les maisons. Le matin, El-Hadj Mousthafa remarquait furieux que la muraille attaquée était plus forte que la veille. Il renforce alors sa batterie de trois autres pièces, et la canonnade recommence, mais avec le même succès que la veille. Par l'effet de la mauvaise direction du tir, les projectiles vont s'enfoncer au pied de la muraille, ou passent par-dessus la place. En présence de ces résultats négatifs, l'Émir, consterné, fait cesser le feu, et ses inhabiles artilleurs rentrent honteux dans leur camp. Le siége se transforme de nouveau en blocus.

Les assiégeants restèrent inactifs pendant tout le mois de Ramdhan (novembre — décembre).

Il fallait cependant en finir. L'Émir, qui n'avait pas renoncé à réduire son ennemi, était, il faut le dire, fort embarrassé sur l'emploi des moyens qui pouvaient amener ce résultat. On lui vanta un jour l'habileté dans les choses de la guerre de Sid Mohammed-ben-Nouna, ancien kaïd de Tlemsen ; c'était l'homme qu'il lui fallait, lui disait-on, pour amener la prompte réduction du ksar, et la fin d'une situation qui s'aggravait de jour en jour. L'Émir, qui s'accrochait alors à toutes les planches de salut, ordonna à Ben-Nouna de se rendre sans retard auprès de lui. Ben-Nouna ne se fit pas attendre. Invité à donner son avis sur le moyen le plus prompt à réduire le ksar, l'ancien kaïd de Tlemsen proposa le plan suivant : douze colonnes, fortes chacune de cent fantassins réguliers, tenteront une attaque simultanée pendant que l'artillerie inondera de projectiles les défenseurs du ksar. Ben-Nouna se réserve la direction générale de cette attaque. Ce plan est accepté par l'Émir, qui prend immédiatement les dispositions nécessaires pour agir dès le lendemain. Les colonnes vont prendre leur position d'attaque avant le jour. Au signal donné par Ben-Nouna, les 1,200 réguliers se précipitent au pied des murailles; l'artillerie lance en même temps sur le ksar une pluie de projectiles qui tient les assiégés éloignés des remparts; les murs sont sapés, les portes sont pétardées, les échelles sont dressées sans que les défenseurs du ksar aient pu s'y opposer; les murailles sont escaladées avec beaucoup d'ardeur; déjà les assaillants ont pu s'établir dans les premières maisons. La victoire — cela n'est pas douteux — appartient aux assiégeants; l'Émir voit avec une indicible joie les capotes brun-marron de ses réguliers couronner les remparts; la fortune va lui livrer enfin cet orgueilleux marabouth qui n'a point voulu venir saluer son seigneur dans sa tente. Mais tout-à-coup chacune des maisons du ksar s'éclaire de mille feux; la défense, qui jusqu'alors s'était tue, s'anime et vomit la mort sur les assaillants; les remparts s'encombrent de cadavres; les réguliers, que cet accueil a surpris, tourbillonnent entassés sans pouvoir faire usage de leurs armes; la position n'est pas tenable; ils cherchent à regagner leurs échelles; mais elles sont chargées, embarrassées de soldats qui montent. Il y a là encombrement, désordre dont profitent habilement les assiégés; pas une balle ne tombe à terre. Enfin, les murailles sont balayées, déblayées des vivants et de ces ardents fantassins de l'Émir, qui, tout-à-l'heure, chantaient victoire; Aïn-Madhi n'a gardé que les morts.

Abd-el-Kader fit de grandes pertes dans cette affaire qui paraissait reculer encore la solution. Les défenseurs d'Aïn-Madhi n'avaient pas perdu un seul homme.

Cette défaite jeta le découragement dans l'âme de l'Émir; pendant huit jours, il ne voulut voir personne. Ses affaires prenaient décidément une mauvaise tournure, et il paraissait difficile de les relever. La mésintelligence, cette fille de l'insuccès, se mit parmi ses lieutenants; le dégoût la suivit de près; la discorde était dans son camp, aussi bien parmi les chefs que parmi les soldats; à l'extérieur, les Arbaâ khoddam de Tedjini pillent les convois et compromettent ses approvisionnements. Enfin, à bout de ressources, il fait un second appel à Mohammed-ben-Nouna, qui lui propose d'essayer l'emploi de la mine. Son plan est le suivant : chacune des douze colonnes creusera une mine devant elle; 50 hommes par colonne seront employés à ce travail; ils seront relevés la nuit par un pareil nombre de travailleurs. Le secret de cette opération est imposé aux troupes sous peine de mort.

Mais Tedjini, nous l'avons dit plus haut, ne restait pas inactif; il veillait; toutes les nuits, des rondes sillonnaient les remparts. Tedjini s'assurait souvent par lui-même de la vigilance des défenseurs du ksar; il les exhortait, les encourageait à faire leur devoir. Ce silence, cette inaction apparente des assiégeants devait, d'après lui, cacher quelque projet; il engageait ses gens à redoubler de surveillance pour déjouer leurs tentatives.

Une nuit, l'attention d'une patrouille est éveillée par un bruit souterrain qui résonne sourdement sous ses pieds. Tedjini en est immédiatement averti; mais, peu familiarisé avec les travaux des siéges, il lui est impossible de déterminer la cause du phénomène qui lui était signalé. Pendant trois nuits, cet ébranlement souterrain se reproduit avec une intensité qui va en augmentant et semble se rapprocher. Il y a là un mystère qu'il devient urgent de pénétrer. Tedjini ordonne à un homme intelligent de se glisser dans le camp d'Abd-el-Kader, de se mêler aux Arabes, et de chercher à découvrir la cause de ce bruit inquiétant. L'espion remplit heureusement sa périlleuse mission, et vient apprendre à Tedjini que l'ennemi mine son ksar. Par fortune, le chikh d'Aïn-Madhi a précisément auprès de lui un Figuigui (1) très-expert, comme tous les gens de Figuig, dans l'art du mineur; il éclaire Tedjini sur la situation, et lui propose de répondre à l'ennemi par l'établissement de six contre-mines.

Les Madhiens se mettent aussitôt à l'œuvre : ils emploient, pour savoir où diriger leurs contre-mines, un moyen pratique qui consiste à placer sur le sol, et l'un contre l'autre, des vases en cuivre vides dont les chocs et les vibrations leur donnent les

---

(1) Les gens de Figuig (ville de la frontière marocaine) passent pour être d'excellents maçons et d'habiles mineurs.

indications dont ils ont besoin. Les mines de l'ennemi sont éventées et ses mineurs sont délogés. L'Émir furieux se rue sur les assiégés, qui s'étaient emparés des travaux des assiégeants; les premiers font bonne contenance et tuent quinze hommes aux réguliers.

Bien qu'il n'eût pas été entamé, Tedjini sentait pourtant que l'Émir, aussi opiniâtre que lui, ne lèverait pas son camp avant d'avoir obtenu tout au moins un semblant de satisfaction; l'honneur, la considération, la réputation d'Abd-el-Kader étaient attachés aux murailles de cette bicoque; il fallait qu'il y entrât, sous peine de perdre à tout jamais son influence dans le Sud, et de devenir un objet de mépris pour ses tribus du Tell. De son côté, Tedjini, avec les 400 combattants qu'il comptait encore, ne pouvait espérer débloquer son ksar; ses ressources extérieures étaient insignifiantes; bonnes tout au plus à inquiéter les convois de l'Émir; elles n'avaient jamais songé à aller s'attaquer à une armée qui comptait 8 à 10,000 hommes de troupes aguerries. Tedjini comprenait donc qu'il succomberait tôt ou tard; il était las aussi, lui homme de paix et de prière, de cette existence agitée, active, de cette surexcitation si antipathique aux obèses, et il aspirait à une vie plus calme, plus placide, plus conforme à ses goûts. Dans cette disposition d'esprit, il est clair que les concessions devaient lui être moins pénibles; son orgueil, sa dignité, si on l'aime mieux, s'était détendue, et il consentait à faire les premiers pas dans la voie des négociations. Il envoie donc un *midad* et des présents au sultan. C'est Rian-ben-El-Mechri, l'homme dans lequel il a mis toute sa confiance, qui conduit la députation; c'est lui que Tedjini a chargé de traiter avec l'Émir de la reddition de la place.

Abd-el-Kader est bien plus pressé encore d'en finir que Tedjini; il a reçu de mauvaises nouvelles du Tell, et sa présence y est indispensable; il faut donc se hâter. L'Émir se contentera de la présence dans sa tente du fils de Tedjini. Le chikh d'Aïn-Madhi consent à le lui envoyer, mais avec cette réserve expresse qu'Abd-el-Kader lui promettra de le lui rendre aussitôt et de lui accorder l'aman. « Autrement, ajoute-t-il, je suis décidé à me défendre tant que Dieu m'en donnera la force. »

L'Émir, qui n'a pas de temps à perdre, accède à toutes les exigences du chikh.

Tedjini ordonne à son fils de se rendre auprès de l'Émir; dix-huit des notables du ksar, avec des présents pour le sultan, accompagnent le fils de leur vénéré chikh. Mais il s'est opéré un changement dans l'esprit d'Abd-el-Kader; car lorsque le jeune Tedjini paraît en sa présence, le maître l'accueille avec un front sévère, et dit irrité aux députés d'Aïn-Madhi : « Ce n'est point son fils, mais bien Tedjini lui-même que je veux dans ma tente ! Que m'importent ses présents ! Je puis lui en donner, s'il en désire, de plus riches que tous ceux qu'il pourrait m'offrir. »

Le khalifa de l'Émir ne paraissait cependant pas professer au même degré que son seigneur le mépris des présents (1); car il s'empressait d'en prendre possession et de les classer selon leur nature ; il faisait ensuite dresser une tente au jeune ôtage auprès de celle du sultan.

L'irritation, feinte ou réelle, de l'Émir ne s'était pas calmée ; il affectait de ne pas adresser la parole au fils de Tedjini, et ce jeune ôtage commençait à trouver cette situation médiocrement rassurante. Les notables qui l'avaient accompagné s'inquiètent de ce silence de l'Émir et lui en demandent respectueusement la cause. Abd-el-Kader n'est plus ce maître à la parole sévère qui les a reçus si durement ; il paraît en proie aujourd'hui à un sentiment de tristesse que les députés regardent comme de bon augure et qu'ils interprètent favorablement. « Puis-je me retirer, leur dit l'Émir, sans avoir obtenu la présence de Tedjini ? Que dirait-on dans le Tell ? Qu'il m'a vaincu.... Retirez-vous, si vous le voulez ; vous êtes libres; mais jamais je ne me dessaisirai du fils de Tedjini avant que son père n'ait souscrit à mes conditions. »

— « Nous ne pouvons retourner vers Sidi Mohammed sans lui ramener son fils. »

---

(1) Ces présents, qui représentaient une valeur de 30,000 réaux (55,000 francs), étaient en argent, en vêtements, en esclaves et en chevaux.

— « Eh bien ! leur dit l'Émir après avoir paru réfléchir un instant, écoutez mes conditions. Tedjini me laissera pénétrer dans son ksar ; j'y entrerai par une porte et en sortirai par l'autre. Je ne veux pas qu'on puisse dire que j'ai échoué dans mon entreprise sur Aïn-Madhi, et que je n'ai pu m'en rendre maître. Puisque Tedjini désire ne pas me voir, il pourra s'enfermer chez lui s'il le juge à propos, ou bien, il évacuera la ville. Je lui laisse, dans ce cas, le choix de sa résidence. J'accorde la vie sauve aux habitants d'Aïn-Madhi, et leur permets de suivre Tedjini. Dès qu'il aura quitté le ksar, j'y ferai mon entrée à la tête de mes troupes. Enfin, s'il n'est pas encore las d'entendre parler la poudre, qu'il s'apprête ; mais dites-lui bien que je ne m'éloignerai pas d'ici tant que je n'aurai pas obtenu de lui satisfaction pleine et entière. »

Les conditions qu'imposait l'Émir à Tedjini n'étaient pas d'une dureté exorbitante ; on sentait qu'il avait hâte d'en finir. Tedjini accepta l'exil. « Je me retire, écrivit-il à Abd-el-Kader ; après mon départ, vous serez libre d'entrer dans le ksar. Je ne puis cependant opérer ma retraite immédiatement ; j'ai besoin de quelques jours pour régler mes affaires et donner à mes chameaux, qui me sont nécessaires pour le transport de mes bagages, le temps d'arriver de leurs pâturages de l'ouad Mzab. »

Abd-el-Kader, qui craignait que cette excuse dilatoire ne cachât de la part de Tedjini l'intention d'introduire des renforts dans la place, s'empressa de lui répondre : « Je ne saurais attendre tout ce temps. Faites-moi connaître le nombre de chameaux dont vous avez besoin. Surtout, hâtez votre départ. »

L'Émir fournit à Tedjini tous les moyens de transport qui lui étaient nécessaires pour lui et pour sa famille, et il y ajouta deux mulets et deux chevaux tout harnachés ; l'une des selles destinées à Tedjini était richement brodée d'or.

Au moment de partir, le méfiant marabouth fit dire à l'Émir qu'il ne pouvait quitter son ksar qu'autant que les alentours en seraient laissés libres par la retraite de l'armée ennemie sur El-Beïdha, au nord du Djebel-el-Amour. Abd-el-Kader, qui y mettait beaucoup de complaisance, se rendit au désir de Tedjini, et porta, le 4 janvier 1839, son camp à Sidi-Bou-Zid, petit ksar situé à seize lieues au nord d'Aïn-Madhi. Tedjini, tout-à-fait rassuré, fit dès lors connaître à l'Émir qu'il avait choisi Laghouath pour résidence, et le sultan poussa la mansuétude et l'oubli des injures jusqu'à prescrire aussitôt aux Beni-Laghouath de pré-parer une maison pour y loger Tedjini et sa famille.

Tedjini, qui avait achevé de vider sa kasba de tout ce qui pouvait être enlevé, venait à peine de sortir, suivi du reste de sa population, par l'une des portes de son ksar, que l'Émir, à la tête de son goum, y entrait par l'autre. Ces faits se passaient le 13 janvier 1839.

Les tribus et les gens des ksour furent invités à venir offrir leurs hommages au sultan dans la ville qu'il avait *conquise*. Là, en présence de ces populations, il fit démanteler le ksar qui lui avait si opiniâtrement résisté, et il livra à la dévastation les jardins que les travaux du siége avaient épargnés.

Cette œuvre de destruction durait depuis quatre jours, quand un des khalifas de l'Émir, le fils de Tofnich, vint lui annoncer que les Français prenaient des dispositions formidables en vue d'une guerre prochaine. A la nuit tombante, Abd-el-Kader, suivi de quelques cavaliers, quittait furtivement la maison de Tedjini où il s'était logé, et il se dirigeait en toute hâte vers le Tell où se préparaient de graves événements. Il rentrait le 26 janvier à Takdimt, d'où il était parti le 26 mai 1838, c'est-à-dire après une absence de huit mois.

Nous nous sommes étendu à dessein sur les péripéties qui ont marqué les phases de cette curieuse opération de guerre. Ce long siége, qui menaçait de faire le pendant de celui de Troie, nous montre tout d'abord l'impuissance de moyens arabes dans l'attaque des places; d'un autre côté, l'émir Abd-el-Kader s'y présente sous un jour qui, en mettant en relief son incroyable opiniâtreté, explique comment, pendant près de treize années, cet homme extraordinaire a pu soutenir la lutte contre nous.

Le chikh d'Aïn-Madhi ne rentra dans son ksar démantelé que quelques mois plus tard, après la défaite à Laghouath du khalifa de l'Émir, Sid Kaddour-ben-Abd-el-Baki-el-Basri. Nous avons dit plus haut la résolution d'El-Hadj-El-Arbi d'occuper Aïn-Madhi, afin d'enlever cette position à son ennemi Tedjini, et de donner de la force aux partisans qu'il comptait dans les autres ksour. Nous avons montré ce khalifa — sans khalifalik — de l'Émir battu entre Tadjmout et Aïn-Madhi par Tedjini, et Ahmed-ben-Salem, et forcé d'aller chercher un refuge derrière les murailles du premier de ces ksour. Cette affaire devait terminer l'existence militante de Tedjini, et lui donner enfin ce repos et cette tranquillité vers lesquels le portaient et ses goûts et son obésité.

Vers la fin de 1840, c'est-à-dire vingt-deux mois après le démantèlement de son ksar, Tedjini entreprit d'en faire relever les murailles. Ce travail était terminé en 1844, et Aïn-Madhi, trop forte pour avoir à craindre une attaque arabe et trop faible pour avoir à redouter la nôtre, pouvait désormais, redevenant un lieu de prière et d'étude, jouir d'une paix que, depuis sa fondation, elle n'avait jamais beaucoup goûtée.

Nous étions en 1844, et nous venions, par cet esprit de curiosité et d'expansion particulier aux civilisés, de franchir les limites du Tell, et de nous engager dans ces plaines immenses que nos soldats voyaient se dérouler au pied du poste avancé de Boghar. Qu'y avait-il de l'autre côté de l'horizon ? On racontait bien de ce désert mille choses étranges ; on parlait de villes puissamment fortifiées et habitées par des populations férocement belliqueuses ; mais tout cela était loin, bien loin ; et puis, d'ailleurs, il n'y avait pas de chemins connus pour s'y rendre ; il fallait s'abandonner aveuglément à la bonne foi d'un guide, d'un pilote plutôt, qui pouvait vous trahir et vous perdre en pleins steppes, ou mieux, en pleine mer. En outre, on n'y trouvait pas d'eau, si ce n'est celle de quelque mare qu'on appelle *r'dir* (trompeur, traître), ou celle de puits comblés par le sable, et qu'il faut péniblement déblayer pour en voir suinter goutte à goutte un liquide saumâtre et bourbeux. Ce n'est pas tout ; il fallait savoir où étaient ces mares et ces puits. En fait de bêtes de somme, le chameau seul pouvait y vivre, ajoutait-on, et cela parce qu'il ne boit que tous les quinze jours, à ce qu'on assurait. Si tout cela ne promettait pas aux explorateurs un bien-être plantureux, on ne pouvait nier qu'il n'y eût là l'attrait puissant de l'inconnu ; et puis le mot *désert* renfermait en lui la poésie du grandiose ; il rappelait des souvenirs, ceux de l'immortelle campagne d'Égypte, avec ses marches dans les sables, le mirage, les horizons infinis, les oasis de palmiers. Pour voir tout cela, on pouvait bien risquer un peu de misère, et ce n'était pas encore trop chèrement acheté.

A l'époque dont nous parlons, le gouvernement de l'Algérie commençait déjà à comprendre que l'occupation, même poussée aux limites du Tell, était insuffisante ; il savait — vaguement, il est vrai — qu'il y avait éparses dans ces espaces de nombreuses populations qui, tributaires du Tell par le ventre, devaient nécessairement chercher à ne pas rester étrangères à ce qui s'y passait. C'était l'époque où l'on faisait dire aux Sahriens : « *Celui-là est notre père qui est le maître de notre mère, et notre mère est le Tell.* » Aujourd'hui, le proverbe est moins vrai, ainsi que nous le verrons plus loin. Le Gouvernement général voulait donc voir cela de près, et comparer avec la réalité les récits arabes, qu'on disait si exagérés.

Au commencement de 1844, une colonne de 1,500 hommes, aux ordres du général Marey, commandant la subdivision de Médéa, s'engageait résolûment dans ce qu'on appelait alors le *petit désert*, pénétrait dans le Djebel-Sahri, et atteignait le ksar Zakkar. Elle se trouvait du premier bond à cent lieues au sud d'Alger, et à cinquante de Boghar, son point de départ.

La hardiesse de cette course à tâtons dans l'inconnu pouvait bien certainement suffire à la gloire de cette petite colonne ; mais non, elle veut faire plus encore : se posant carrément en autorité, elle soumet les Oulad-Naïl et les organise ; les Arbaâ-ech-Cheraga lui amènent leur *gada*, et elle donne l'investiture à trois de leurs kaïds ; Laghouath et les ksour de cette confédération lui envoient une députation avec des chevaux de soumission, et le chef de Laghouath, Ahmed-ben-Salem, veut tenir de la France le pouvoir que, depuis deux ou trois siècles, sa famille exerce d'une manière intermittente sur cette capitale du désert.

C'était là un résultat inespéré. Aussi, le général Marey résolut-il de mener jusqu'au bout une expédition qui s'annonçait si heureusement.

Aujourd'hui que nous savons notre Sahara par cœur, que nous y avons des routes impériales, des lignes électriques et des puits artésiens, nous ne nous figurons pas aisément ce qu'il a fallu à nos valeureux soldats de hardiesse, de témérité, d'abnégation, de confiance absolue en leurs chefs quand les Géry, les Renault, les Jusuf, les Cavaignac les conduisaient dans ces régions de la soif, qui étaient aussi celles de la faim, d'un soleil de feu, des fatigues, de toutes les misères enfin. Il ne faut pas le méconnaître : ils eurent bien quelque mérite ceux de nos devanciers qui pénétrèrent les premiers dans ces mornes contrées où ils ne marchaient qu'à tâtons, steppes désolés où tout, jusqu'aux éléments, pouvait se transformer en ennemi, espaces aux horizons sans fin où la solitude même est une menace.

Mais revenons à Tedjini.

Le 21 avril 1844, la colonne du général Marey arrivait à Tadjmout, où l'attendaient Ahmed-ben-Salem — celui qui demandait l'investiture de la France — et les principaux chefs des ksour et des tribus des environs de Laghouath. Tedjini avait là ses représentants avec une lettre et sa *gada*. Il est évident que la soumission du chikh d'Aïn-Madhi eût été bien plus patente s'il se fût présenté de sa personne au général commandant la colonne expéditionnaire. Soit orgueil, soit qu'il ne reconnût d'autre puissance que celle de Dieu, Tedjini recevait volontiers la visite des grands de la terre; mais fût-on bey, émir, sultan du Marok, souverain de Tunis, pacha de Tripoli, vice-roi d'Égypte, etc., Tedjini refusait obstinément de faire une démarche qu'il regardait, sans doute, comme un acte de vassalité.

Le général Marey, qui connaissait cette particularité, ne voulut point agir de violence avec un homme dont l'influence pouvait, en résumé, nous être avantageuse; il se contenta donc de sa *gada*. Mais il voulut pourtant faire acte ostensible d'autorité en envoyant à Aïn-Madhi une députation qui avait en même temps pour mission la reconnaissance de la place.

Le 22 avril, douze officiers et quelques soldats français, le khalifa Ahmed-ben-Salem, les chefs des Arbaâ et 200 cavaliers de goum quittaient le bivouac de Tadjmout et se dirigeaient, sous la conduite du lieutenant-colonel de Saint-Arnaud, sur le ksar d'Aïn-Madhi, qui n'est distant que de 25 kilomètres du premier de ces ksour. Tedjini, que l'approche de la colonne avait fort effrayé, fut bientôt rassuré quand il vit que notre intention n'était point de l'attaquer. Le colonel de Saint-Arnaud et les officiers qui l'accompagnaient furent parfaitement accueillis ; ils purent même visiter le ksar dans le plus grand détail et se renseigner sur ce qu'il était utile qu'ils connussent.

L'attitude de Tedjini fut soumise, mais digne pourtant ; il fut surtout séduit par les façons franches et pleines d'aménité du lieutenant-colonel de Saint-Arnaud, et il paraissait étonné que, forts comme nous l'étions, le représentant de la France ne lui montrât que de la bienveillance et une extrême considération. C'était une vraie conquête que venait de faire le brillant colonel ; aussi, dès le lendemain, l'illustre marabouth s'empressait-il de nous payer son impôt montant à 2,000 boudjhou.

Dans la suite, Tedjini accueillit toujours avec la plus parfaite cordialité les officiers des colonnes qui, ayant à opérer dans le Sud, passaient à proximité de son ksar. Le 17 décembre 1852, le général Pelissier, reprenant le chemin de sa province après le glorieux assaut qui nous avait donné Laghouath, voulut, à son tour, visiter Aïn-Madhi : Tedjini l'y reçut avec tous les égards qui sont dus à un général victorieux.

C'était la dernière visite que devait recevoir le vénéré marabouth ; car, dans les derniers jours de février 1853, Mohammed-es-Sr'ir-et-Tedjini s'éteignait, jeune encore, après vingt-six années d'un *règne* qui n'avait pas été sans agitation. Deux cadhis de Médéa, que le Gouvernement général avait chargés de lui amener Tedjini, ne trouvaient plus, à leur arrivée à Aïn-Madhi, que le cadavre de ce singulier marabouth qui avait la spécialité de ne se soumettre que chez lui.

Tedjini laissait un fils, qui lui succédait, et deux filles qui furent épousées par des marabouths de la zaouïa de Tamacin, succursale de l'ordre de Tedjini.

Rian-ben-El-Mecheri, qui, après avoir été le maçon de Tedjini, était devenu son *oukil*, son intendant, son confident, et qu'il avait désigné comme l'exécuteur de ses dernières volontés, prit la haute main sur les affaires temporelles du ksar d'Aïn-Madhi, dont il avait été nommé caïd ; il se chargeait, en même temps, de l'administration du spirituel en ce qui touchait aux choses de l'ordre religieux de Tedjini.

La solidité des murailles d'Aïn-Madhi, plus que suffisante pour résister à une entreprise arabe, avait pu faire craindre qu'il ne vînt à l'idée d'un cherif quelconque ou d'un aventurier de s'y renfermer, comme venait de le faire Mohammed-ben-Abd-Allah dans celles de Laghouath, et de nous obliger à un siége qui, malgré la supériorité de nos moyens d'attaque, pourrait néanmoins nous coûter plus de monde que ne vaut cette bicoque. Aussi avait-il été décidé que les murailles d'Aïn-Madhi seraient réduites de façon à ne plus être un obstacle pour nous, tout en laissant pourtant à ce ksar les moyens de braver une agression tentée avec les ressources matérielles dont disposent les indigènes.

Une colonne aux ordres du colonel Durrieu, commandant la subdivision de Màskara, quittait cette place à la fin de mars 1853 pour aller remplir cette mission. Un fort détachement de sapeurs du génie avait été adjoint à cette colonne. Mais, sur les observations du commandant supérieur de Laghouath, qui assurait qu'on pouvait compter sur la fidélité de Rian, et que nous n'avions aucun intérêt à raser les murailles d'Aïn-Madhi, on renonça à ce projet, et la colonne Durrieu prit la route de Géryville.

Du reste, la vénération que professent les Sahriens à l'égard des Tedjini et la force des murailles du ksar font d'Aïn-Madhi une sorte de terrain neutre autour duquel les fluctuations de la politique se font peu sentir. Aussi, les chefs des tribus voisines, les aghas du Djebel-el-Amour entre autres, sujets à être razés, font-ils volontiers le dépôt de leurs valeurs et de leurs richesses entre les mains du Tedjini régnant.

Nous l'avons dit plus haut, Tedjini, en mourant, laissait un fils, trop jeune sans doute pour qu'on pût lui confier l'administration spirituelle de l'ordre. Le fils de Sid Mohammed-es-Sr'ir fut placé sous la tutelle de Rian, en attendant sa majorité, ou le développement de son intelligence peut-être. Malheureusement, cet héritier des Tedjini vint à mourir en 1857 d'une piqûre de scorpion négligée. La famille de l'illustre chikh Sid Ahmed-et-Tedjini s'éteignait tout d'un coup, enterrant avec son dernier représentant les riches offrandes dont on bourrait les saints descendants du fondateur de l'ordre. Ce détail, qui n'avait pas échappé à Rian, le jeta dans un profond chagrin, et il se mit à chercher avec une pieuse ferveur les moyens de relever ses recettes, et de les empêcher surtout de prendre leur courant sur la zaouïa de Temacin, succursale de l'ordre dont les tendances sont fort à surveiller. Qu'y avait-il à faire pour arriver à ce résultat ? C'était tout simple : trouver quelqu'un qu'on pût, sans trop d'invraisemblance, faire passer pour un fils de Tedjini. Il faut dire que les gens d'Aïn-Madhi étaient tout aussi inconsolables que Rian d'une situation qui leur était presque aussi désagréable qu'à lui, et il est croyable qu'il n'eût pas fallu les prier bien longtemps pour leur faire prêter la main à quelque pieuse fraude ayant pour but de modifier ce pénible état de choses. Cette disposition des Madhines était encourageante pour Rian, et, de plus, elle ne lui déplaisait pas.

Or, le Dieu unique, qui prête volontiers une oreille favorable aux prières des vrais musulmans, surtout quand à la foi ils ajoutent la sainteté du but, ne pouvait rester indifférent à la perplexité de Rian et au chagrin de ses administrés. Évidemment.

Un matin, Rian, qui ne désespérait pas, fut frappé de la pensée suivante, qu'il regarda comme une révélation : si, pendant son existence hérissée de privations et de chasteté, le saint marabouth que nous pleurons a acheté un certain nombre de femmes, il n'a pas été non plus sans en répudier ou en vendre, particulièrement quand ces créatures étaient *infirmisées* de cette tare qu'on appelle l'âge mûr. Rian se rappela justement que Tedjini s'était défait — assez avantageusement — d'une négresse qu'il avait admise à partager sa couche. Ceci se passait de 1840 à 1845. Les Madhiens, bien qu'ils n'eussent jamais été extrêmement rigides à l'endroit des actions de morale douteuse de leur chikh, furent cependant très-embarassés pour qualifier le procédé du saint homme à l'égard de cette négresse, et cela d'autant mieux que cette malheureuse esclave passait pour porter dans son sein le résultat des faveurs de son maître. « Ce n'est pas une raison, disaient-ils tout bas, parce qu'on trouve un bon prix d'une femme esclave pour la jeter dans le commerce. Sans doute, il est désagréable, ajoutaient-ils, de perdre sur une négresse; mais, enfin, il est convenable de se résigner à faire quelques sacrifices lorsqu'on a eu, — nous ne dirons pas quelque affection, — mais au moins quelque goût pour l'objet dont on veut se défaire. »

Nous ne cacherons pas cependant qu'à cette occasion, quelques Madhiens se laissèrent aller à une opposition assez intense : c'étaient, du reste, des fauteurs de désordre, des impies qui n'avaient même pas de chapelet; ils étaient bien plutôt imbus des sauvages doctrines du *derkaouïsme* (1) que de celles qui caractérisent l'ordre de Tedjini. Rian, qui alors était déjà puissant, les expulsa du ksar : ils l'avaient suffisamment mérité.

Mais la difficulté était de retrouver la trace de cette négresse. Comme, à l'époque où la vendit Tedjini, il était sans intérêt de savoir ce qu'elle deviendrait, on ne s'en était nullement préoccupé et puis, l'acheteur était un inconnu qui paraissait professer l'honorable industrie de la traite; de sorte qu'il était fort difficile de savoir quel avait été son sort.

Dès que Rian se fut accroché à cette idée, il fit faire les recherches les plus actives pour tâcher de remettre la main sur cette négresse qui, nécessairement, avait dû donner un héritier à Tedjini. Cela pouvait très-bien aussi être une héritière, et ce détail, auquel Rian n'avait pas réfléchi d'abord, donna quelque amertume à sa joie; mais comme il avait tout près d'une chance sur deux pour que ce fût un garçon, cette amertume se dissipa de moitié.

Malgré les prières, malgré les pieuses visites de Rian et des Madhiens au tombeau de Sidi Ahmed-et-Tedjini, les recherches restèrent infructueuses. Un jour, c'était un des khouan de l'ordre qui prétendait que la négresse devait être en Tunisie; un autre assurait qu'on l'avait vue dans la Tripolitide; un troisième

---

(1) Secte fondée par Sidi El-Arbi-el-Derkaoui, originaire de Derka (Marok), et qui est hostile à toute puissance qui ne sort pas de son sein. Les *Derkaoua* affectent de se couvrir de haillons pour prouver combien ils méprisent les choses de ce monde.

affirmait qu'elle avait paru dans l'Aurès, mais que, depuis près d'un an, elle avait disparu, avec ses *deux fils*, sans qu'on sût la direction qu'elle avait prise.

Cette dernière nouvelle plut singulièrement à Rian ; en effet, *deux fils*, c'était plus qu'il ne lui en fallait, et il se mit à remercier le saint d'Aïn-Madhi d'avoir poussé la générosité jusqu'à l'excès. Au fait, tout ce qu'en faisait Rian c'était bien un peu aussi dans l'intérêt de l'ordre, et il était tout naturel que son vénéré fondateur s'en occupât un peu.

La négresse avait donc deux fils; mais il fallait la trouver. Des émissaires appartenant à la confrérie furent lancés de nouveau dans l'Est avec des instructions plus précises.

Les choses en étaient là quand, un soir, vers onze heures, un cavalier se présenta à la porte de l'Est (Bab-el-Kebir) du ksar, qu'il trouvait fermée. Il fut obligé de frapper à plusieurs reprises ; les Madhiens, en général, et le *bououab* (portier), en particulier, dormaient comme des gens qui ont la conscience limpide. On vint enfin, et l'on ouvrit la grosse porte doublée de lames de fer-blanc quand le cavalier eut fait connaître qu'il avait à s'entretenir avec Rian de choses pressées et considérablement importantes. Le portier alla prévenir Rian, qui ne dormait pas. Étendu sur de moelleux tapis, présents de *ziara* (visite) offerts à l'un des Tedjini par quelque pieux pèlerin qui, sans doute, avait beaucoup à demander ou à se faire pardonner, le coude droit appuyé sur des coussins de damas, la tête reposant sur la main droite, le kaïd songeait évidemment à ce qui, depuis quelque temps, faisait l'objet de ses préoccupations, c'est-à-dire à l'affaire de l'héritier de Tedjini. Il reçut immédiatement le cavalier.

Après avoir rendu le salut à l'inconnu, qui se tenait debout devant lui, Rian, se soulevant et prenant son assiette à la manière arabe, lui demanda avec un abandon affecté la cause qui l'amenait à cette heure de la nuit.

— « Je sais ce que tu cherches, lui répondit le cavalier, et je viens te dire que j'ai trouvé. »

— « Assieds-toi..., lui dit Rian. Qu'as-tu trouvé? » ajouta-t-il sans paraître prendre un grand intérêt à la trouvaille d'un homme qu'il avait deviné ne pas appartenir à l'ordre de

Tedjini, et avec lequel il prévoyait bien qu'il lui faudrait compter.

— « La négresse et son fils, l'héritier de Tedjini, » répondit le cavalier en cherchant à lire sur la figure de Rian, afin de pouvoir faire son prix en conséquence, l'effet que produirait l'annonce de sa découverte.

— « Comment les as-tu reconnus ? » lui demanda Rian négligemment. »

— « A des signes certains : j'ai parlé à la mère, et les traits de l'aîné de ses deux fils sont ceux de son père, Sidi Mohammed-es-Sr'ir — que Dieu lui fasse miséricorde ! »

— « Mais quel intérêt avais-tu, toi, qui n'es pas des khouan de Sidi Ahmed-et-Tedjini, — que Dieu soit satisfait de lui ! — à rechercher son descendant ? »

— « L'intérêt de l'islam, le tien et le mien. »

— « Comment le tien ? »

— « Parce que j'ai supposé que tu me paierais ma découverte. »

— « Et combien penses-tu que vaille ta découverte ? »

— « Beaucoup pour toi ; quant à moi, je ne te demanderai que mille douros français. »

— « Mille douros français ? .... répliqua Rian ; mais qui me garantit que tu ne me trompes pas..... que tu ne te trompes pas toi-même ? »

— « Si je n'avais pas été certain de ce que j'avance, je ne serais pas venu de si loin pour te le dire. Quant à la garantie, voici ce que je te propose : Tu me paieras de suite la moitié de la somme, et l'autre moitié quand je t'aurai amené Sidi Ahmed ; car il porte le nom de son vénéré et saint aïeul. »

— « J'accepte tes conditions. Quand comptes-tu te remettre en route ? »

— « Dès demain, si tu le veux. Tu me feras accompagner par deux cavaliers qui, au retour, composeront avec moi l'escorte de Sidi Ahmed. »

— « Mais quel est ton nom ? .... Quel est ton pays ? »

— « Mon nom ? ... Bou-Hafs-ben-Abd-er-Rahman. Je suis des Oulad-ben-Gana. »

— « C'est bien.... Demain, je te compterai la moitié de la

somme convenue, et tu partiras avec deux cavaliers pour nous ramener notre maître Sidi Ahmed-et-Tedjini, *in cha Allah* (si Dieu le veut !). »

Et Bou-Hafs se retira dans la chambre des hôtes pour se reposer le reste de la nuit.

Le lendemain, ainsi que cela avait été décidé, Bou-Hafs reçut les cinq cents douros formant la moitié du prix stipulé, monta aussitôt à cheval, et, après avoir salué Rian, qui paraissait ravi, il quitta le ksar accompagné de deux cavaliers des Arbaâ qui avaient été mis dans la confidence, et prit sa direction dans l'Est.

Rian, qui, comme tous ceux qui désirent ardemment une chose, ne doutait pas que ce que lui avait dit Bou-Hafs ne fût l'exacte vérité, faisait déjà mille projets au sujet de la part qu'il prétendait prendre dans les affaires de l'ordre. D'abord, il comptait bien dominer, absorber cet homme qu'il tirait du néant et qui lui devrait tout : à ce soliveau, les honneurs religieux, les marques de respect, de vénération des fidèles, la douce et nonchalante quiétude, les satisfactions de la chair, les dorloteries, les baisers des fétichistes; à lui Rian, l'autorité dans le ksar, les copieux revenus de l'ordre, les offrandes de *ziara* (pèlerinage), une grande influence effective sur les khouan, bien qu'elle ne lui arrivât que de seconde main et par ricochet; enfin, dans le pouvoir spirituel qu'il rendait à Sid Ahmed, il espérait bien trouver à se tailler un manteau pour vêtir la puissance temporelle que nous lui avions donnée.

Rian eut soin de préparer doucement les khouan de l'ordre à l'événement qui allait se produire : on était sur la trace du fils de Tedjini, — car il avait un fils, — fit-il répandre adroitement, et le jour était proche, sans doute, où Aïn-Madhi, le sanctuaire de l'ordre, allait posséder dans ses murs sacrés, — Dieu est profond dans ses desseins ! — l'héritier de la *baraka* (1) du saint marabouth Sidi Ahmed-ben-Mohammed-et-Tedjini.

---

(1) La *baraka*, c'est la bénédiction, la grâce divine, les faveurs du ciel dont jouirent autrefois certains marabouths, et qui se perpétuent par héritage dans la famille du saint. La *baraka* appartient toujours au chef de la famille, et l'influence religieuse qui y est attachée ne se partage pas.

Quelques incrédules laissèrent percer des doutes sur la réalisation de l'espoir dont se berçait Rian ; ils allèrent même jusqu'à qualifier assez impertinemment la découverte que laissait prévoir le kaïd. Rian qui, nous l'avons déjà vu, professait une grande répugnance pour l'opposition, ou plutôt pour ceux qui lui en faisaient, ne trouva rien de mieux — au risque de se répéter — que de les expulser du ksar. Deux ou trois de ces exilés essayèrent de prouver que Rian n'avait pas le droit de les chasser de chez eux. Le droit !... mais du moment qu'il le prenait, n'était-ce pas absolument la même chose ? Ils ne voulaient pas comprendre cela.

Sans se préoccuper davantage des bruits du dehors et des propos des méchants, Rian faisait ses préparatifs pour recevoir dignement l'héritier des Tedjini.

Mais revenons à l'auteur de la découverte, que nous avons mis en route pour aller chercher celui qu'on appelait déjà *l'enfant du mystère*. Bou-Hafs — nous l'avons dit — avait pris sa direction dans l'Est. Après dix journées de marche, il arrivait en vue de Batna, et, laissant la ville française à sa gauche, il se dirigeait sur une masure du village indigène. La blancheur immaculée des murs de cette ruine indiquait, à ne pas s'y tromper, qu'elle devait être habitée par une famille de nègres, lesquels, sans doute, par suite de l'amour des contrastes, sont fous de cette couleur. « C'est ici, » dit Bou-Hafs en arrêtant son cheval, et il mit pied à terre ainsi que les deux cavaliers. Après avoir passé les rênes par-dessus la tête de leurs montures, ils entrèrent dans une petite cour d'une irréprochable propreté. Une négresse paraissant avoir de trente à quarante ans, — il est difficile de fixer l'âge des négresses, — était assise dans l'un des angles de cette cour : elle tournait la meule d'un moulin arabe en chantant sur un air lent et monotone une chanson du Soudan. L'arrivée des trois étrangers, qui la saluèrent, arrêta et la chanson et le mouvement de la meule.

Cette négresse avait dû être belle — au point de vue nègre, bien entendu ; — ses traits n'avaient jamais eu cet épaté, si cher aux Soudaniens, et qui, au contraire, nous fait croire, à nous gâtés par la pureté et l'harmonie des lignes grecques, que les nègres composent une race que le Créateur, pressé sans doute d'éditer ce spécimen foncé de l'espèce, n'a pas eu le temps de terminer. Les yeux de notre négresse paraissaient deux clous à tête de jais fixés dans une perle d'un blanc laiteux veiné d'or ; ses dents, qui auraient donné de la jalousie à l'ivoire, s'étalaient — un peu trop longues, mais serrées — entre les deux bourrelets violacés bordant ses lèvres. Nous ne cacherons pas que ce qu'on lui voyait de cheveux sous son foulard jaune frangé était court, ulotrique et feutré. Ses membres inférieurs paraissaient avoir été modifiés par un croisement de ses ancêtres avec quelque représentant de la race caucasique ; en effet, ses jambes, au lieu d'être arquées en dedans et de se distinguer par l'aplatissement du mollet, étaient droites au contraire, et ses tibias suffisamment meublés de chair. Ses talons gercés et fendillés, la plante des pieds blanchie par l'usure, indiquaient que, depuis longtemps déjà, la négresse ne se servait pour la locomotion que de la chaussure de la nature.

La négresse, qui venait de reconnaître Bou-Hafs, lequel — ainsi qu'il l'avait dit à Rian — s'était déjà mis en relations avec elle sans pourtant lui laisser pénétrer ses desseins ; la négresse, disons-nous, s'était levée pour recevoir les étrangers. « Où est ton fils aîné, ô Kheïra ? » lui demanda Bou-Hafs. Kheïra hésita un instant à répondre. Que pouvait-on vouloir à son fils, son seul soutien, à elle pauvre veuve qui n'avait d'autres ressources que le produit du travail de son enfant.

— « Ahmed n'est point rentré, finit-elle par répondre ; mais il ne peut tarder ; car j'entends le moudden appeler à la prière du *moghreb* (1), et c'est pour Ahmed la fin de sa journée de travail. »

— « Nous l'attendrons, » reprit Bou-Hafs. Et les trois étrangers s'assirent sur une natte de feuilles de palmiers qui paraissait avoir déjà de longs et sérieux services.

Ils n'attendirent pas longtemps. Un jeune nègre — c'était Ahmed — poussant devant lui deux paires de bourriquets — car il était conducteur de bourriquets — accourait tout joyeux,

(1) L'heure du coucher du soleil.

après les avoir remisé dans une maison voisine, et venait embrasser sa mère.

— « C'est lui ! » dit tout bas Bou-Hafs aux deux cavaliers. Ils se levèrent tous les trois, et se précipitèrent vers le jeune nègre, qui, ne comprenant pas ce que lui voulaient ces hommes, interrogeait sa mère du regard ; la négresse serrait instinctivement son fils contre elle comme pour le protéger. Mais elle fut bientôt rassurée quand elle vit les trois cavaliers se jeter aux pieds de son fils en lui disant : « Le salut sur Sidi Ahmed-et-Tedjini, l'héritier légitime de Sidi Mohammed-es-Sr'ir-et-Tedjini ! »

Soit qu'Ahmed fût bien réellement le fils du dernier Tedjini, soit que, dans le cas contraire, la négresse Kheïra ne fût pas fâchée que l'on crût à cette filiation, tout ce que nous pouvons dire c'est qu'elle ne parut point surprise des hommages que ces trois hommes rendaient à son fils. Quant à ce qu'éprouva le jeune nègre, ce fut plutôt de l'étonnement qu'autre chose, et il ne paraissait nullement être dans la confidence. Cependant, plein de cette résignation musulmane qui fait accepter avec le même calme et le mal et le bien, Ahmed ne chercha pas le moins du monde à se soustraire aux témoignages de respect des cavaliers ; il ne leur demanda même pas la moindre explication sur une aventure qu'il ne comprenait guère, mais qui, en résumé, ne pouvait — pensait-il — lui faire une situation inférieure à celle dans laquelle sa mère et lui végétaient depuis si longtemps. Il jugea que la chose était tout-à-fait sérieuse quand il vit l'un des trois cavaliers remettre à sa mère Kheïra un *teuzdham* (1) bourré d'or.

Ahmed, bien que sa profession de bourricotier ne l'eût point précisément initié aux *usages des cours*, n'en possédait pas moins à un haut degré — affaire de race apparemment — les marques évidentes qui, à première vue, font dire à la foule : « Celui-ci est un chérif ! » Sa distinction, toute d'instinct cependant, prouvait péremptoirement — surtout quand on était prévenu — qu'il ne pouvait être issu d'un obscure bourricotier ; ce n'était point

(1) Bourse en cuir.

là, en effet, un esclave fils d'esclave échangé sur les marchés du Mzab contre un dromadaire. Aussi les deux cavaliers d'escorte n'hésitèrent-ils pas à reconnaître qu'Ahmed ressemblait d'une manière frappante — bien que plus foncée — à feu Mohammed-es-Sr'ir, que les Madhiens avaient tant pleuré.

Ahmed, qui paraissait âgé de quinze à seize ans, était un fort joli nègre : son angle facial était convenable, et n'affectait que d'une manière peu sensible la forme d'un pupitre à missel, disposition qui semble être le suprême de la beauté du visage chez les nègres iolofs ; par exemple ses yeux — nous parlons de la sclérotique — pareils à deux perles égarées dans un bloc de charbon de terre, manquaient complétement de vivacité ; on aurait dit ceux de quelque idole indienne oculisée de nacre baignant une pierre précieuse ; ses dents étaient d'un émail irréprochable, mais plantées dans des gencives un peu trop violacées. On pouvait lui reprocher pourtant un tel évasement des lèvres, qu'il en avait l'air de baver sa muqueuse buccale ; son nez montrait assez de fierté, et ses cheveux étaient toisonnés avec une certaine grâce. Il avait le teint plutôt marron très-foncé que noir, et, dans certaines conditions de lumière, son visage présentait des tons de bronze velouté d'un assez bel effet. Enfin, ses bras n'avaient pas cette disproportion particulière à la race nègre, et ses membres inférieurs étaient suffisamment garnis.

Le jeune Ahmed, — on le pense bien, — n'était vêtu rien moins que somptueusement ; du reste, en sa qualité de musulman, ce n'est pas dans l'habillement qu'il aurait mis son luxe, si toutefois la profession de bourricotier lui eût permis de se couvrir d'étoffes précieuses. Il était donc — tout simplement — coiffé d'une chachïa rouge à laquelle le soleil avait ravi ses couleurs ; il avait sur le dos une de ces grosses vestes en laine marron qu'on nomme *kabouth* de Tlemsen, et qui sont illustrées de fleurs fantastiques où le jaune domine. Il était aisé de deviner qu'en faisant l'acquisition de cet effet, la mère d'Ahmed prévoyait bien que son fils n'avait pas encore atteint tout son développement. Un *seroual* (culotte mauresque) d'indienne bleu-pâle complétait l'habillement du jeune nègre. Il est inutile d'ajouter qu'il n'avait jamais rien dû aux cordonniers.

Ce n'est pas dans cette tenue trop simple que le descendant des Tedjini pouvait faire son entrée dans Aïn-Madhi, la capitale de l'ordre. Rian l'avait, du reste, prévu ; aussi les deux cavaliers qui accompagnaient Bou-Hafs étaient-ils chargés de pourvoir à tout ce qui pouvait manquer au jeune marabouth. On l'habilla à neuf des pieds à la tête : de bons bernous de fine laine remplacèrent le *kabouth* grossièrement historié du bourricotier; le seroual d'indienne fut abandonné pour une culotte de drap de couleur vert-tendre, et les pieds d'Ahmed furent incarcérés pour la première fois dans des *seubbath* (souliers arabes) pleins d'élégance.

Une mule superbe richement harnachée avait été amenée par les gens qui marchaient avec les deux cavaliers; elle devait servir de monture au jeune Tedjini, et le ramener dans ses États.

Quand tous les préparatifs furent achevés, la mission reprit le chemin de l'Ouest. La négresse, comme on le pense bien, n'avait pas voulu se séparer de son fils ; ce n'était pas, au reste, le moment, puisque la fortune paraissait lui sourire; d'un autre côté, le second fils de Kheïra avait tenu à suivre sa mère. Tout le long de la route, les cavaliers affectaient le plus profond respect à l'égard du jeune Ahmed, qui se laissait, d'ailleurs, baiser des pieds à la tête comme s'il eût eu l'habitude de ces témoignages de vénération.

Rian, qui avait été prévenu de l'arrivée de Sid Ahmed, alla au-devant de lui, suivi de ses fils et des grands d'Aïn-Madhi et des tribus environnantes, jusqu'au ksar de Tadjmout. Douze jours après son départ de Batna, l'héritier des Tedjini arrivait sur le point où l'attendait Rian. Un grand nombre de serviteurs religieux de Tedjini, qui avaient appris, on ne sait trop comment, le passage de son descendant dans leur pays, le suivaient depuis quelques jours, et faisaient la boule de neige autour de lui. C'était à qui viendrait lui demander les faveurs du ciel, ou des biens terrestres dont l'acquit nécessitait l'emploi d'une influence religieuse peu ordinaire. De sorte qu'en mettant le pied sur le territoire de Tadjmout, Sidi Ahmed traînait déjà accroché à son étrier toute une foule enthousiasmée d'avoir remis la main sur un intercesseur tout-à-fait sérieux.

Les affaires de Rian marchaient donc à merveille; aussi la vue de cette masse roulante qui entourait sa créature le remplit-elle de joie.

Quand Sidi Ahmed ne fut plus qu'à quelque distance du ksar, Rian et les notables mirent leurs chevaux au galop et se précipitèrent au-devant de lui. A une vingtaine de pas du fétiche, ils s'arrêtèrent court, mirent pied à terre, et ce fut à qui arriverait le premier pour coller ses lèvres frémissantes sur le genou ou sur l'étrier de l'ex-bourricotier, lequel acceptait tout cela, du reste, avec un imperturbable aplomb.

De Tadjmout à Aïn-Madhi, ce ne fut qu'un triomphe; la foule, — qui a tant besoin de croire à quelque chose, — se ruait en délire sur les traces du marabouth, et nous ne voulons point cacher que sa mule reçut infiniment de baisers qui ne lui étaient pas destinés. Il en est presque toujours ainsi quand on veut trop se presser; on risque fort de manquer ou de dépasser son but. Le cortège arriva pourtant devant Aïn-Madhi; c'est là surtout que l'allégresse éclata dans toute sa vigueur; la joie allait jusqu'aux larmes; c'était des transports fougueux, de l'admiration chauffée à blanc: les Madhiens, la main sur le cœur, lançaient au jeune marabouth des *merhaba bik* (soit le bienvenu!) débordant d'un enthousiasme fébrile. La foule — partout si niaise — n'avait pas manqué de trouver une ressemblance frappante entre Sidi Ahmed et feu Tedjini. Ce fut un beau jour pour Aïn-Mahdi! Rian, qui se tenait modestement derrière sa créature, jouissait *s*idemment par tous les pores; son humilité était rayonnante et venait éclairer son maigre et pâle visage. Enfin, le cortège s'arrêta à la porte Est du ksar; les fidèles ne souffrirent pas que le marabouth descendit de sa mule; ils l'enlevèrent pieusement et le transportèrent dans le palais des Tedjini, où Rian l'installa.

Aïn-Mahdi n'avait plus rien à désirer, puisqu'on lui avait rendu son Tedjini. Il y eut encore quelques opposants incorrigibles qui essayèrent de nier l'authenticité de la trouvaille de Bou-Hafs; mais cinq ou six miracles assez bien réussis vinrent démontrer péremptoirement aux gens dont ces calomnies avaient ébranlé la foi, que le jeune Ahmed était parfaitement bien l'héritier légitime du dernier Tedjini. La démonstration fut d'autant plus évidente, que ces miracles frappèrent tout justement les principaux membres de l'opposition. Ainsi, le lendemain même de l'arrivée de Sidi Ahmed, un Madhien incrédule, qui voulut frapper un Croyant parce que ce dernier soutenait que le jeune bourricotier de Batna était bien le fils de Tedjini, l'incrédule, disons-nous, vit son bras se déssécher au moment où il le levait pour le laisser retomber sur le crédule. Un autre, qui, quelques jours après, avait regardé de travers le jeune marabouth, fut affligé de strabisme, séance tenante, pour le restant de ses jours. Un troisième, qui suivait en ricanant irrespectueusement la mule de Sidi Ahmed, reçut en plein visage une ruade de cette monture sacrée, et il en perdit toutes ses dents, — et c'est gravé dans le S[illegible] — C'était bien fait : quelques bons petits prodiges de cette sorte mirent fin aux plaisanteries des opposants. De son côté, Rian aida puissamment à ce résultat en emprisonnant ou en expulsant du ksar — il n'avait pas le don des miracles, — les plus opiniâtres et les plus dangereux de ces mal-pensants.

Le kaïd Rian, dont on ne peut contester l'habileté en matière de politique, prit tout naturellement un grand ascendant sur l'esprit de Sidi Ahmed, nature molle, indolente et mal disposée pour la lutte. Rian en fit un saint à l'engrais, rien de plus, et cette situation parut ne pas être désagréable à l'héritier de Tedjini. Du reste, cette *encolonnisation* était probablement bien au-dessus de tout ce qu'avait jamais pu rêver le bourricotier de Batna.

Mais revenons à la colonne, que nous avons laissée au moment où elle venait de poser son camp sous les murs des jardins d'Aïn-Madhi.

Le kaïd Rian-ben-el-Mecheri et Sidi Ahmed-et-Tedjini sont venus, avons-nous dit, au-devant du général Yusuf, et l'ont prié de vouloir bien accepter leur dhifa de bienvenue dans le palais des Tedjini.

Sid Ahmed, que nous connaissons déjà, est aujourd'hui (1) un très-beau garçon de nègre paraissant âgé de vingt à vingt-cinq ans ; il est gros, bien en chair, et la situation que lui a faite

---

(1) Nous rappelons que ces lignes ont été écrites en 1864.

Rian semble lui avoir suffisamment profité. Il a pourtant l'air ennuyé, mal à l'aise. Est-ce le soin de paraître digne ou la présence d'une colonne française qui en est la cause ? Aurions-nous — sans le vouloir — causé du chagrin à ce bon gros marabouth? Redouterait-il déjà le développement de cette obésité qui fut spéciale à ses saints ancêtres ? Nous n'avons pas du tout pénétré ce mystère. Que peut donc désirer de plus monseigneur Ahmed ? Il a pour enveloppe le bernous vert des cherifs ; il a pour monture une mule de pure race, et cette mule possède un harnachement précieux à faire crever de jalousie une sultane quelque peu saupoudrée de coquetterie ; il ne fait pas un pas — sur sa mule bien entendu — sans qu'un de ses estafiers ne s'accroche à chacun de ses étriers, avec un autre en serre-file derrière l'animal sacré. Des femmes, il doit en avoir à revendre, tout comme son saint homme de père. Nous ne pensons pas qu'il soit mal logé. Nous allons, d'ailleurs, vous le dire tout-à-l'heure. Alors, qu'est-ce donc ? Sa tritesse prendrait-elle sa cause dans l'impossibilité où il a été jusqu'à présent de se débarrasser de cette odeur particulière à la race noire ? Mon Dieu ! quel est donc le nègre qui a réussi à dépouiller complètement cet..... inconvénient *sui generis ?*

Quant à Rian, il doit flotter entre cinquante-cinq et soixante ans ; il tranche, du reste, du tout au tout avec Sid Ahmed : il a le teint mat des ambitieux qui vivent renfermés, et pas du tout ce riche bronzé des Sahriens ; aussi ne m'étonnerais-je pas qu'avant d'être gris, il eût été tant soit peu blond. Cette particularité donne même à sa physionomie, qu'elle ouvre, une apparence de bonhomie qui séduit à première vue, et les expansifs doivent se sentir disposés à aller lui raconter leurs petites affaires ou à lui demander des conseils. Rian est maigre à la façon des Anglais quand ils se mettent à adopter sérieusement cette manière d'être. Ce qui ajoute encore à son apparence exotique, c'est l'immaculé de ses vêtements et l'habitude évidente des ablutions. Le kaïd Rian monte une jument grise à laquelle, habituellement, il ne demande strictement que le pas, cette allure des conservateurs. Il est vrai que son chef religieux n'ayant jamais d'autre monture qu'une mule, il serait malséant et de mauvais goût qu'il se lançât auprès de lui dans le dévergondage de la fantazia. Aussi s'en abstient-il.

Rian a trois fils de très-bonne mine; l'un deux, surtout, a toutes les allures d'un parfait gentilhomme sahrien : il y a du *djiied* (1) et du *cherif* (2) dans cette élégante aisance de l'homme de poudre onctuée de cette finesse gracieuse et polie de l'homme dont la force ne s'appuie ni sur la pointe d'une épée, ni sur la bouche d'un canon. Ces fils de Rian ont le teint blanc des Sahriens qui passent plus de temps dans une zaouïa que sur le dos d'un cheval; ils manquent absolument de cette chaude teinte bronzée et de cette sèche et vigoureuse musculature qui font la beauté des gens de la tente.

Après en avoir fait connaître les hôtes, nous allons à présent nous occuper du ksar, leur demeure.

Nous avons dit plus haut qu'Abd-el-Kader, entré — nous savons par quel procédé — dans le ksar d'Aïn-Madhi, en avait fait raser les murailles, et que Si Mohammed-es-S'rir-et-Tedjini en avait commencé le rétablissement à la fin de 1840, opération qu'il terminait en 1844. Or, depuis cette époque, Aïn-Madhi ne s'est pas sensiblement modifiée, et elle est encore aujourd'hui, à peu de chose près, ce qu'elle était alors.

Le ksar a été bâti — on se le rappelle — sur un renflement de la plaine que ferme, au nord, le massif du Djebel-el-Amour; à l'est, les contre-forts du Djebel-el-Azreg; au sud, la chaîne qui couvre le ksar de Haouïtha, et à l'ouest, des ondulations qui se rattachent aux montagnes des Oulad-Yâkoub-er-Rabaâ. Les eaux sont prises à deux kilomètres environ au nord du ksar, et amenées dans la place par un conduit en maçonnerie alternativement couvert et à ciel ouvert. Ce conduit peut être facilement coupé; mais l'avantage de la position dominante l'a emporté sur celui de la possession de la source. Il existe, d'ailleurs, des puits dans le ksar, et une vaste citerne dans la maison de Tedjini.

---

(1) *Djiied* (pluriel *djouad*), noble de noblesse militaire. La plus grande partie des *djouad* tirent leur origine des *Mehal*, conquérants venus de l'Est à la suite des compagnons du Prophète.

(2) *Cherif* (pluriel *cheurfa*), noble d'origine religieuse. Tout musulman descendant du Prophète par sa fille Fathma-ez-Zohra, est *cherif*.

La fortification de la place se compose d'abord des murs des jardins, qui sont en terre et garnis de tours, puis des murailles du ksar, solidement bâties en bonne maçonnerie, et généralement flanquées, crénelées, et ornées de pyramidions. Ces murailles, d'une épaisseur de deux mètres dans le bas, n'ont pas moins de dix à douze mètres d'élévation. La place n'a pas de fossés; les murs des jardins lui font une double enveloppe excentrique laissant entre elle et le corps de place un chemin étroit permettant de circuler autour du ksar. La partie nord-ouest des murs extérieurs des jardins porte toujours la marque du siége de 1838; ils n'ont point été relevés, et forment encore aujourd'hui de larges brèches par lesquelles on peut passer à cheval. A l'intérieur, la défense est diverse: tantôt les maisons appuient à l'enceinte, tantôt elles en sont séparées et laissent un couloir entre elles et les murs de la place.

Le ksar a deux entrées (Bab el-Kebir et Bab es-Sakia); l'une, voisine de la maison de Tedjini, est dans de bonnes conditions de résistance; elle a ses portes garnies de plaques de fer-blanc, et donne accès sur une place fermée de murs crénelés, lesquels sont eux-mêmes percés de portes s'ouvrant sur la ville. Les rues sont étroites; les maisons, dont le nombre est de deux cents environ, sont généralement jointives et s'élèvent comme le terrain jusqu'au centre du ksar; elles dominent au loin la campagne de leurs nombreux créneaux.

Aïn-Madhi est évidemment la place la plus forte du Sahra algérien. Cela ne veut pas dire pourtant qu'il nous serait bien difficile de la réduire, s'il pouvait venir à l'esprit de quelque rebelle la pensée de nous en fermer les portes.

Le ksar d'Aïn-Madhi se présente extérieurement dans de bien meilleures conditions que la généralité des ksour de notre Sahra; ce ne sont plus là ces villages dépenaillés, à murailles ébréchées, à tours éventrées. Au lieu de cette robe à tons gris-sale, à nuance terreuse, à éraillures sordides, Aïn-Madhi s'enveloppe dans un vêtement d'une blancheur immaculée. Le palais-kasba des Tedjini est d'aspect monumental; la coupole de la chapelle funéraire où repose du sommeil éternel le saint fondateur de l'ordre s'élance gracieuse au-dessus des maisons, qu'elle domine. Quelques habitations ont un étage à arcades ogivales élevé sur les terrasses. On remarque çà et là, boursouflant la partie supérieure du ksar, plusieurs petits dômes qui en orientalisent l'ensemble. Le sommet des murs de l'enceinte est couronné d'une suite de pyramidions qui le dentellent d'une guirlande de feuilles sinueuses. En résumé, le ksar a bonne mine; on sent qu'il y a là de l'aisance, que le confortable y a accès, et qu'on y ferme soigneusement la porte au nez à la misère. C'est peut-être le seul ksar de notre Sahra qui, de près, puisse supporter l'analyse, et ne donner ni désenchantements, ni nausées.

Nous avons dit plus haut que Sid Ahmed-et-Tedjini et Rian avaient offert au général Yusuf une dhifa de bienvenue et de soumission. Dès que la colonne fut installée dans son bivouac, le général, escorté de son état-major, des chefs de corps et des principaux services, monte à cheval et se rend à l'invitation des chefs politique et religieux d'Aïn-Madhi. Nous entrons dans le ksar par Bab-el-Kebir, la porte qui donne accès sur la kasba des Tedjini. Toute cette fortification est assez bien entendue, et l'on sent que le kaïd Rian a pratiqué jadis la maçonnerie avec un certain succès. Ces murs crépis et blanchis n'ont, en effet, comme nous le disons plus haut, rien de commun avec ceux en terre séchée au soleil des autres ksour. Un vaste cimetière, dans lequel on remarque quelques koubba d'un assez beau style, se hérisse de *mchahad* et de *djenaba* (1) marquant le périmètre de la dernière demeure des Madhiens passés de l'autre côté de la vie.

Le marabouth et Rian sont venus recevoir le général à la porte du ksar, dont ils veulent lui faire les honneurs. Nous allons d'abord faire notre visite au tombeau de Sidi Ahmed-ben-Mohamed-et-Tedjini, l'illustre fondateur de l'ordre religieux qui porte son nom. Un corridor nous donne accès dans une cour mauresque à colonnade entièrement couverte d'un treillis de fil de fer. A gauche, une remarquable grille, chef-d'œuvre d'un artiste-serrurier de Tunis, s'ouvre sur la chapelle funéraire ren-

(1) Ce sont les pierres placées à la tête, au pied et sur les côtés des tombes arabes.

fermant le tombeau du saint marabouth. Rien n'est plus élégant que cette chapelle pavée de marbre ; rien de plus gracieusement hardi que cette coupole jetant des jours pleins de mystère sur ce sanctuaire de la prière ; rien n'est plus élégamment riche que la dernière demeure du saint : c'est un petit chef-d'œuvre, une petite merveille d'art mauresque. Le *tabout* (catafalque), pareil à une châsse renfermant quelque reste précieux d'un de nos saints, est délicieusement fouillé d'arabesques qui se mêlent, s'enchevêtrent, se nouent, s'étreignent et se repoussent sur un champ d'émail vermillon et azur. Dans l'inscription brodée en or, indiquant que c'est là le tombeau de Sidi Ahmed-ben-Mohammed-el-Tedjini, l'artiste s'est abandonné à toutes ces capricieuses fantaisies calligraphiques que favorisent tant les caractères arabes : c'est un gracieux enlacement de lignes qui courent, qui s'escaladent, ou qui rampent au milieu d'une nuée d'abeilles, de papillons et de lucioles d'or voltigeant autour de cette folle échevelée (1).

Il n'est rien, dans notre Sahra, qui puisse être comparé, pour la richesse et l'élégance, à la chapelle funéraire de Sidi Ahmed-ben Mohammed-el-Tedjini. La koubba élevée à El-Abiodh au saint marabouth Sidi Ech-Chikh est loin d'en approcher, bien que pourtant elle soit aussi l'œuvre des maçons de Figuig, lesquels sont encore aujourd'hui les plus remarquables constructeurs du Sahra. Nous ne prétendons pas dire pour cela que ces Figuiguiens soient de la force des architectes qui ont bâti la fameuse mosquée de Cordoue.

A notre sortie de la chapelle, Rian et le frère du marabouth nous introduisent dans le palais des Tedjini : on monte aux appartements par un escalier en maçonnerie qui, à défaut d'élégance, présente au moins une très-grande solidité. Cet escalier donne accès dans une immense salle dont le plafond, qui porte une terrasse, est soutenu par des piliers en maçonnerie. Cette salle est divisée par une *keththia* (2) de damas bleu semé de

---

(1) Nous voulons parler des voyelles et signes orthographiques dont est saupoudrée l'écriture arabe.

(2) C'est un rideau coupant, divisant l'appartement.

fleurs d'or ; ce rideau, qui pend du plafond à terre, forme un compartiment dans lequel on place les coffres, les porte-manteaux, tous les objets enfin qui ne doivent pas être vus. Une seconde *keththdia* en gaze verte brochée d'or forme, au fond de la salle, un autre compartiment renfermant un lit. Des canapés recouverts d'un damas bleu fleuri depuis longtemps sont placés parallèlement à la *keththdia* et aux murailles nues de l'appartement. Le *kebou* (1) est formé de l'embrasure d'une croisée qui est poussée en saillie extérieurement ; on a établi dans le *kebou* un canapé qu'occupe le maître quand il reçoit ses inférieurs : c'est la place d'honneur. Des tapis dépareillés sont jetés en mosaïque sur le sol en laissant çà et là des solutions de continuité.

Les appartements des Tedjini ont quelque prétention au luxe européen. Ainsi, on y trouve des fenêtres vitrées ; il est vrai que quelques-unes des vitres n'y figurent plus que pour un fragment plus ou moins respectable ; mais les vitriers sont si peu communs dans le Sahra !

Il n'est rien de si drôlement hurlant que l'ameublement du salon de Tedjini : l'âge, la provenance, la patrie des objets font de tout cela une sorte de bric-à-brac où se coudoient, où se fusionnent dans un pêle-mêle bizarre les spécimens de deux luxes inégalement avancés. Ainsi, dans cette grande salle de style mauresque, on trouvera une table ronde de restaurant à côté d'un *srir* (2) arlequiné d'une couverture du Sud ; un fauteuil mode premier empire auprès d'une pile de *stronbia* (coussins) en maroquin bourrés de fine laine ; une armoire-secrétaire, du même âge que les fauteuils, se dresse dans un angle de la salle non loin d'un coffre arabe peinturluré de fleurs qui ne sont pas représentées dans le règne végétal, — par oubli du Créateur ; — deux candélabres dorés, assez élégants, produit de l'art français, se dressent fièrement sur le secrétaire. Tout cela possède un cachet d'inharmonie et de discordance auquel ajoutent encore et le style de l'appartement et le costume des maîtres de céans.

---

(1) C'est une sorte de niche, d'enfoncement, pratiqué dans le mur d'un appartement, et faisant saillie sur l'extérieur.

(2) Lit très-bas établi sur des planches.

Une dhifa planturouse nous est apportée par de nombreux serviteurs; les plats s'accumulent sur la table avec cette large prodigalité qui rappelle toujours les noces de Gamache, ou les bombances pantagruéliques du cabaret de la Cave-Peinte. Toute la cuisine arabe est représentée là avec ses nombreuses terrines aux énergiques condiments. Nous n'avons pas de vin — nous sommes chez un marabouth — pour précipiter ces vigoureux aliments; mais, en revanche, on nous sert du lait à nous noyer; on l'apporte par seaux et comme s'il s'agissait d'éteindre un incendie; il est vrai qu'il y avait là plus d'un estomac en feu. Après les terrines, vinrent le kousksou dans des soupières en bois, et le mouton rôti entier au bout de la perche qui lui a servi de broche.

En l'absence du marabouth, rentré dans ses appartements, Rian et ses fils président aux détails du festin avec une activité que poussait encore le vigoureux appétit des officiers dhifés. Les Roumis surtout font le meilleur accueil à ces copieuses victuailles: ils ne laissent pas passer un plat sans l'expérimenter sérieusement, afin, sans doute, de se faire une opinion solide sur la valeur de cette alimentation.

Après le repas, le café nous est offert sur la terrasse du palais. Du haut de ces murailles qui n'ont pas moins de douze mètres d'élévation, on peut lire tous les détails qui cerclent le ksar jusqu'à l'horizon. A nos pieds, les jardins, semés de blé ou d'orge, et peuplés d'abricotiers, de grenadiers, de vigoureux ceps de vigne escaladant les arbres, de figuiers de Barbarie, de quelques térébinthes, d'un palmier, resté seul debout sur les quatre que comptait le ksar avant le dernier siége qu'il eut à soutenir contre l'émir Abd-el-Kader; au-delà des murs extérieurs des jardins, le terrain dénudé, rocailleux, pelé; plus loin, à l'est, quelques maigres champs d'orges; au nord, la conduite d'eau prenant sa source à Ras-el-Aïoun, et dont on reconnait le cours aux bouquets de nérions fleuris qui le jalonnent; à l'ouest, une mer de halfa houlant au souffle d'un vent d'est; au sud, une plaine ondulée, teigneuse, tachée de jaune sale, parsemée de quelques buissons de jujubier sauvage.

L'un des fils de Rian, — un grand garçon qui porte crânement un bernous vert-d'eau, — répond avec infiniment de complaisance à nos questions : « C'est là-bas, au nord, nous dit-il, qu'était campé El-Hadj Abd-el-Kader lorsqu'il vint assiéger Aïn-Madhi,... qu'il ne put prendre, ajoute-t-il avec une certaine fierté. C'est lui qui a ruiné les murs des jardins du côté ouest, murs que n'avons pas voulu relever. Il a perdu tant d'hommes là au pied de la kasba. Là-bas, au nord-ouest, à côté d'un jujubier sauvage où le sol est encore légèrement bossué, il a fait enterrer pêle-mêle, et par quatre ou cinq hommes à la fois, les fantassins que nous lui avions tués dans les jardins lors de sa dernière attaque. Je n'ai pas vu tout cela, ajoutait le jeune Rian, — il paraît âgé de vingt-cinq ans, — mais cent fois les anciens d'Aïn-Madhi me l'ont raconté. »

Le jeune Rian nous montre encore, au nord, le long de la conduite d'eau et à 200 mètres d'Aïn-Madhi, une vaste construction close de murailles, et renfermant un verger où l'on trouve un grand nombre d'abricotiers et de figuiers plantés avec un certain art. C'est un *bordj-haouch* (ferme) appartenant à son père le kaïd Rian.

Mais revenons à l'insurrection.

Puisque Oran croyait pouvoir, avec ses seules ressources, venir à bout de l'insurrection, qui avait toujours ses forces entre les massifs d'El-Aghouath-Ksal et du Djebel-'l Amour, il ne restait plus à la colonne d'Alger qu'à choisir une position voisine de la frontière de l'ouest, qui, en menaçant le second de ces massifs, lui permît en même temps de se porter rapidement, s'il en était besoin ou si l'on réclamait son concours, sur les lignes par lesquelles l'ennemi et ses troupeaux pouvaient se jeter dans le sud.

La position d'Aïn-Madhi répondait parfaitement aux conditions cherchées ; mais les ressources de son bivouac étaient insuffisantes pour y former un établissement de quelque durée. Il n'y avait, au plus près, que l'ouad Mzi qui présentât les avantages d'un bon campement ; il ne s'agissait plus que de trouver sur cette rivière un point qui satisfît pleinement aux données du programme.

La colonne devait, dès le lendemain de son arrivée sous Aïn-Madhi, le 16 mai, lever son camp pour aller prendre sa position sur l'ouad Mzi.

V

La colonne quitte Aïn-Madhi. — Le bivouac d'El-Ghemantha. — Le sud. — L'ouad-Mzi à El-Ghemantha. — L'agha Ed-Din. — Fourrage sur les terres d'Ed-Din. — Marche de l'insurrection dans la province d'Oran. — Un camp de gourbis. — Les concerts en plein air. — Reconnaissance du capitaine Bourceret dans le pays des Ghemantha. — Arrivée à dos de chameau d'un bataillon du 42e de ligne. — Nouvelle organisation de la colonne. — Espoir de rencontrer l'ennemi. — Retour sur Aïn-Madhi. — La mort du maréchal duc de Malakoff. — Marche sur Tadjrouna. — Le bivouac de Blad-l-Atheuch. — Tadjrouna. — La razia des orges des rebelles. — Le bach-agha Ben-Yahia. — Une tempête. — Réflexions. — Stratégie. — Combat contre les Ghemantha. — Bruits sinistres. — La colonne Liebert appelée dans le Tell. — Les sauterelles. — Retour sur Aïn-Madhi. — Les dépouilles des vaincus. — Colonne légère. — Les éplucheurs de nez. — Foum-er-Reddad. — Le défilé d'Er-Reddad. — Sidi El-Hadj-Aïça et les Oulad-Yâkoub-er-Rabaâ. — Le supplice de la soif. — Le bivouac d'El-Madjiba. — Les abords d'El-R'icha. — Le ksar d'El-R'icha. — La vieille El-R'icha. — Les Hel-el-Amour demandent l'aman. — La gâda de l'ouest. — La gâda de l'est. — L'aman est accordé aux gens du Djebel-'l-Amour. — Situation des rebelles dans la province d'Oran. — Retour sur Aïn-Madhi. — Razia sur le ksar El-Maïa. — L'agha Ed-Din dans notre camp. — Un festin de vautours. — Retour au bivouac des Ghemantha. — Le guebli. — Le bivouac d'Aïn-el-Milok. — Retour à Laghouath. — Témoignage de satisfaction du ministre de la guerre. — La dhifa de moutons.

—

La colonne quitta, en effet, son camp d'Aïn-Madhi, le 16 mai, et reprit le chemin de Tadjmout en longeant les pentes sud du Djebel-'l-Amour. A quelques kilomètres de Tadjmout, la colonne appuya légèrement au nord, et, coupant l'ouad Mzi à deux kilomètres au-dessus de ce ksar, elle vint dresser ses tentes sur la rive gauche de l'ouad, en un point nommé El-Hadjeb-el-Msekka, et sur un terrain touchant à la tribu âmourienne des Ghemantha, laquelle donna son nom au bivouac.

Le bivouac d'El-Ghemantha, assis sur un plateau à fond sablonneux, hérissé de petites dunes, est pourtant ce que les Arabes appellent une *dar mliha* (une bonne demeure); on y trouve, en effet, de l'eau et du bois en abondance, et, à proximité du camp, quelques-unes des plantes fourragères du Sud. Il était à craindre, par exemple, que le vent ne vînt à souffler dans les vagues de cette mer figée.

Les gens qui ne connaissent pas le Sud ne peuvent facilement se faire une idée des puissantes voluptés que vous fait éprouver la vue d'une rivière qui a de l'eau, et surtout de l'eau potable et courante. Le plaisir est sans bornes quand cette rivière, ne se contentant pas de ces deux précieux avantages, se donne le luxe de parer de bouquets d'arbres ses deux rives, et que ces arbres sont des tamarix : ce n'est plus la terre alors, c'est l'Éden, c'est le paradis, — celui de Mahomet, bien entendu ; — c'est ce paradis où le Prophète a placé à titre de quintescencielles délices « des jardins arrosés de cours d'eau, des ombrages qui s'étendent au loin près d'une eau courante, des jardins où sourdent des sources, des bosquets avec des sources vives, des sources dont l'eau ne se gâte jamais, des eaux limpides, vrai bonheur de ceux qui les boiront. » Ah ! comme on comprend cela lorsque, les pieds dans le sable, la tête dans le feu, on parcourt ces mornes espaces pelés, tondus, teigneux, brûlés, fuyant sous vous, en plein midi, avec le soleil en suspension sur votre vertex, et d'aplomb à ne pouvoir même se parasoliser de l'ombre d'un voisin ; à cette heure où tous, autour de vous, tirent la langue pour recueillir la sueur bouillante qui découle de leur front, heure terrible où les cerveaux se liquéfient, où les rochers se fendillent, où les nez et les oreilles se gratinent, où les plantes crépitent et se frisent comme la toison d'un nègre, où les semelles des fantassins se racornissent et se recroquevillent, où tout ce qui est métal devient brûlant, où les énergies s'amollissent, où les volontés s'avachissent, heure atroce où l'homme le mieux trempé n'est plus qu'une guenille, une chose sans nom.

Le bivouac d'El-Ghomantha est donc — aujourd'hui — une délicieuse demeure bordée à l'ouest et au sud par une ravissante rivière, l'ouad Mzi, — la même que nous avons vue avec de l'eau à Laghouath, sans eau au-dessus de Ras-el-Aïoun, avec de l'eau à Recheg, et encore sans eau au-dessus de Tadjmout. Nous avons expliqué plus haut ce phénomène. A El-Ghemantha, nous avons donc de l'eau limpide coulant sur un fond d'or, avec de délicieux barbeaux d'argent pour habitants; — du poisson dans le Sahra ! c'est à ne pas y croire ! — Nous avons encore un joli bois de tamarix bien ombreux, une forêt de roseaux impénétrable sur les deux rives, et deux belles sources dans les joncs courant se jeter dans la rivière. Hâtons-nous aujourd'hui de profiter de toutes ces somptuosités; car demain, l'homme aura passé par là, et, comme les Harpies qui avaient la fâcheuse propriété de souiller tout ce qu'elles touchaient, il aura fait de ce ravissant Éden un lieu infect et inhabitable.

La tribu des Ghemantha, auprès de laquelle est établi notre camp, fait partie de l'aghalik du Djebel-'l-Amour (division d'Oran). Or, nous savons que, le 13 avril, l'agha Ed-Din s'était retiré, avec ses goums et sa population, devant Sid El-Ala qui avait envahi sa montagne pour se faire livrer les grains emmagasinés dans les ksour de Taouïala et d'El-Khadhra. Nous avons vu que l'agha Ed-Din s'était porté, laissant le djebel ouvert aux rebelles, sur les eaux de Mekhaoula, d'où il s'était mis en relation avec le commandant supérieur de Boghar en observation à Tagguin. Après la malheureuse affaire du 16 avril, Ed-Din, sans point d'appui, menacé par les forces du marabouth, sans influence sur sa population que ses aspirations du moment portaient vers Sid Mohammed-ben-Hamza, Ed-Din, disons-nous, suivit son monde au lieu de le diriger, et alla grossir, avec les cavaliers de son aghalik, les bandes du jeune sultan. Il est clair que, devant son impuissance de maintenir son pays dans le devoir, c'était le parti le plus sage que pût prendre Ed-Din ; car en restant à la tête de ses populations égarées, en ne séparant pas sa cause de la leur, il pouvait espérer leur faire entendre la voix de la raison quand il en reconnaîtrait l'opportunité, et les ramener dans l'obéissance quand la fièvre de la rébellion serait calmée. Plus tard, commme nous le verrons, les faits viendront donner raison à cette politique, et démontrer que Ed-Din, qui a toujours été regardé comme un homme sage et de bon conseil, n'a obéi, dans la circonstance qui nous occupe, qu'à une nécessité contre laquelle il lui aurait été impossible de lutter.

Mais, à la date du 16 mai, l'agha Ed-Din qui, en résumé, marchait peut-être encore sous les drapeaux du marabouth, passait, aux yeux de presque tous, pour un rebelle et un traître; sa conduite dans l'affaire de Tagguin surtout était, dans la colonne, l'objet des accusations les plus vives et les plus passionnées, particulièrement de la part des officiers qui avaient joué un rôle dans ce triste épisode de l'insurrection. Il est incontestable que, par la manière dont il avait agi dans cette journée du 16 avril, Ed-Din prêtait fortement le flanc à toutes ces imputations.

Ed-Din était donc, c'est convenu, un rebelle et un traître. Or, tout près de notre camp, des champs d'orge verdoyaient à faire tourner la tête à nos montures; notre bivouac n'avait guère pour fourrages que ces coriaces plantes du Sud dont les chevaux font peu de cas, et les champs d'orge appartenaient à Ed-Din. C'était tentant et de bonne guerre d'aller faire les fourrages de l'ennemi. Aussi, le général n'eut il pas besoin de répéter son ordre à la cavalerie : deux heures après leur départ, cavaliers réguliers et irréguliers avaient tondu très-ras les biens du rebelle, et revenaient chargés de savoureux botillons de fourrages, qui arrivèrent bien à point pour rafraîchir la bouche de nos malheureux chevaux, réduits à la halfa depuis près d'un mois.

Nous avons laissé le général Deligny séjournant à Stiten pendant la journée du 15 mai pour y enlever les orges entassées dans ce ksar. L'ennemi, nous le savons, n'avait pas persisté dans son projet de défendre ce point.

Le commandant de la division d'Oran quitte Stiten le 16 mai à huit heures du matin, et s'engage dans le col des Oulad-Azza; un goum d'un millier de chevaux des Harar et des Trafi s'approche du flanc gauche de la colonne; les rebelles sont aussitôt repoussés avec une perte d'une trentaine de cavaliers. Cette affaire nous coûtait deux hommes tués et deux blessés, dont un mortellement, le brave capitaine indigène Boukhouïa.

Les tentes des Oulad Sidi-Ech-Chikh et de tous les rebelles qui n'habitent pas les Hauts-Plateaux étaient réunies, à la date du 16 mai, entre les ksour de R'açoul et de Brizina.

Nous avons dit que le camp des Ghemantha avait été choisi dans des conditions qui permissent d'y séjourner quelque temps, en attendant que les événements se dessinassent plus clairement. Cette situation pouvait se prolonger, et la tente commençait à devenir une demeure inhabitable. Le général, toujours plein de sollicitude pour sa troupe, ordonna donc, puisqu'on avait les matériaux à pied d'œuvre, l'établissement de gourbis en roseaux, pour que tous, officiers et soldats, pussent s'abriter contre les caresses déjà intolérables de l'astre du jour. Le soir du 17 mai, la forêt de roseaux de l'ouad Mzi était déjà ravagée à fendre le cœur; les tamarix n'avaient pas été plus respectés que les roseaux, et leurs branches, cassées, brisées, amputées, ne présentaient plus que de moignons informes et mâchonnés. En revanche, notre camp était devenu une ville de verdure; l'ingéniosité et l'esprit débrouillard et artistique du soldat français s'étaient révélés entiers, complets, dans la construction de ces éphémères édifices qui affectaient tous les styles, tous les genres d'architecture; quelques-uns étaient de vrais chefs-d'œuvre de l'art des bâtisseurs. Enfin, on put espérer reposer un peu pendant la journée, et c'était toujours cela de pris.

Les soirées dans les camps du Sud ne sont pas d'une gaîté excessive; il fallait trouver quelque distraction qui pût faire oublier aux troupes les ennuis du bivouac, les misères de la journée, et les privations sans nombre inhérentes à l'exercice de notre profession dans le Sahra. Le général, qui sait combien il importe, en campagne, de se préoccuper du moral du soldat, eut la bonne idée de faire appel à tous les artistes de la colonne, chanteurs sérieux, chanteurs comiques, et, chaque soir, les virtuoses, dont quelques-uns n'étaient pas sans talent, s'assemblaient devant la tente du général, et, entourés d'un *public idolâtre*, ils apprenaient aux échos du désert à bégayer les airs de nos grands maîtres ou les chansonnettes parlées de nos musiciens comiques. Vers dix heures, on baissait le rideau, et tous, chanteurs et auditeurs, allaient s'étendre sur *la dure*, où ils ne tardaient pas à rêver les voluptés les plus antithétiques à leur situation.

Tous les jours aussi, la fanfare du 1er de Tirailleurs tirait de ses cuivres les plus folles gaîtés de son répertoire, et chacun de ses airs était un souvenir qui nous transportait dans les villes du Tell ou dans celles de la patrie.

Les forces vives du Djebel-'l-Amour avaient suivi, nous l'avons dit, le drapeau des rebelles. Le général Deligny les avait eues devant lui dans son combat du 13 mai sur le Haut-Sidi-En-Naceur. On supposait qu'il ne devait rester dans les montagnes que les fantassins laissés à la garde des femmes et des troupeaux des tribus; mais cette hypothèse ne s'appuyait sur aucun renseignement positif. Le général ordonna donc une reconnaissance dans le pays des Ghemantha auquel nous touchions. Deux compagnies de tirailleurs et une centaine de cavaliers du goum, placés sous les ordres du capitaine Bourceret, chef du bureau arabe de Médéa, quittèrent le camp de façon à arriver sur le pays de l'ennemi à la pointe du jour. Le capitaine Bourceret s'enfonça résolument dans la montagne en faisant garder sa ligne de retraite par les tirailleurs. L'heure de sa rentrée au camp ayant été fixée par le général, la reconnaissance dut être réglée de manière à ne pas dépasser la limite de temps déterminée. Le pays parcouru par la reconnaissance était à peu près vide de sa population. Cette circonstance s'expliquait d'ailleurs par la proximité de notre camp, et par la crainte de nous voir inopinément envahir le djebel en remontant le cours de l'ouad Mzi. Les Ghemantha s'étaient retirés, sans aucun doute, dans l'intérieur du pays pour s'y mettre à l'abri de toute surprise de notre part.

Le 21 mai, un bataillon du 42e de ligne, aux ordres du colonel Dumont, arrivait au camp, monté sur des chameaux, pour renforcer la colonne du général Yusuf, et lui permettre de faire, au besoin, des détachements pouvant opérer dans des directions différentes. C'était un spectacle bizarre de voir cette troupe française — toute nouvelle en Afrique — se déroulant en caravane dans la grande vallée qui s'étendait jusqu'à Tadjmout en passant au-dessous de notre camp. Ces petits fantassins, perchés sur la croupe de ces gigantesques montures, et subissant ce mouvement de tangage particulier à l'espèce caméllenne, ces groupes qui, trouvant sans doute plus de sécurité dans l'emploi de leurs jambes que dans l'ascension du chameau, marchaient sur les flancs de la colonne, tout cela formait un assemblage d'un effet assez piquant.

Par suite de l'arrivée de cette troupe, la colonne reçoit une organisation nouvelle ; elle est formée en brigades, régiments, bataillons et escadrons de marche. La brigade d'infanterie, mise sous le commandement du colonel Archinard, se compose de deux régiments de marche (colonel Dumont et commandant Berthe) ; la brigade de cavalerie, aux ordres du colonel Abdelal, compte également deux régiments de marche (commandants Petiet et Delarclauze). L'effectif de la brigade d'infanterie (quatre bataillons) est forte de 2,147 baïonnettes ; la brigade de cavalerie (six escadrons) compte six cents sabres.

Ainsi constituée, cette colonne était en état de parer à toutes les éventualités ; elle avait, de plus, assez de mobilité pour être portée rapidement là où sa présence aurait pu être réclamée.

Le général Yusuf, dont la division continuait à jouir du calme le plus absolu, espérait toujours que sa colonne serait appelée à agir dans le sud de la province d'Oran. Des nouvelles qu'il reçut dans la journée du 22 mai lui donnèrent à penser que son projet avait été adopté, et qu'il allait pouvoir, répondant au désir de ses troupes, les mener à l'ennemi. C'est dans cette persuasion qu'il leur adressait l'ordre du jour suivant :

« Soldats !

» Je reçois à l'instant la nouvelle que nous allons trouver l'ennemi. Ma confiance en vous me fait désirer impatiemment le moment de le rencontrer. Vous aurez à subir quelques privations, quelques fatigues ; mais je sais que votre constance et votre énergie sauront facilement les surmonter. L'accomplissement de l'honorable tâche qui nous échoit sera déjà pour nous une récompense.

» Au bivouac d'El-Ghemantha, le 22 mai 1861.

» *Le général de division*
commandant la colonne expéditionnaire du Sud,
» *Signé* : Yusuf. »

Ce jour-là ce fut fête dans le camp ; la joie était dans tous les cœurs et sur tous les visages ; on allait donc enfin prendre part à la lutte et cesser ce rôle expectant qui est si peu dans les goûts des Français. Le général ne disait pas où il espérait rencontrer l'ennemi. Était-ce, se demandait-on, dans le Djebel-'l-Amour ? Était-ce dans le sud de la division d'Oran ? Mais qu'importe, pourvu qu'on le rencontre ; on n'en exigeait pas davantage. La colonne fut complétée en cartouches et alignée en vivres jusqu'au 28 : cela présageait évidemment une marche à quelques jours de nos magasins. Les ordres de départ ont été donnés pour le lendemain 23 ; on ignore la direction que prendra la colonne.

Le 23 mai, à quatre heures du matin, la colonne levait son camp des Ghemantha, et la tête suivait le fanion de direction qui avait pris la route d'Aïn-Madhi. Le jeune chikh Ahmed-et-Tedjini ne manqua pas de venir au-devant de nous, et nous en fûmes bien heureux ; car son burnous vert était la fraîcheur de notre œil, et, dans ces espaces désolés, la vue de cette verdure faisait le plus grand bien.

La colonne va poser son camp à cheval sur la conduite d'eau.

Mais le plaisir de marcher aux rebelles fut empoisonné par l'arrivée d'une dépêche télégraphique qui nous annonçait la mort du maréchal duc de Malakoff : il avait cessé de vivre la veille, 22 mai, à deux heures de l'après-midi. Cet homme de fer ne s'était pas rendu sans combattre : conservant son indomptable énergie jusqu'au bout, il avait osé lutter corps à corps avec la mort. C'est une grande figure que l'avenir grandira encore ; car ce ne pouvait être un homme ordinaire celui qui mena à bonne fin cette œuvre de géants que la France était allée tenter par-delà les mers, œuvre qui se termina par les débris ensanglantés de Sébastopol. La France perdait en lui un vigoureux soldat, et l'Algérie, sa terre de prédilection, son ami le plus ancien et le plus passionné. Le général de Martimprey, sous-gouverneur, exerçait dès lors, en attendant les ordres de l'Empereur, tous les pouvoirs du Gouverneur-général.

Le 24, la colonne quittait Aïn-Madhi à midi, et, prenant une direction sud-ouest, allait établir son bivouac sur un plateau sans eau qui, pour cette raison, fut appelé *Blad-'l-Atheuch* (pays de la soif).

Cette marche de notre colonne le long du versant sud du Djebel-'l-Amour, et cette reconnaissance chez les Ghemautha n'avaient pas été sans donner de vives inquiétudes aux populations de cette montagne. Quel projet pouvait cacher cette manœuvre? Était-il dans nos vues d'envahir le djebel? Dans le cas de l'affirmative, par quel point devions-nous y pénétrer?

En présence de cette incertitude et sous les appréhensions que leur causait cette menace, les gens du Djebel-'l-Amour avaient fait appel à ceux de leurs contingents qui marchaient avec Sid Mohammed-ben-Hamza, et les engageaient à se hâter de venir défendre leurs foyers menacés. Cette crainte avait donc produit cet excellent résultat de détacher de la cause des rebelles les forces que les tribus âmouriennes lui avaient fournies; elle diminuait d'autant les contingents qu'avait devant lui le général commandant la division d'Oran. La marche du général Yusuf dans l'ouest de sa division était donc incontestablement une bonne manœuvre.

Les contingents du Djebel-'l-Amour s'étaient hâtés de rentrer dans leur montagne, d'où ils suivaient avec anxiété les mouvements de notre colonne. Ainsi, aujourd'hui, des cavaliers et de nombreux fantassins, supposant sans doute que notre intention était de pénétrer dans la montagne par le défilé de l'ouad R'eddad, avaient pris position à l'entrée de ce passage, dans le but probable de nous le disputer. Mais cette opération n'entrait pas, pour le moment, dans les vues du général; il n'était pas autorisé, d'ailleurs, à agir sur le Djebel-'l-Amour, qui, nous le savons, fait partie de la province d'Oran. Le général continuait donc imperturbablement sa marche dans l'ouest sans se préoccuper d'une situation qui n'avait rien d'inquiétant, et en remettant au moment qu'il croira opportun l'exécution de ses combinaisons sur le Djebel-'l-Amour.

Il eût été difficile de trouver un bivouac plus complètement triste que celui de Blad-'l-Atheuch: pas d'eau, pas de bois, et, pour tout fourrage, une halfa rabougrie, rare et hérissée comme la chevelure d'un crétin. Nos tentes se dressaient sur un sol cendré, tacheté de plaques jaunâtres, rocailleuses, dans lesquelles les piquets refusaient obstinément de mordre. Un vent de sud-ouest, roulant dans l'air des nuages de sable gris-sale, épais à en obscurcir le ciel, nous jette au visage des poignées de gravier qui, certainement, nous aveugleraient si nous n'avions eu la précaution de nous munir de lunettes vertes grillagées d'un treillis métallique à mailles serrées. Nous croyons superflu de jurer que la coquetterie n'est pour rien absolument dans l'emploi de ce genre de bésicles, puisque les militaires qui s'en revêtent sont fatalement obligés de ressembler à des caméléons, — oculairement, bien entendu, — et l'on sait combien, de la part de ces sauriens, la prétention à la beauté plastique serait difficilement soutenable. Les lunettes vertes ont encore un avantage précieux et qu'on ne saurait nier, c'est celui de verdir le fauve Sahra, et d'exalter l'imagination du voyageur au point de le persuader qu'il parcourt les vertes prairies de la Normandie.

Le 25, la colonne quittait son affreux bivouac de Blad-'l-Atheuch à quatre heures du matin, et prenait la direction du ksar de Tadjrouna. Elle rencontrait à hauteur de l'ouad El-Besbas, qui sort du Djebel-'l-Amour par le col de Tagout, la population de ce ksar, qui venait au-devant du général pour lui faire ses souhaits de bienvenue. Ces ksariens, aussi enthousiastes que déguenillés, ont voulu que leurs femmes — les plus vieilles — prissent part à la joie dont leur cœur débordait en nous voyant.

Bien qu'ils appartinssent à la province d'Oran, les gens de Tadjrouna n'en disent pas moins au commandant de la province d'Alger combien ils sont heureux de sa visite : ils prouvent ainsi qu'ils ne sont point imbus de cet étroit esprit de minaret qui repousse tout ce qui n'est pas sien.

Nous sommes bientôt en vue de Tadjrouna. Ce ksar semble un vaisseau échoué sur une mer à vagues de couleur ocre; autour, c'est pelé, roussi, desséché, bossué comme un suaire recouvrant un cadavre. Cette monochromie enveloppe, noie le ksar, qu'on dirait affaissé sur une peau de lion. De longues lignes rocheuses courent à fleur de terre du nord-ouest au sud-ouest, et traversent d'outre en outre les ondulations à soulèvements flasques qui moutonnent le sol. A quinze cents mètres environ dans le sud, sur un mamelon jaunâtre, s'élève une koubba renfermant le tombeau de Sidi Ben-Youcef, de la famille, nous dit-on, de l'illustre et satirique marabouth Sidi Ahmed-ben-Youcef, le faiseur de proverbes. Au loin, dans l'ouest, l'horizon est borné par la chaîne du Djebel-Khelal qui appuie sa corne est à la rive droite de l'ouad El-Malah.

La colonne pose son camp, au nord du ksar, sur un terrain nu, à déclivité presque insensible, et dominant la vallée de l'ouad Tadjrouna.

Nous avons dit, au commencement de ce livre, que la tribu des Oulad-Yâkoub-ez-Zerara emmagasine une grande partie de ses grains dans le ksar de Tadjrouna ; nous savons aussi que, le 19 mars, toute cette tribu, à l'exception de trois petits douars, faisait défection et quittait le Djebel-'l-Amour, où elle était campée, pour se porter sur Tadjrouna et l'enlever. Nous avons vu le kaïd des Oulad-Yâkoub, Zir'em-ben-Fathmi, qui nous est resté fidèle, attaquer les dissidents de sa tribu avec quelques cavaliers qui lui sont dévoués, leur tuer un homme et leur en blesser deux, continuer sa poursuite, atteindre les transfuges, et leur enlever 300 moutons et 80 chameaux, acte de vigueur qui, pourtant, n'avait pas empêché les Oulad-Yâkoub de faire leur jonction avec Sid Sliman-ben-Hamza. Nous avons vu ce même chef des rebelles tenter, mais vainement, dans les premiers jours d'avril, de se faire livrer les approvisionnements de grains de Tadjrouna.

Malgré les efforts du kaïd de Tadjrouna, près de la moitié de ses administrés avaient quitté le ksar et embrassé la cause du marabouth. En abandonnant leurs demeures, les Tadjrouniens les avaient laissées remplies de céréales leur appartenant, ou déposées chez eux par les tribus qui emmagasinent dans leur ksar. Il était de bonne guerre de s'emparer de ces grains. Vingt-six maisons des rebelles furent marquées, comme celles d'Israël, d'un signe rouge ; mais, à l'opposé de ce qui se passa en Égypte, ce signe, au lieu d'être préservatif, indiquait au contraire à l'ange exterminateur, à l'Administration, voulons-nous dire, les portes auxquelles il fallait frapper.

Le ksar de Tadjrouna est bâti sur la rive gauche de l'ouad du même nom, rivière sans eau, dont le thalweg n'est marqué que par une ride sans profondeur. Cinquante puits, donnant pour la plupart de l'eau saumâtre, sont creusés dans le lit de la vallée : ils servent aux besoins des habitants et aux irrigations de quelques maigres jardins sans arbres, où les habitants font des navets et des oignons. On trouve aussi, sur la rive droite de l'ouad, quelques champs d'orge de la superficie d'un mouchoir de poche ; c'est ce que les Beni-Tadjrouna appellent pompeusement leurs moissons.

Le ksar s'élève en rase campagne ; l'enceinte se forme généralement des murs extérieurs des maisons ; cependant, ceux de la face ouest, où s'ouvre la porte du ksar, sont d'une grande élévation et présentent une certaine solidité. Des tours se dressent aux angles de cette bourgade avec la prétention évidente, mais vaine, de donner des flanquements. Le côté nord-ouest est fortement ébréché, et des amas de sables, apportés par les vents, paraissent vouloir tenter l'assaut des murailles du ksar.

On remarque encore autour de Tadjrouna la trace d'un fossé de défense que creusèrent les habitants en 1849, lors de l'incursion que firent les Zegdou (1) sur leur territoire.

Les maisons de Tadjrouna, dont le ton général est gris-cendré, sont bâties en briques cuites au soleil ; ces constructions, au nombre de cent environ, sont généralement solides et passablement distribuées. Les rues sont assez droites et d'une bonne largeur. On n'y voit que fort peu, contrairement à ce qui se remarque dans les autres ksour, de ces maisons ruinées pleurant leurs débris sur la voie publique. A l'intérieur, Tadjrouna est un ksar de bonne mine ; c'est bien certainement ce que nous avons vu de mieux dans la province d'Oran.

Tadjrouna possède une mosquée que ses murs blanchis à la chaux indiquent suffisamment à la piété des fidèles ; elle ne pa-

---

(1) On nomme ainsi des contingents des tribus du sud marokain qui se réunissaient tous les hivers pour faire, dans l'Est, des incursions qu'ils poussèrent jusqu'au pied du Djebel-'l-Amour. Le commandant supérieur du cercle de Géryville, le capitaine de Colomb (aujourd'hui général), leur donna, en 1855, à quelques lieues de Figuig, une leçon qui paraît les avoir dégoûtés de ces sortes de razias.

rait que médiocrement fréquentée, et son luxe intérieur ne doit pas être ruineux pour les Croyants.

La population de Tadjrouna passe pour avoir des mœurs d'une limpidité douteuse; elle serait, dit-on, débauchée, querelleuse, sans respect pour la propriété d'autrui, et cette déplorable manière d'être, qui suscite des occasions de vengeance ou de représailles, lui mettrait trop souvent les armes à la main. A chaque instant, l'autorité du kaïd est méconnue; la guerre est alors dans les rues, et le résultat de ces violences regrettables est toujours la mort de quelque Tadjrounien; dans ce maudit ksar, le cadhi n'en finit pas de régler les affaires de sang.

Autrefois, les gens de Tadjrouna s'occupaient de la fabrication des éperons, des mors, des selles et des harnachements. Aujourd'hui, cette industrie y est très-languissante et sans importance.

Du temps de l'émir Abd-el-Kader, les gens de Tadjrouna, comme tous ceux des ksour qui ne cultivent pas le palmier, lui payaient l'âchour (le dixième) sur les grains qu'ils allaient acheter dans le Tell.

Tadjrouna, bien qu'en dehors du massif montagneux, faisait partie autrefois de l'aghalik du Djebel-'l-Amour; le ksar était alors divisé en quatre fractions pouvant fournir ensemble cinquante fusils et quinze chevaux. Aujourd'hui, Tadjrouna est à la main du commandant supérieur du cercle de Géryville.

L'opération de la razia des orges s'exécuta à l'heure ordonnée; les maisons marquées du signe fatal furent ouvertes par la commission et vidées des céréales qu'elles contenaient. Malgré la plus active surveillance des officiers chargés de cette mission, il ne leur fut pas possible d'empêcher les gens du ksar — les fidèles — de se livrer, par imitation peut-être, à la même besogne que la commission, c'est-à-dire de faire passer chez eux une assez grande quantité des orges des rebelles. Il serait possible que ce fût avec l'intention charitable de les leur rendre; nous ne l'affirmerions pourtant pas.

Cette opération touchait à sa fin. Les goums et les sokhkhrara ne voyaient pas — on le pense bien — avec indifférence ces nombreux sacs de céréales bien pansus, bien bouffis, leur passer effrontément sous le nez; et bien qu'ils dussent aussi en profiter, ils eussent cependant préféré se faire leur part eux-mêmes; et puis, il était probable que les maisons marquées de rouge ne renfermaient pas que de l'orge ou du blé, et cette pensée leur faisait regretter encore bien plus qu'on ne leur eût pas confié cette opération de transvasement. Comme ils s'en seraient acquittés à fond !

Il est cinq heures du soir; ils n'y peuvent plus tenir. Quelques-uns des cavaliers du goum, attirés par le fumet de la r'azia, s'approchent de la brèche de la face nord, — la porte du ksar est gardée, — et tendent le nez comme pour aspirer les parfums de beurre rance qui arrivent jusqu'à eux. Ma foi ! ils ont assez résisté : ils escaladent la brèche, et les voilà dans le ksar. L'exemple est contagieux : des groupes accourent et prennent la même direction; le gros du goum et des requis, pensant, sans doute, que le pillage est autorisé, se ruent à l'assaut de la muraille; à l'instar des Titans, ils se grimpent sur les épaules, sur la tête, pour atteindre les terrasses; c'est une série de chapelets humains qui se nouent, se hissent, s'escaladent dans un désordre, un pêle-mêle, un fouillis de bernous terreux qui se confondent avec les sables amassés le long de la face attaquée. C'est pittoresque; mais il y a erreur de la part des goums et des sokhkhrara, et les gardes et les piquets se précipitent sur les assaillants pour les en avertir. Les aghas, les kaïds, les cheikhs chefs de goum sont montés à cheval et se ruent sur cette foule avide de butin, dans laquelle ils font des trouées avec le poitrail de leurs chevaux; le bach-agha du Tithri, Ben-Yahia-ben-Aïça, également à cheval, brandit et laisse souvent tomber sa *heussoula* (massue) sur les têtes qui sont dans le rayon d'action de ce terrible instrument. Sous l'influence d'un avis aussi énergique, les goums reconnaissent bientôt qu'ils se sont trompés, et ils reprennent, l'oreille basse, le chemin de leur camp. Quelques-uns de ces cavaliers et requis, qui avaient déjà pénétré dans le ksar, tombent entre les mains des piquets et sont ramenés au camp, où un châtiment exemplaire leur était immédiatement infligé.

Le bach-agha Ben-Yahia-ben-Aïça est une bien curieuse figure : malgré l'élévation de sa position, ce n'est point pourtant un grand seigneur ; il n'e[illegible] pas non plus les allures ; ce qui n'empêche pas, du reste, qu'il ne nous ait rendu, — tout le monde s'accorde à le dire, — d'ex[illegible]llents et remarquables services.

Le bach-agha Ben-Yahia paraît avoir de cinquante-cinq à soixante ans (1) ; il e[illegible]t posse[illegible]ur, comme le général Daumesnil et le maréchal de Rantzau, d'[illegible]ambe de bois qu'il n'a pas *gagnée*, je crois, de notre c[illegible] imperfection ne lui a rien ôté cependa[illegible] [illegible]e sa prodi[illegible] activité.

Ben-Y[illegible] a tous le[illegible] instincts, toutes les aptitudes de l'homme de guer[illegible] — pas de celui de nos jours qui tue son adversaire poliment. — Ainsi, Ben-Yahia n'est pas homme à dire aux ennemis à la bataille de Fontenoy : « A vous, messieurs les Anglais ! » Ben-Yahia, da[illegible] [illegible]irconstance, aurait plutôt tiré deux fois qu'une, s[illegible] [illegible]pu, et il est probable que sa conscience ne lui en aurait pas fait le moindre reproche. Ben-Yahia est donc le routier de notre moyen-âge, l'homme des aventures de guerre où la courtoisie raffinée n'a rien à voir ; ce qu'il aime par-dessus tout, — comme tous les Arabes, — c'est la guerre au butin, la r'azia avec ses ruses, ses finesses, ses stratagèmes, ses piéges, ses embûches. Du reste, si Ben-Yahia aime le butin, — il faut lui rendre cette justice, — ce n'est pas pour l'emmagasiner ; car il a toujours été grand donneur, très-généreux, et, comme conséquence de cette vertu, l'infortuné bach-agha, livré aujourd'hui aux Hébreux comme le Messie, finira par laisser entre leurs mains, sinon la vie, mais tout au moins son dernier bernous. Et puis, il faut dire encore que, s'il adore la r'azia, c'est parce qu'elle est une occasion de poudre, ce parfum des hommes de cœur.

Ben-Yahia a été bien beau autrefois, — pas à la manière d'Antinoüs, il s'en faut de beaucoup, — mais beau de la beauté des guerriers ; et les Oulad-Naïl pourraient nous en [illegible]nter des nouvelles, ceux qu'il a laissés vivants, bien entendu. Comme il était superbe à la tête des guerriers de ses goums, lorsqu'ils filaient, le corps en avant, dans leurs bernous blancs flottants, pareils à une nuée d'albatros courant sur la vague et l'effleurant

(1) Nous rappelons de nouveau que ces lignes ont été écrites pendant l'expédition, c'est-à-dire en 1861.

à peine ! Comme il était habile à diriger une r'azia, à surprendre au saut du *frach* des douars qui le croyaient encore au diable ! Quel réveil il donnait à l'ennemi quand, avec son monde, il tourbillonnait, l'œil en feu, la narine dilatée, autour de ces tentes pleines de butin, autour de ces *dthathtch* (palanquins) chargés de femmes, autour de ces troupeaux chargés de graisse et de laine ! Cris des hommes, pleurs des femmes, bêlements des troupeaux, bruits de la poudre ! Quelle délicieuse et enivrante musique pour Ben-Yahia ! C'est la vie, la joie, le bonheur ! Ah ! pourquoi le Prophète a-t-il oublié ces jouissances-là dans son paradis de la chair !

Aujourd'hui que l'âge a jeté ses glaces sur les instincts virils de Ben-Yayia, il fait pourtant encore assez bonne figure à la tête d'un goum. Voyez-le assis sur sa selle à la manière de nos femmes, suivi de son porte-jambe portant gravement le membre ligneux de son maître ; voyez-le, sa massue — son bâton de commandement — à la main, filant au galop sur un cheval qui lui obéit comme s'il se sentait deux chabirs aux flancs ! Où va-t-il ? Son œil vert-foncé fouille l'espace, sa grosse lèvre lippue, marque du sensualisme, s'agite d'un frémissement nerveux comme si elle devinait une proie à dévorer, sa main serre convulsivement sa *keuzzoula* : soyez-en sûr, Ben-Yahia-ben-Aïça a senti les fumets d'une émigration, et, dès lors, malheur aux vaincus ! car Ben-Yahia n'est pas près de revêtir sa jambe.

Ben-Yahia a les qualités et les défauts de sa race ; mais c'est un homme qui a toujours été à nous et qui ne peut être qu'à nous ; c'est un homme qui nous a rendu de signalés services, et qui a encore de la valeur, puisque le marabouth Sid Mohammed-ben-Hamza a cherché à le tenter ; Ben-Yahia est, de plus, commandeur de la Légion d'Honneur. Conservons soigneusement les fidèles quand nous les trouvons, et ne laissons jamais tomber les gens que nous avons élevés, quand bien même c'eût été sans raison.

La terre de Tadjrouna nous est inclémente. Le soir du 25, une tempête épouvantable assaillait notre camp : des nuées de sable, soulevées par des courants opposés, se dressaient en trombes jaune-sale ; ces trombes se précipitaient en tournoyant à la rencontre l'une de l'autre ; elles se saisissaient corps à corps comme des lutteurs, s'étreignaient, se déroulaient, revenaient de nouveau à la charge, luttaient avec la tête dans le ciel, se pénétraient, se vissaient en terre, puis finissaient par se confondre, s'absorber, et la trombe victorieuse emportait la vaincue dans un tourbillonnément vertigineux. Malheur aux tentes que rencontre la trombe sur son passage ! Elles sont immédiatement tordues, déracinées et emportées dans le courant. Les effets d'habillement, les papiers précieux prennent leur vol en suivant le mouvement ; c'est une débâcle, un renversement, un tohu-bohu indescriptibles. Les tentes moins sérieusement attaquées se battent néanmoins les flancs comme des lions furieux ; elles cherchent à rompre les entraves qui les retiennent au sol ; l'habitant se cramponne aux montants ; il essaie de retarder la chute de l'édifice ; mais c'est en vain : un dernier coup de vent, et l'établissement de toile s'effondre en engloutissant sa victime. Puis la tempête se calme, et l'on voit les engloutis se dépêtrer comme ils peuvent et sortir à quatre pattes de dessous les décombres.

Ce désordre des éléments s'était maintenu pendant une grande partie de la nuit du 25 au 26 ; le matin, nous étions littéralement ensevelis dans un linceul de sable, et nous pouvions nous faire une idée de ce que doivent éprouver les enterrés vivants.

L'ordre du jour du 22 mai, qui nous annonçait que nous allions enfin rencontrer l'ennemi, notre marche sur Tadjrouna où nous arrivions le 25, notre proximité des tentes des rebelles qu'on nous disait être entre El-R'açoul et Brizina, huit jours de vivres dans le sac des soldats, l'organisation, le 26, de la colonne en colonne légère, l'établissement d'un biscuit-ville à Tadjrouna où nous déposions nos bagages, tout cela n'avait pas été sans mettre un peu le feu au cœur de notre petite armée ; on y faisait bon marché des trombes, du soleil, des marches pénibles dans la halfa et dans les sables, et de l'eau salée à tous les repas : on sait bien, se disait-on, qu'il ne saurait y avoir de plaisir sans peine. Allons ! voyons de près ces Bédouins que les rapports des commandants des colonnes d'Oran disent si audacieux, si fanatiquement ardents. « Des Bédouins qui attaquent des colonnes françaises ! grommelaient les vieux Africains ; c'est nouveau, et nous voudrions bien voir cela ! Il paraît qu'ils se sont singulièrement *bravifiés* à notre contact ! Autrefois, ce n'était que de la canaille tous ces goumiers-là, et nous ne leur avons jamais fait l'honneur que de notre canne... Ils seraient donc bien changés, ajoutaient-ils d'un air de doute ! » Mais les vieux soldats, vous savez ce que c'est ! ça ne croit pas à grand'chose ; ils ne croient même aux balles que lorsqu'ils en ont plein le corps. Quant aux jeunes, — les chauvins, — ils jalousaient tout simplement leurs camarades des colonnes d'Oran, et ils allaient jusqu'à les accuser — mais très-sérieusement — d'accaparer les ennemis pour eux seuls.

Nous pensions donc que notre colonne allait être appelée à combiner son action avec celle du général commandant la division d'Oran. Mais, pour ceux qui connaissaient le pays ou qui *potassaient* la carte, -- selon l'expression des jeunes officiers, — il y avait bien quelques difficultés dans l'exécution ; car, disaient-ils, dans l'hypothèse où les tentes et les troupeaux des rebelles seraient entre El-R'açoul et Brizina, sur les eaux de Sadana, par exemple, qu'elle pouvait être la combinaison à mettre en œuvre pour les faire tomber entre nos mains ? Il s'en présentait deux. Commençons par dire qu'on ne pouvait atteindre ce but directement, c'est-à-dire en piquant par une ligne droite sur Brizina ; il n'y a ni chemin, ni eau. Nous étions donc réduits à remonter vers le nord-ouest en prenant le défilé de Kheneg-el-Meleh, les points de Mokthâ, de Hammouïda, de Bou-Alem, et, faisant tout-à-coup à gauche, à nous laisser tomber sur El-R'açoul. Il nous fallait quatre jours pour opérer ce mouvement qui, en supposant sa praticabilité, n'avait d'autre intérêt que de séparer les rebelles de leurs familles et de leurs biens. Il est supposable, du reste, que les tentes des insurgés ne nous auraient pas attendus, et qu'elles auraient poussé dans le sud-ouest sur El-Abiodh-Sidi-Ech-Chikh.

La seconde combinaison était de filer au sud sur l'ouad Zergoun, de le descendre jusqu'au r'dir d'El-Habchi, et de piquer dans l'ouest sur Brizina. Mais il fallait être sûr de trouver de l'eau dans les r'dir de l'ouad Zergoun et dans les puits d'El-Makhoukhia ou de Kert en quantité suffisante pour une colonne de près de 3,000 hommes et de 600 chevaux, sans compter les goums. D'ailleurs, les populations pouvaient encore prendre une très-grande avance sur nous, et il ne nous était guère possible de les poursuivre au-delà de trois ou quatre jours de marche de notre biscuit-ville de Tadjrouna.

Cette pointe dans l'ouest avait, en outre, l'inconvénient de permettre aux insurgés de se jeter dans notre division, — mouvement qu'ils avaient déjà dessiné, — pour donner la main aux rebelles du Djebel-'l-Amour ; elle rendait leur liberté de manœuvre à ceux-ci, et laissait à leur disposition notre ligne de communication, la route de Laghouath, d'où nous tirions nos ravitaillements. Il était donc *trop tard* pour que notre concours, de quelque façon qu'on nous le demandât, eût quelque chance d'efficacité. Néanmoins, nous espérions encore, surtout quand nous avons appris qu'à la date du 24 mai, le général commandant la division d'Oran revenait de Khoneg-es-Souk, chassant devant lui les populations insurgées qui étaient venues faire boire leurs troupeaux à Khoneg-Azir, et les refoulant dans le massif montagneux du Ksal.

Le lendemain 27, la colonne comprit qu'il fallait renoncer à l'espoir d'opérer dans l'ouest, quand le général, en présence des difficultés et des inconvénients que soulevait le mouvement qu'il avait projeté, mouvement dont aujourd'hui le succès était plus que douteux, fit reprendre les bagages et supprimer le biscuit-ville. Du moment qu'il ne fallait plus penser à l'ouest, nous nous étions rejetés sur l'espérance de dévorer le Djebel-'l-Amour, que nous tenions sous notre griffe. Ce n'était pas de notre province ; mais, ma foi, tant pis ! les circonscriptions administratives doivent s'effacer devant l'intérêt général, et nous étions d'autant plus fondés à penser ainsi, que notre commandant de colonne a dit quelque part dans son livre *De la Guerre d'Afrique* : « Si le commandant d'une colonne se trouve à portée d'une tribu coupable, il doit la frapper sans hésiter, bien qu'elle n'appartienne pas à sa subdivision, et sans crainte de froisser la susceptibilité du chef dans le ressort duquel elle se trouve. Il doit avoir soin seulement de le prévenir immédiatement de ce qu'il a fait. » Du moment qu'il ne s'agit que de prévenir immédiatement, on préviendra.

L'amertume qu'éprouvait la colonne en se réalourdissant de

ses bagages fut adouci par une bonne nouvelle. Dans la soirée du 27, le bruit se répandit que nos goums venaient d'avoir un succès sur les gens du Djebel-'l-Amour auprès d'Aïn-Madhi. En effet, l'ordre suivant ne tardait pas à nous mettre au courant de cette honorable affaire de guerre :

« Le général commandant la division s'empresse de porter à la connaissance de la colonne la nouvelle suivante qu'il reçoit à l'instant :

» M. le capitaine Letellier, chef du bureau arabe de Laghouath, parti ce matin à trois heures et demie du camp, avec le goum des Arbaâ, pour se rendre à la rencontre d'un convoi venant de Laghouath, sous l'escorte de 50 hommes du 1er de Tirailleurs et de 50 spahis commandés par M. le capitaine Pellas, du 1er de Spahis, a trouvé ce convoi attaqué, à peu de distance d'Aïn-Madhi, par une troupe de 500 révoltés du Djebel-'l-Amour. Le goum des Arbaâ, conduit avec vigueur par M. le capitaine Letellier, a chargé l'ennemi à fond et l'a mis en pleine déroute. Les insurgés ont perdu 160 hommes environ tués ou blessés, et ont laissé entre les mains de nos cavaliers 24 prisonniers, 172 fusils et un drapeau.

» Le détachement du 1er Spahis, en chargeant vigoureusement l'ennemi de son côté au moment de l'arrivée du goum, a puissamment contribué au succès. Le brigadier français Ollier a été grièvement blessé de quatre coups de couteau; un autre brigadier français, Bouïa, a eu son cheval tué; le goum a eu deux hommes tués et un blessé.

» Le détachement du 1er Tirailleurs, commandé par M. le sous-lieutenant Pierron, a montré la plus grande fermeté dans la défense du convoi, dont l'attaque avait déjà coûté 14 hommes à l'ennemi avant l'arrivée du goum.

» Cette affaire fait le plus grand honneur aux détachements du 1er de Tirailleurs et du 1er de Spahis, qui avaient déjà été attaqués la nuit précédente à Tadjmout par des contingents du Djebel-'l-Amour, ainsi qu'au goum des Arbaâ, qui a montré la plus grande ardeur à marcher à l'ennemi.

» Le général n'attendait pas moins de l'énergie des officiers, de la solidité des troupes, et du dévouement des goums.

» Au bivouac de Tadjrouna, le 27 mai 1864.

» *Le général de division commandant la colonne expéditionnaire*,

» Signé : YUSUF. »

En même temps que nous apprenions le succès de nos camarades, des bruits sinistres sur la situation du Tell commençaient à circuler dans le camp : on disait que les Flita s'étaient révoltés, et qu'ils avaient attaqué le poste d'Ammi-Moussa ; on ajoutait que, dans le Tell de la province d'Oran, tout craquait et s'effondrait, que le Hodhna se remuait activement : c'était une révolte générale qui se rattachait, disait-on, aux soulèvements de la Tunisie, et qui menaçait d'embraser tout le pays musulman.

Bien que nous fissions la part de l'exagération, la situation n'en paraissait pas moins assez sombre, et nous demandions ce que tout cela allait devenir. Il va sans dire qu'il n'y avait guère qu'un sentiment de curiosité dans notre point d'interrogation ; car, avec une colonne aussi vigoureusement composée que l'était la nôtre, nous pouvions nous flatter de traverser le Sahra assez crânement.

Nous avons vu plus haut que la colonne du général Liébert s'était portée de Tagguin sur El-Beïdha, à la pointe nord du Djebel-'l-Amour, puis, de là, pendant que nous marchions sur Tadjrouna, elle avait fait un mouvement dans l'est pour couvrir Djelfa et maintenir les Oulad-Naïl. Sa présence à Aïn-el-Hadjeur n'étant plus d'un intérêt si pressant sur ce point, puisque notre pointe dans l'est de la province d'Oran ne se faisait pas et que nous revenions sur Laghouath, cette colonne pouvait sans inconvénient remonter vers le Tell, où l'appelait le Sous-Gouverneur. Aussi, à la date du 27 mai, le général commandant la division transmettait-il au général Liébert l'ordre de se porter sur Teniet-el-Ahd par Tagguin, à journées ordinaires et sans rien forcer, pour éviter de donner l'éveil aux populations dont il avait à traverser le territoire. Sa mission était d'empêcher l'insurrection des Flita de s'étendre à l'est de l'Ouarsenis.

Le 28 mai, à trois heures et demie du matin, la colonne quittait, non sans jeter un regard de regret dans l'ouest, cet affreux pays de Tadjrouna où tout, jusqu'aux éléments, s'était ligué contre nous, et nous reprenions la route d'Aïn-Madhi, où nous devions nous rendre en un jour.

Le sol était couvert de myriades de petites sauterelles qui n'avaient plus qu'à grossir, — ce qui ne devait pas être long, — pour compléter une nouvelle édition de la neuvième des dix plaies d'Égypte.

A trois heures, nous arrivions devant Aïn-Madhi, et nous dressions nos tentes sur notre ancien emplacement.

Une heure après notre arrivée au camp, les vainqueurs de la veille, les Arbaâ, promenaient fièrement autour des faces du bivouac, musique en tête, les dépouilles des vaincus, c'est-à-dire les armes que les rebelles du Djebel-'l-Amour avaient laissées sur le terrain du combat.

Le lendemain, 29 mai, la colonne eut encore un accès de joie : on y disait que le général Yusuf venait d'être autorisé par le Sous-Gouverneur à pénétrer dans le Djebel-'l-Amour où étaient rentrées les populations rebelles. Cette nouvelle ne fit plus un doute quand parut, dans la journée, l'ordre d'établir un biscuitville dans la ferme du kaïd Rian et de se former en colonne légère, c'est-à-dire de déposer les bagages et les impédiments qui ne sont pas strictement nécessaires. En effet, depuis le général jusqu'au dernier soldat, chacun en fut réduit à n'avoir pour tout toit que celui de la petite tente abri, habitation dans laquelle on ne peut pénétrer qu'à quatre pattes ; c'est un peu moins que le bagage de l'escargot ; car enfin ce mollusque pulmoné emporte avec lui tout son établissement, tandis que nous, en ne nous chargeant que d'un côté de tente, nous ne nous donnions ce luxe qu'au quart.

Les officiers français, il faut bien l'avouer, n'ont qu'un goût médiocre pour la simplicité des colonnes légères. Il est pénible, en effet, lorsqu'on a nagé dans le confortable de la grande tente, — où l'on peut se tenir debout, — de se voir réduit à terrer, — tailler vaudrait mieux, — comme une bête fauve, dans un logis triangulaire qui n'a rien de commun avec la forme matérielle de l'homme ; et puis, en résumé, il y a là une question de dignité et de considération personnelle sur laquelle nous appelons toute l'attention des Taconnet et des Godillot de l'avenir. Voyez-vous d'ici un officier général entrant chez lui en rampant, et faisant prendre cette position, à quelques pas de son terrier, aux ambassadeurs des nations qui viennent traiter avec lui de la paix ou de la guerre ? Mieux vaut, bien certainement, au point de vue de cette dignité dont nous parlions tout-à-l'heure, la belle étoile ou l'ombre d'un vieux chêne — quand il y en a. — Ayons des rhumatismes, s'il le faut ; mais soyons dignes ! ou alors frétons un mulet ou un chameau de plus, et laissons leur grande tente aux officiers (dussent-ils y être casés par chambrées de cinq ou six), et surtout aux commandants de colonnes. Du reste, selon nous, dans une colonne comme ailleurs, le bien-être matériel doit être hiérarchisé, c'est-à-dire qu'il faut que chacun, — suivant l'expression du troupier, — en ait pour son grade ou plutôt en raison de son grade ; et ceci est d'autant plus près de la logique que, dans certaines occasions que vulgairement on appelle des *coups de chien*, les petits ne viennent pas, — et nous ne leur en faisons pas un crime, demander la part des grands.

C'est une grave erreur de croire qu'un commandant de colonne doive nécessairement, pour avoir l'estime de sa troupe, manger la même soupe et le même biscuit que ses soldats. Cela ne trompe personne que celui qui s'astreint à cette sorte de spartiatisme ; c'est absolument comme les gens qui portent perruque, et qui sont les seuls à se figurer que cela ne se voit pas. Le soldat sait bien que, lorsque son officier en est réduit là, c'est qu'il ne peut faire autrement, et il ne lui sait pas gré de cette vertu de nécessité. Il est des occasions d'un ordre plus élevé où le chef doit partager la mauvaise fortune de sa troupe et ne pas séparer son sort du sien ; nous n'avons pas besoin de les rappeler ici, et, dans l'armée française, ce devoir sacré était écrit dans le cœur des officiers bien avant que nos admirables règlements en eussent fait une prescription.

En disant que les Français n'aiment pas les colonnes légères, — et c'est la faute de la civilisation, — nous ne prétendons pas démontrer cependant que les Anglais raffolent de privations ;

nous savons, au contraire, que ce système d'allégement est absolument incompatible avec l'énergie de leurs besoins. Du reste, il en est ainsi de tous les peuples à viande, — mangeurs de viande, — et personne n'ignore que la somme des exigences alimentaires croît de l'équateur au pôle comme le carré des distances. Du reste, le Français a bien vite pris son parti de sa mauvaise fortune, et dès qu'il est entraîné, il irait, — il va — au bout du monde en caleçon avec trois figues dans sa poche ; il se rattrape en riant de sa misère. C'est cette vertu militaire qui a toujours fait notre force, et qui, — espérons-le, — la fera jusqu'à la consommation des siècles.

Nous sommes prêts ; notre colonne a la légèreté de la gazelle ; les exubérances et les superfluités de bagages ont été remisées dans la ferme du kaïd Rian, et le commandement du biscuitville a été donné au capitaine Pesme, de l'État-major.

Nous sommes au 30 mai. La chaleur de l'enfer, comparée à celle qui nous enveloppe, nous serait un rafraîchissement : le nez, les oreilles des *peaux-fines* sont gratinés ; l'épluchement du nez devient, pour les blonds présents et pour ceux qui le furent, plus qu'un passe-temps ; c'est un besoin, un tic nerveux. On cite des blonds dont les chauds baisers du hâle ont changé la peau du nez jusqu'à dix-sept fois en deux mois et demi. On se rassemble pour causer et s'éplucher le nez ; il y a des clubs d'éplucheurs, et les voluptés inouïes que fait éprouver cette besogne se reflètent avec tous les signes de la béatitude sur le visage de l'épluché, surtout quand il a réussi à s'enlever une épluchure large comme un feuillet de calepin de bal. Il croit son nez paré définitivement ; mais non, il y en a toujours, et l'épluché se livre alors à des désespoirs pareils à ceux que durent éprouver les filles de Danaüs quand elles s'aperçurent que leur marmite sans fond fuyait obstinément.

L'ordre est donné ; nous partons à midi. Nous pénétrerons dans le massif du Djebel-'l-Amour par le défilé de l'ouad Er-Reddad, qui a son entrée à dix kilomètres à l'ouest d'Aïn-Madhi. Les dispositions qui devront être prises pour exécuter le passage du défilé sont communiquées aux troupes. On nous dit beaucoup de bien de la force et de la longueur de ce grand couloir d'Er-

Reddad, qui nous mène au cœur du Djebel, et cela nous fait espérer que les Oulad-el-Amour auront la bonne idée de chercher à le défendre, comme ils paraissaient déterminés à le faire lors de notre marche sur Tadjrouna, et cet espoir nous soutient.

A midi, la colonne légère quittait son camp d'Aïn-Madhi et se dirigeait, en appuyant sensiblement sur la pente du versant sud du Djebel, vers une sorte d'échancrure qui s'apercevait déjà de notre camp. Malgré l'intensité de la chaleur, l'infanterie marchait crânement et comme une troupe tout-à-fait sûre d'elle; la satisfaction était sur toutes ces bonnes figures bronzées, et les troupiers jetaient de temps en temps un regard de tendresse sur leurs fusils. Une chose cependant nous inquiétait: c'est que, bien que nous ne fussions plus guère qu'à deux kilomètres de Foum-er-Reddad (embouchure du Reddad), aucun groupe embernoussé ne se montrait sur les mamelons qui forment la porte du défilé. Les Oulad-Yakoub, dont nous allions envahir le territoire, renonceraient-ils à nous en défendre l'entrée? La leçon donnée, le 27, aux Ghemantha sous les murs d'Aïn-Madhi aurait-elle dégoûté les Hel-el-Amour d'une rencontre avec nous? Nous savions bien que ces montagnards n'étaient pas précisément d'une valeur chevaleresque, puisque, à différentes reprises, ils se laissèrent r'azer dans leur pays, si favorable à la défense, par les coupeurs de route des tribus voisines; mais on nous assurait qu'ils avaient fait si bonne figure au combat du 13 mai, sur le Haut Sidi-En-Naceur, contre la colonne du général Deligny, que nous ne doutions pas qu'ils ne fissent tous leurs efforts pour défendre leurs foyers menacés. Nous ne tardions pas, malheureusement, à nous convaincre que l'entrée du défilé n'était pas gardée. Allons, encore une déception!

Puisque la porte lui en est ouverte, la colonne pénètre dans le défilé au point où l'ouad Reddad sort de la montagne; elle remonte le lit rocailleux et desséché de cette rivière en passant alternativement sur l'une et l'autre rive. La vallée s'encaisse, se bouleverse, s'évase, se rétrécit; c'est, à droite et à gauche, une suite de mamelons qui ne se rattachent que par leur base, disposition qui rendrait on ne peut plus pénible, s'il en était besoin, la protection de la colonne par des flanqueurs. De loin en loin, une source sourdant du pied d'un rocher vient rafraîchir la lèvre desséchée de l'ouad. Des genévriers, des térébinthes, des tamarix empanachés, des nérions en fleurs égaient la vallée de leur ravissante verdure.

On nous montre, à quelque distance sur notre gauche, le col de Guergour. Jadis une belle fontaine, appelée Aïn-Terifia, donnait de l'eau à deux ksour, Ksar-el-Ahmeur (le ksar rouge) et Ksar-el-Abiodh (le ksar blanc), situés au sud du col, et se déversait ensuite dans l'ouad Er-Reddad. Suivant la tradition, ces deux ksour auraient été abandonnés par leur population dans les circonstances suivantes: un jour, le saint marabouth de Laghouath, Sidi El-Hadj-Aïça, en tournée chez ses khoddam, aurait été surpris par la nuit dans le pays des Oulad-Yâkoub-er-Rabaâ, et se serait égaré. Il eût été on ne peut plus facile au saint marabouth de se tirer de là, puisqu'il avait le don des miracles; mais il préféra, dans cette conjoncture, ne pas faire usage de ce précieux privilège, et profiter de l'occasion pour éprouver les gens du Djebel-'l-Amour, et s'assurer par lui-même de la façon dont ils pratiquaient l'hospitalité. Le saint arrivait — sans s'en douter — au col de Guergour au moment où le jour entrait dans la nuit. Sidi El-Hajd-Aïça fit lentement un tour sur lui-même en plongeant ses regards dans le fond des vallées pour chercher à découvrir quelque lumière révélant à travers les ténèbres la présence d'un vivant. Ce tour d'horizon n'ayant pas eu le résultat que désirait le saint, il gravit un piton qui dominait au loin le pays qui l'entourait. Deux clartés rougeâtres, pareilles à des yeux de tigre, brillaient dans le sud à quelque distance au-dessous de lui : il y avait évidemment là une habitation, et le saint, se dirigeant sur ces clartés, reconnut bientôt qu'il était près du ksar El-Abiodh, chez les Oulad-Yâkoub-er-Rabaâ. Il alla frapper à la porte de la maison éclairée en s'annonçant comme *dhif Reubbi* (invité de Dieu) ; mais, bien que la maison fût habitée, puisqu'on y entendait parler, la porte ne s'ouvrit cependant pas. Deux autres fois encore le saint réclama l'hospitalité par la formule ordinaire : « *Ia moula ed-dar, dhif Reubbi !* O maître de la maison, un invité de Dieu ! » et non seulement la porte resta close, mais, en outre, on répondit de l'intérieur à son troisième appel par une injure. Sidi El-Hadj-Aïça se retira sans se plaindre et se dirigea sur le ksar El-Ahmeur, qui n'est qu'à une très-courte distance du premier. Le saint fut reçu par les gens du ksar rouge exactement de la même manière qu'il l'avait été par ceux du ksar blanc. L'épreuve était concluante, et il parut au saint que ce n'était pas leur façon de pratiquer l'hospitalité qui devait ruiner ces ksariens.

Sidi El-Hadj-Aïça fut donc réduit à passer la nuit à la belle étoile : il alla s'abriter sous le feuillage d'un térébinthe, arbre qui, depuis, fut consacré par la piété des fidèles, et dont ils firent un *mekam* pour rappeler la station qu'y avait faite le saint marabouth.

Pour être un saint, Sidi El-Hadj-Aïça n'était pourtant pas exempt absolument de ces petits travers inhérents à la nature humaine; ainsi, il était particulièrement enclin à la vengeance quand on l'avait offensé. Du reste, il faut dire que les Oulad-Yâkoub n'avaient pas volé le tour que leur ménageait le pieux ami de Dieu.

Nous avons dit que les deux villages dont nous venons de parler n'avaient pour toute eau que celle que leur donnait l'Aïn-Terifia. Quand, au matin, les habitants de ces ksour furent sur pied, le saint marabouth se dirigea vers la fontaine. Arrivé sur ses bords, il se mit à prier avec une grande ferveur. Les femmes des ksour arrivaient à la fontaine au moment où le saint cessait ses prosternations et se relevait ; à la vue d'un homme, et surtout d'un étranger, elles s'arrêtèrent étonnées. Mais qu'on juge de leur stupéfaction, quand le saint, mettant son bâton à l'œil de la source, elles virent les eaux s'enrouler autour comme un serpent et se solidifier. Quelques instants suffirent pour bobiner entièrement sur le bâton du saint toutes les eaux de la source. Ce ne fut pas tout. Sidi El-Hadj-Aïça, mettant son bâton sur son épaule, se dirigea, suivi à distance par les femmes des deux ksour, vers un piton qui domine l'oued Derdez, affluent du Reddad, et là, après une nouvelle prière, il lança son bâton dans le premier de ces torrents en répétant trois fois d'une voix tonnante la formule de la demande d'hospitalité. Depuis cette époque, ce petit oued, qui ne se rafraîchissait que des larmes du ciel, est réputé pour l'abondance et la bonté de ses eaux.

Les gens de Ksar-el-Ahmeur et de Ksar-el-Abiodh, à qui leurs femmes avaient raconté les divers incidents de ce prodige, comprirent toute l'étendue de leur faute, et ils s'en mordirent les doigts jusqu'à la deuxième phalange ; mais il était trop tard. Leurs ksour n'étant plus dès lors habitables, ces inhospitaliers montagnards furent obligés de les abandonner et d'aller s'établir ailleurs. Personne ne les plaignit.

La colonne continue sa route en serpentant avec les détours de l'ouad Er-Reddad. Sur la rive droite, des mamelons décharnés dressent leurs squelettes rocheux qui parfois présentent la régularité des faces d'une forteresse ; on dirait que tout cela est l'œuvre de l'homme. Souvent, les rives se relèvent à pic et montrent une coupure nette à arête vive. Plus loin, dans les terres argileuses, les pluies ont fouillé, sculpté sur les escarpements des colonnes à fûts cannelés, rudentés, godronnés, à chapiteaux bizarres et fantastiques, à bases vaguement terminées. Quel fouillis de décombres caillouteux, rocheux, d'effondrements de mille ans ou d'hier, d'arrachements ou de déchirures à lambeaux surplombants, d'arbres qui, pareils à ces gargouilles de nos vieilles églises, poussent horizontalement dans les rides de la montagne. Nous nous demandions à chaque pas : « Mais comment, dans un tel pays, la pensée de la résistance ne vient-elle pas à ceux qui l'habitent ? De véritables Thermopyles ! Quatre hommes et un caporal y arrêteraient une armée. »

Nous rencontrons bientôt l'ouad Derdez, petit affluent de droite du Reddad. Nous avons dit plus haut les causes qui ont amené l'eau dans ce Derdez, qui n'était d'abord qu'un torrent desséché, et nous savons que c'est à l'inhospitalité des gens des ksour El-Ahmeur et El-Abiodh qu'il doit cet avantage, précieux surtout pour le voyageur. On nous montre, à quelques pas de son embouchure, un village ruiné qui, — il y a longtemps de cela — aurait été habité par les ancêtres des gens de Tadjrouna.

A notre droite s'élève, à menacer le ciel, l'audacieux Merkeb, ce pic-observatoire qui permet au regard de planer sur les lointains du Sahra, et de fouiller le Djebel-'l-Amour jusque dans ses entrailles.

La colonne remonte toujours l'ouad Er-Reddad ; elle y rencontre çà et là des r'dir à eaux saumâtres. Des altérés, que leur cristal a séduits, s'en approchent avec amour ; mais ils les rejettent avec une grimace après les avoir essayées. Cette expectoration rappelle aux érudits de la colonne ce passage de la Bible : « Des bords de la mer Rouge, Moïse conduisit son peuple vers le désert de Sur sans rencontrer une source pendant une marche de trois jours. Arrivés à Merra, ils y trouvèrent de l'eau ; à cause de son amertume, ils ne purent encore en boire ; aussi appelèrent-ils ce lieu les *Eaux amères*. Mais le Seigneur indiqua à Moïse un *bois* qu'il jeta dans la source, et aussitôt elle s'adoucit. » Mais quel était ce bois ? Voilà une recette qu'il faudrait retrouver. En effet, rendre les eaux du Sud, et, par la même occasion, celles de la mer potables, ne serait peut-être pas sans intérêt.

Quelques sources d'eau potable sourdent au pied des berges de l'ouad ; elles sont faciles à reconnaître aux groupes de soldats qui s'y abreuvent à plat ventre, et cela malgré les conseils, les menaces des officiers. Terrible chose que la soif ! si terrible qu'il n'est nulle force — c'est d'expérience — qui puisse empêcher une troupe, dans ces journées de feu de notre Afrique, de se précipiter sur une source, une mare, une flaque, quelle que soit d'ailleurs la qualité du liquide. C'est bientôt, autour de ces eaux, un fourmillement de têtes, de bras, de jambes qui rampent, grouillent, se pénètrent, s'enlacent comme des sangsues dans un bocal vide, pour approcher du précieux breuvage, lequel n'est déjà plus qu'un liquide boueux et infect : « Huit jours, quinze jours, un mois, un an, mille ans de prison pour celui qui ne rentrera pas immédiatement à son rang ! » crient les officiers, les sous-officiers, les caporaux. Mais gorge altérée n'a pas d'oreilles : les rangs s'égrènent, se disloquent, s'éparpillent, et la foule se rue sur les eaux ; car la soif est plus forte que la discipline ; il est des instants où l'on se déshonorerait pour un verre d'eau. Il faut avoir éprouvé ce tourment pour le bien connaître. Les supplices des enfers sont bien moins cruels ; car, dans les régions infernales des païens, vous avez l'Achéron aux eaux amères et bourbeuses, le Cocyte formé des larmes des méchants, — jugez si elles doivent être amères ! — le Phlégéton aux eaux bouillantes dans l'enfer des Mahométans, on trouve un fleuve alimenté par les sueurs fétides des réprouvés ! Tout cela n'est sans doute pas très-rafraîchissant ; mais au moins il y en a pour tout le monde, et c'est là une consolation. Dans l'intérêt de la discipline, — car il faut bien se garder de jamais défendre ce qu'on ne peut empêcher, — il vaudrait beaucoup mieux, quand on rencontre de l'eau, arrêter la colonne et permettre de boire, tout en faisant appel, bien entendu, à la raison des hommes, et en leur exprimant la nature des dangers auxquels ils s'exposent en obéissant sans lutter aux exigences inextinguibles de leurs gosiers.

Après avoir laissé sur sa gauche l'ouad Takhouma, et être passé sur la rive droite de l'ouad Er-Reddad, la colonne débouche sur un vaste plateau couvert de halfa qui va se rattacher au Djebel-Mimouna, d'où descendent les eaux qui se répandent le long du versant sud du Djebel-'l-Amour. Le bivouac est établi sur ce plateau, qui se nomme El-Madjiba, où nous arrivions à six heures du soir. Ce point n'ayant pas d'eau, on met en distribution celle des *greb* (outres) qui ont été apportées à dos de chameaux. La nuit étant arrivée, cette distribution a lieu aux flambeaux, c'est-à-dire aux feux féeriques des touffes de halfa qui ont été allumées autour du bivouac ; tous les pitons où sont établies les grand'gardes resplendissent en même temps d'une illumination immense, dont les flammes semblent des langues de damnés léchant l'azur du ciel pour éteindre la soif ardente qui les dévore.

La nuit se passe dans le calme le plus parfait. Les gens de l'Amour ont décidément fait le vide devant nous, et ne veulent pas défendre leur pays. Peut-être se réservent-ils pour la défense de leurs ksour ! Nous le verrons bien.

Le 31 mai, la colonne levait son camp à quatre heures du matin, et suivait une route tracée, il y a quelques années, par les gens du Djebel-'l-Amour, lorsque le ksar d'El-R'icha fut érigé en annexe du bureau arabe de Tiaret. Cette route, qui est celle d'Aïn-Madhi à El-R'icha, est, généralement, très-bien marquée entre ces deux ksour ; dans le défilé de l'ouad Er-Reddad, elle se confond parfois avec le lit de cette rivière.

Nous avons définitivement laissé sur notre droite l'ouad Er-Reddad qui va prendre sa source au sud-ouest d'El-R'icha, au-dessous de Kouïfat-el-Beïdah, point où les Mekhalif tuèrent, un jour, quarante hommes de la tribu des Zenakhra ; on voit encore le *nzad* (1) élevé à l'endroit où ces Zenakhra tombèrent pour ne plus se relever. Le bey d'Oran Mohammed-el-Kebir campa sur ce point. La colonne tombe bientôt dans l'ouad Feurdan, dont elle descend le cours entre deux immenses chaînes rocheuses encaissant profondément la rivière. Le lit du Feurdan est fort large ; bien qu'il soit sans eau aujourd'hui, les épaves végétales qui y ont jeté l'ancre nous démontrent que cet ouad n'est pas toujours commode, et que, dans la saison des pluies, il doit avoir de terribles accès de colère. Des bouquets de tamarix, de térébinthes, de genévriers et de genets arborescents égaient les rives de l'ouad sur tout son parcours. A quelque distance en-deçà du point où cette rivière se jette dans l'ouad El-R'icha, qui, plus bas, prend le nom d'ouad Mzi, la colonne quitte le lit du Feurdan, et se jette à gauche sur un plateau dominé de ce même côté par le prolongement de la chaîne de rochers jaunâtres formant l'une des rives de ce dernier cours d'eau. Des sources d'eau saumâtre, laissant autour d'elles des efflorescences salines, sourdent du pied de cette chaîne rocheuse et vont se perdre dans l'ouad El-R'icha qui coule sur notre droite. Nous ne tardons pas à découvrir au fond du paysage le ksar d'El-R'icha assis dans un nid de verdure. La colonne fait une halte.

Du point où nous sommes arrêtés, les abords d'El-R'icha et le village lui-même sont du plus singulier aspect : à notre gauche, un large banc rocheux courant horizontalement dans le nord, et formant les assises d'un immense plateau à bords réguliers ; au fond, un mamelon dénudé, de couleur ocre, et couronné par des constructions qui paraissent ruinées ; à droite du mamelon, le ksar d'El-R'icha, affecté de jaunisse comme le terrain qui l'entoure ; à droite du village, des jardins touffus paraissant le contourner ; plus à droite encore, des chaînes dénudées à arêtes vives comme le dos d'un caméléon, et bizarrement soulevées,

(1) *Nzad*, littéralement *gémissement*. On désigne ainsi un amas de pierres élevé sur le lieu où fut commis un meurtre qui n'a pas été vengé, ou dont la *dia* (prix du sang) n'a pas été payée.

semblent se précipiter dans l'ouad El-R'icha; plus près de nous, un immense massif, de forme régulière, comme les murailles d'une ville fortifiée, se dresse sur la rive gauche de l'ouad Mzi qui coule à son pied. Tout cela est d'une tristesse mortelle : tout y est jaune, décharné, sablonneux : des chaînes qui semblent la carcasse de la terre; le sol encombré de débris de montagnes émiettées; des rivières étouffées sous les sables; des roches pansues et avachies. Ce n'est pas l'Éden, malgré la bande verte des jardins qui semble revêtir le ksar d'un bernous de cherif.

Contrairement à ce qui se passe à l'arrivée d'une colonne française en vue d'un ksar, aucune députation ne vient au-devant du général : pas de movement, pas un bernous aux abords d'El-R'icha! Quel est ce mystère? Les Negali (1) auraient-ils abandonné leurs foyers? Continueraient-ils à faire le vide devant nous comme ils l'ont fait depuis Foum-er-Reddad? Nous apprenons, en effet, qu'ils ont déserté leur ksar dans la crainte du châtiment qu'ils ont mérité, et qu'ils se sont réfugiés, avec leurs femmes, leurs biens et leurs troupeaux, sur la *gdda* (2) d'Anfous.

La colonne se remet en marche; elle descend dans l'ouad El-R'icha qu'elle traverse, coupe plus loin l'ouad Djedar, et va poser son camp sur un vaste terrain rocailleux et dénudé, à gauche du ksar dont nous parlons.

Vu de près, cette bourgade, qui compte une centaine de maisons, n'a pas trop mauvaise mine : elle est sans enceinte; ses rues sont passablement percées; on remarque quelques constructions, — le minaret de la mosquée et l'ancienne habitation du commandant de l'annexe, — qui révèlent la main de l'ouvrier européen. Une koubba assez élégante, d'origine récente, s'élève au milieu du cimetière, qui est situé à l'entrée du village; les tombes sont recouvertes de grandes dalles, et les morts y sont coude à coude; quelques-uns, enterrés de fraîche date, sans

(1) C'est la fraction des Oulad-Yâkoub-er-Rabaâ qui habite le ksar d'El-R'icha.

(2) *Gdda*, de *gdd*, s'asseoir. Une *gdda* est un plateau à large plate-forme situé dans une position dominante par rapport à ce qui l'entoure. Nous donnerons plus loin la description des deux *gdda* du Djebel-'l-Amour.

doute, exhalent une odeur infecte. Il est difficile de réunir autant de cadavres dans un si petit espace. Dans tous les cas, il nous a semblé qu'on devait beaucoup mourir à El-R'icha; on dirait y être au lendemain d'une épidémie.

On remarque à gauche d'El-R'icha un mamelon taillé en cône tronqué, au sommet duquel se voit encore une muraille d'enceinte renfermant quelques maisons ruinées. C'est la vieille El-R'icha. Autrefois, la sécurité était médiocre dans ces parages; les Mekhalif, tribu de mauvaise réputation et ne vivant que du bien d'autrui, quittaient volontiers de temps en temps leurs montagnes pour aller se ravitailler aux dépens de leurs voisins; les Zegdou même, ces pillards marocains, ces écumeurs du Sahra, poussaient quelquefois leurs expéditions jusque dans l'intérieur du Djebel-'l-Amour. Pour se mettre à l'abri des déprédations de ces hardis coquins, les populations étaient obligées de se jucher au même étage que les aigles. Les gens d'El-R'icha avaient donc choisi ce piton pour y construire leur village. Plus tard, quand ils purent descendre de là-haut sans trop de danger, ils songèrent à s'établir plus près des eaux; cette situation leur permettait de faire un peu de jardinage et de planter des arbres. El-R'icha supérieure fut peu-à-peu abandonnée par l'inférieure, et les Oulad-Yâkoub paraissent ne pas s'en trouver trop mal.

Les jardins d'El-R'icha se développent en une longue bande sur la rive droite de l'ouad; on n'y trouve que des arbres fruitiers, parmi lesquels, comme dans tous les ksour de cette contrée, domine l'abricotier.

Puisque la population d'El-R'icha avait fui à notre approche, c'est que, sans doute, elle se sentait coupable. Or, puisqu'elle était coupable, il paraissait tout naturel qu'on allât la châtier là où elle s'était réfugiée. C'est ainsi que résonnait la colonne, qui voyait toujours s'échapper l'occasion de rencontrer l'ennemi. C'était, sans doute, aussi l'opinion du général, puisque l'ordre avait déjà été donné de s'emparer des approvisionnements de grains emmagasinés dans le ksar; il y avait évidemment dans ce fait acte d'hostilité, et les troupes en inféraient qu'on ne s'en tiendrait pas là. Nouvelle joie de la colonne. Mais tout-à-coup des *bruits sinistres* circulent dans le camp : les réfugiés de la *gâda* auraient envoyé, disait-on, des ambassadeurs au général pour lui demander l'aman, se soumettant d'avance à toutes les conditions qu'il leur imposerait. On ajoutait qu'en présence des officiers chargés par le général de porter sa réponse aux rebelles, les femmes, au lieu d'exciter, ainsi qu'elles le font habituellement, les hommes à la résistance, leur auraient reproché amèrement, au contraire, d'avoir attiré sur elles et sur leurs enfants les maux de la guerre. « Soumettez-vous, criaient-elles aux « hommes, soumettez-vous aux Français ! Avec eux, la paix, la « tranquillité, le bien-être ! Avec les autres, — vous le savez, — « la guerre et ses misères, nos villages incendiés, nos jardins dé- « truits, nos troupeaux mourants de faim et de soif !.... Mais vous « avez donc été frappés de démence !.... Nous le savions et nous « vous l'avions dit : les Français sont aussi forts qu'ils sont justes, « et vous ne pouviez espérer de triompher des forts, puisqu'ils « sont le bras de Dieu ! Soumettez-vous, ô hommes ! et ne vous « plaignez pas si les conditions que vous impose notre seigneur le « général sont dures et sévères, car la faute en est tout entière « à vous.... »

« Ah ! pourquoi nous a-t-on enlevé *Mouni* (1)?... Tout cela ne serait pas arrivé, ajoutaient les femmes, si l'on nous avait laissé *Mouni !*.... Qu'il revienne au milieu de nous, dussions-nous l'acheter !.... »

Tout cela était vrai d'un bout à l'autre. Les tribus réfugiées sur la *gâda* avaient sollicité l'aman, se soumettant d'avance à toutes les conditions, et, *malheureusement*, il était difficile de frapper des populations désarmées qui demandaient leur pardon et qui s'en remettaient à notre générosité.

« Gredins de Bédouins, disaient les troupiers, les voilà qu'ils « s'amusent à se soumettre à présent !.... Décidément, ils n'ai- « ment point la poudre ces gaillards-là. C'est égal, on aurait pu « tout de même aller voir ce qui se passe sur cette *gâda*, » ajou-

---

(1) C'est M. le lieutenant *Mounier*, ancien commandant de l'annexe d'El-R'icha, que les femmes désignent sous le nom de *Mouni*. Cet officier avait su faire chérir son commandement pendant la période qu'il passa au Djebel-'l-Amour, et on l'y regretta vivement quand cette annexe fut supprimée.

taient-ils d'un air de regret. Il fallait pourtant bien en prendre son parti.

Il est évident que, refusant d'accepter la soumission du Djebel-'l-Amour, rien ne nous était plus facile que de détruire El-R'icha; mais alors c'était montrer à ces populations que la guerre que nous comptions leur faire était une guerre à outrance et d'extermination; c'était les pousser au désespoir et à tous les excès qu'il entraîne; puis, après la destruction d'El-R'icha, il fallait marcher sur la *gâda* et attaquer dans cette forteresse naturelle des gens dont l'énergie eût été décuplée, puisqu'ils n'avaient plus à attendre de nous que la misère et la mort.

Voyons donc, d'ailleurs, ce que c'est que cette *gâda* dont il a tant été question depuis quelques jours. Nous parlerons d'abord de celle de l'ouest, puisque c'est à l'abri de ses retranchements naturels que s'étaient réfugiées les tribus.

La *gâda* de l'ouest est située à une distance de quatorze kilomètres environ d'El-R'icha. Pour s'y rendre de ce point, on remonte le cours de l'ouad El-R'icha jusqu'à sa rencontre avec l'ouad Berrich; on passe ensuite sur la rive droite de cette dernière rivière, qu'il faut également remonter jusqu'à l'Aïn-Tezrima, tête de l'ouad Berrich. C'est en ce point que commencent les plus sérieuses difficultés; il faut alors mettre pied à terre et laisser ses chevaux au pied de la *gâda*. On gravit les flancs du plateau par un chemin pavé de *seuffah* (dalles) à surface unie et glissante, et ne pouvant donner passage qu'à un homme de front. Du point où l'on aborde le plateau jusqu'au village d'Anfous, il n'y a guère qu'une demi-heure de marche; mais le chemin court à travers un épais maki dans un terrain sablonneux, fuyant et d'un parcours difficile.

Anfous est un petit village d'aspect assez misérable; mais il a, à sa proximité, de très-belles et abondantes eaux. La source qui les fournit sort d'une grotte de huit à dix mètres de profondeur; cette grotte s'ouvre au pied de rochers énormes qui n'en permettent l'approche qu'à une personne à la fois. Ces eaux sont largement suffisantes pour les besoins des habitants et pour les irrigations de leurs jardins.

Le village d'Anfous est habité par une fraction des Oulad-Yâkoub-er-Rabaâ, les Oulad-Bellil.

La *gdda* de l'ouest a environ dix kilomètres de longueur sur deux de largeur.

La *gdda* de l'est, chez les Ghemantha, est à peu près de même forme et de même étendue que celle de l'ouest; elles ne sont séparées que par l'ouad Ouarren, l'un des effluents de l'ouad Mzi. La *gdda* de l'est est, — comme celle de l'ouest, — couronnée par un petit village, le Ksar — Mâdna, qu'habitaient autrefois les Ghemantha, — et qu'ils ont abandonné. Le plateau a aussi sa source; mais elle est moins importante que celle d'Anfous.

Ces obstacles, on le voit, ne sont pas d'un accès facile, et nous pensons que si l'on avait à en faire l'attaque, eu égard surtout au pays qui les entoure, il faudrait, pour mener cette opération à bonne fin et sans trop de pertes, qu'elle fût tentée avec le secours de deux ou trois colonnes.

Le général Yusuf a donc accordé l'aman aux rebelles du Djebel-'l-Amour, tout en laissant au commandant de la province d'Oran, de qui ils relèvent administrativement et politiquement, son droit de punir et de régler les affaires de cette partie de son commandement. Il ne faut donc plus songer à combattre.

Pour faciliter aux gens d'El-R'icha leur rentrée dans leur ksar, le général porte son camp à quinze cents mètres au sud de ce village. Toute la colonne fut enchantée de quitter cet affreux bivouac, et cela d'autant mieux que nous pensions rester plusieurs jours sur le pays pour recevoir la soumission des tribus retardataires, et y attendre l'agha Ed-Din, qu'on annonçait comme devant venir lui-même se mettre à la disposition du général Yusuf, et traiter de la soumission de son aghalik tout entier. Du reste, cet agha avait déjà fait, pour son compte, dès le 13 mai, des ouvertures de soumission au général Deligny, et cet officier général lui avait donné connaissance des conditions auxquelles il lui accorderait l'aman.

Le 1er juin, le général adressait à sa colonne l'ordre suivant :

« Soldats !

« Je suis venu à El-R'icha avec l'espoir de livrer un combat.

« Je n'ai trouvé dans El-Gâda qu'une population épouvantée de femmes, d'enfants, de vieillards, avec quelques troupeaux.

« Tout ce monde ne demandait que grâce et pardon ; un coup de main sur de pareilles gens n'était digne ni de vous, ni de votre général.

« Votre présence seule ici fait rentrer tout le Djebel-'l-Amour dans l'ordre : c'est autant d'ennemis que vous enlevez à vos camarades de la division d'Oran.

« C'est encore une belle tâche.

« Au bivouac d'El-R'icha, le 1er juin 1864.

« *Le général de division commandant la colonne expéditionnaire du Sud,*

« Signé : Yusuf. »

Cet ordre, qui ne laissait plus d'espoir de combattre, fut reçu l'oreille basse par les ardents, et Dieu sait s'ils étaient nombreux. Ils ne se plaignaient évidemment pas qu'on eût renoncé à attaquer des femmes et des enfants ; mais ils étaient furieux de ne pas avoir trouvé de résistance de la part de gens si bien situés pour se défendre. Chacun finit par en faire son deuil ; seulement, les Amouriens perdirent singulièrement dans l'estime de nos soldats : ce n'était plus pour eux que de la canaille.

A la date du 31 mai, le général Deligny était à Aïn-'l-Orak, entre Géryville et El-Abiodh-Sidi-Ech-Chikh. Les populations, se voyant enlever les eaux par le commandant de la division d'Oran, paraissaient avoir renoncé à la lutte armée, et, déjà, elles avaient fait quelques offres de soumission. Il était évident que la misère commençait fortement à leur faire sentir ses griffes ; leurs troupeaux mouraient littéralement de faim et de soif, et le Sud moyen ne pouvait, dans cette saison, leur présenter aucune ressource.

En fermant aux rebelles la région des eaux et des fourrages, on les amènera inévitablement à composition ; mais il faudra bien se garder de remonter vers le nord avant d'avoir obtenu sérieusement ce résultat.

Du moment que les populations du Djebel-'l-Amour étaient rentrées dans l'ordre et qu'elles avaient accepté les conditions du général Deligny, il ne nous restait plus qu'à nous retirer, et à laisser au commandant d'Oran le soin de terminer cette affaire comme il le jugerait convenable.

Le lendemain, 2 juin, la colonne du général Yusuf remettait le cap sur Aïn-Madhi en reprenant le défilé de l'ouad Er-Reddad; à deux heures de l'après-midi, nous dressions nos tentes devant le ksar des Tedjini, et sur notre ancien emplacement.

Les gens d'El-Maïa, ksar situé à 14 kilomètres à l'ouest de Tadjrouna et à 50 d'Aïn-Madhi, devaient avoir la conscience — en supposant qu'ils en fussent pourvus, — quelque peu bourrelée. Leur conduite, dans ces derniers temps, n'avait pas été d'une limpidité parfaite. La djemâa de ce ksar était bien venue à Tadjrouna jurer au général, par tous les livres sacrés, qu'elle n'avait aucun reproche à se faire, et que l'accusation portée contre elle d'avoir livré des grains aux rebelles n'était pas fondée, et les représentants de ce ksar auraient même mis tant d'indignation dans leurs dénégations, que, pour quelqu'un qui n'eût pas connu les Arabes, ces Maïens devaient être blancs comme neige et purs de toute *chithanerie* (1). Il paraît cependant que le mensonge avait souillé leurs lèvres, et que leur culpabilité ne pouvait pas faire l'ombre d'un doute. Comme circonstance atténuante, il faut dire que ces honnêtes Maïens s'étaient trouvés dans une situation fort incommode: du cercle de Géryville, à la main de l'ex-bach-agha Sid Sliman-ben-Hamza, touchant aux Oulad-Sidi-Ech-Chikh-ech-Cheraga, avec lesquels ils sont en relations journalières, il leur était difficile, dans ces conditions, de ne pas donner un peu à gauche, et nous croyons même qu'aux tellis de grains fournis aux rebelles, ils avaient dû joindre une poignée de leurs fantassins; car on retrouvait dans leur ksar des fusils ayant appartenu aux héroïques soldats de Beauprêtre. Ceci était moins pardonnable.

Le général pensa donc qu'il était utile, puisqu'il les avait sous la main, de châtier les Maïens de façon à leur laisser le souvenir de la leçon. La cavalerie régulière et les goums, aux ordres du

(1) De *chithan*, Satan, diable. Mot employé en Algérie pour exprimer toute action diabolique, toute intrigue, etc.

colonel Abdelal, partent dans la soirée du 2 juin en prenant une direction ouest. Au point du jour, et sans que l'éveil eût été donné, nos cavaliers tombaient sur le ksar d'El-Maïa, qu'ils surprenaient, et le commandant de la colonne le livrait aux goums, qui le razaient avec tout l'art qu'ils savent mettre dans ce genre d'expédition, c'est-à-dire aussi radicalement que possible.

La cavalerie rentrait au camp d'Aïn-Madhi dans l'après-midi du 3 juin, après avoir fait une marche de plus de quarante lieues en trente-six heures.

Ce vigoureux, hardi et rapide coup de main faisait le plus grand honneur à notre belle et brave cavalerie.

Au moment où nos cavaliers rentraient au camp, l'Agha Ed-Din y arrivait de son côté, suivi de sa *gada* et d'une faible escorte : il venait apporter la soumission complète de son pays, et s'en remettre, pour son compte, à la générosité du représentant de la France. Il acceptait et s'engageait à faire accepter par toute la montagne les conditions qui lui avaient été dictées par le général Deligny ; il se faisait fort, en outre, d'employer son influence pour ramener dans le devoir diverses tribus du cercle de Géryville, les Oulad Sidi-En-Naceur, les Touafir, voire même celle des Harar, du cercle de Tiaret, dont il garantissait la soumission absolue.

Nous avons avancé plus haut qu'en ne détachant pas sa cause de celle de ses populations, Ed-Din avait pris le parti qui, alors, était le plus sage ; nous voyons, aujourd'hui que la fièvre de la rébellion est calmée, de quelle utilité nous est cet agha dans l'œuvre de la pacification. Pour nous qui, depuis plus de douze ans, le connaissons personnellement, Ed-Din ne pouvait être un rebelle : ça n'a jamais été l'homme des aventures de guerre, un homme de poudre et de chabir ; il avait, au contraire, cette raison froide, calme et calculatrice qui se pose en barrière aussi bien aux entraînements de la tête qu'à ceux du cœur ; c'était l'homme des voies conciliatrices, c'est-à-dire l'antithèse de son frère Djelloul, qui, de son vivant, avait été l'homme de toutes les violences.

Ed-Din est un grand vieillard portant parfaitement ses soixante ans. Il a dans l'œil la finesse du diplomate mêlée à une sorte de bonhomie qu'il ne faudrait pourtant pas trop prendre au pied de la lettre ; il étudie son homme avant de se livrer ; — c'est sage en pays arabe ; — toujours maître de lui, il ne tend le fer qu'à bon escient. Ed-Din n'est pas un fanatique ; il nous connaît depuis 1846 que sa montagne est soumise ; il sait que nous sommes forts, indéracinables, et que lutter contre notre domination, c'est folie ; il l'a répété sur tous les tons à ses administrés ; mais le souffle de la rébellion avait passé sur eux, et ils n'ont pas entendu sa voix. Ed-Din explique, du reste, toute sa conduite au général Yusuf, et ses moyens de défense ne sont pas absolument dépourvus de valeur.

Ed-Din quitte notre camp le lendemain, 4, pour aller rejoindre le général Deligny, et tenter de lui ramener les Harar.

Maintenant que, dans la province d'Oran, les rebelles paraissaient avoir renoncé à la lutte armée, que la soumission du Djebel-'l-Amour était complète, la présence de notre colonne expéditionnaire devenait sans utilité dans l'ouest de la division d'Alger ; il y avait lieu, dès lors, de la porter entre Laghouath et Djelfa, où il restait à punir quelques fidélités plus que douteuses, des désobéissances parfaitement caractérisées, des lenteurs calculées à répondre aux ordres donnés ; il y avait, enfin, un arriéré à régler avec quelques tribus du cercle de Boghar, qui s'étaient plus ou moins compromises au début de l'insurrection.

Le 5 juin, la colonne levait son camp d'Aïn-Madhi, et prenait sa direction dans l'Est, en longeant, à quelque distance, le pied du versant sud du Djebel-'l-Amour. Nous passons sur le point où fut livré le combat du 27 mai contre les Ghemantha : une nuée de vautours décrivent lentement leurs spirales à trois ou quatre cents mètres du flanc de la colonne : c'est un festin de rapaces ; ils font chère-lie depuis dix jours de quatre cadavres restés sans sépulture. Leur vol alourdi indique qu'ils sont repus. Nous approchons ; quelques-uns de ces affreux oiseaux, attablés sur le cadavre même, déchirent et mettent en lambeaux un fouillis d'intestins ; d'autres, accroupis sur un ventre excavé, effondré et béant, le cou retiré et la tête appuyée sur le jabot, attendent, immobiles, l'aile pendante et l'œil couvert, l'achèvement de la digestion pour pouvoir recommencer. Horreur et infection !

A neuf heures, la colonne reprenait son ancien camp des Ghemantha, et chacun s'établissait auprès du gourbi de roseaux qu'il avait laissé.

Ce camp, notre ancien Éden, avait considérablement perdu de ses charmes ; ce n'était plus qu'une immense dune de sable dispersée et éparpillée par les vents ; ce n'étaient plus que détritus de toute nature exhumés par la tempête, et empoisonnant l'air de leurs infectes odeurs ; les gourbis étaient abattus, ou découronnés de leur toiture, ou penchés comme la tour de Pise ; tout cela est desséché, grillé, recroquevillé. L'eau de l'ouad Mzi était piétinée, bourbeuse ; — le soleil en avait beaucoup bu depuis quelques jours ; — quant à la forêt de tamarix et de roseaux, c'était plus qu'une désolation.

Le 6 juin, le temps est atroce ; c'est le désordre prédit pour le dernier jour du monde : le ciel est une fournaise ; c'est le désert qui déménage, et qui a chargé le vent de transporter ses sables sur ses ailes de feu ; la plaine est balayée, lissée, vernissée. On ne respire plus : on étouffe ; les cheveux s'ensablent et s'horripilent ; du sable partout, dans les yeux, dans les oreilles, dans la bouche, dans les narines ; des bouffées de chaleur sorties de quelque soupirail de l'enfer vous assaillent à vous renverser. La peau se dessèche et semble se retirer et se racornir ; les glandes salivaires sont taries ; la gorge est brûlante. On a soif ; mais les eaux sont chaudes ; on boit pourtant, mais sans se désaltérer, et l'on boit encore, toujours ! Comme à Tadjrouna, les vents mènent la valse des trombes ; elles se rencontrent, se heurtent, tirebouchonnent les tentes, qu'elles déracinent : on n'a plus rien à soi, vêtements, papiers précieux, le vent vous ravit tout : tout cela se confond, tourbillonne dans l'air, lettres d'amour, serments, billets de banque, prose plate de créanciers, sollicitations pressantes, dévouements frelatés, articles de journaux ; autant en emporte le vent ! La tempête continue sa marche terrible, implacable : les tamarix craquent, les roseaux sifflent, la halfa gémit. Tout paraît terreux, jaune sale ; le ciel est voilé, le soleil est terni et semble un plat d'étain mal écuré. Les chevaux tournent bravement la croupe à la tempête ; ils attendent la fin de tout cela, la queue avalée, les oreilles couchées, les yeux mi-clos. Malgré cela, les lazzis ne cessent pas dans les tentes qui résistent; on s'y moque de la tempête, on l'insulte; on dit pis que prendre du pays, des Bédouins, qui sont cause qu'on y est, et de ceux — mais c'est en riant — qui vous y envoient : « Chien de pays!... Sale pays!... Ce n'est pas un pays ça!... Je n'y mangerai pas ma retraite!... Le bon Dieu n'y est jamais venu, bien sûr. » Quelle misère! et comme il faut aimer la France et sa profession pour accepter tout cela sans se plaindre! Eh bien! un rayon de soleil — pas trop chaud, cependant, — et tout est oublié! Quelle admirable chose qu'une troupe française!

Le général crut devoir, à cette date du 6, et au milieu du désordre des éléments, adresser à sa colonne un ordre du jour ainsi conçu :

« Soldats!

« Nous quittons les montagnes du Djebel-'l-Amour, où votre présence avait pour but d'attirer à vous une bonne partie des ennemis qui étaient en face du général Deligny. Vous n'eûtes qu'à paraître, et tout le Djebel-'l-Amour et trois tribus du cercle de Géryville sont venus se mettre à votre discrétion.

« Vous n'avez pas eu encore de combats à soutenir ou à livrer; mais, quand on a surtout en vue le bien général, on peut être bien fier déjà d'avoir obtenu, par sa seule présence, les résultats que je vous signale.

« Ne croyez pas cependant votre tâche terminée; il nous reste encore beaucoup à faire; mais ce sera ailleurs que dans ce pays de feu.

« Au bivouac des Ghemantha, le 6 juin 1861.

« *Le Général de division commandant la colonne expéditionnaire du Sud,*

« Signé : YUSUF. »

En effet, la colonne quittait son affreux bivouac des Ghemantha le lendemain, 7 juin, à quatre heures du matin, et à la grande satisfaction de tout le monde. Nous passons sous le ksar de Tadjmout; le général avait réglé, à son camp des Ghemantha, les affaires relatives à la population de cette localité qui, à plusieurs reprises, avait donné des preuves non équivoques du mauvais esprit dont elle était animée. A dix heures, la colonne prenait son bivouac à Aïn-el-Milok, au pied de la face sud de cette grande forteresse naturelle, fortification étrange que nous avons décrite dans le courant de ce récit.

L'Aïn-el-Milok est à peu de distance de la corne sud-ouest du Djebel-el-Milok; cette fontaine sourd au pied d'une échancrure de la montagne; il y a là quelques palmiers qui sont d'un très-bon effet. Les flancs du Milok sont formés de rochers taillés à pic; une corniche court au sommet de cette muraille, et se crénelle d'embrasures qui semblent dues à la main de l'homme; la régularité presque parfaite de ce gigantesque bordj complète encore cette illusion.

Le Djebel-el-Milok nous paraît être de même nature que ces *gour* (1) qu'on rencontre si fréquemment dans notre extrême Sahra. L'origine du Milok s'expiquerait alors par un affaissement qui se serait opéré autour de lui et qui n'aurait laissé debout que la portion rocheuse constituant sa charpente, son squelette.

Le 8 juin, nous quittions Aïn-el-Milok, et prenions une direction sud-ouest. Nous ne tardions pas à tomber dans le lit sablonneux et desséché de l'ouad Mzi.

Nous rencontrions en ce point le commandant supérieur du cercle de Laghouath, le chef de bataillon Thomassin, qui, suivi de quelques officiers de cette garnison, venait au-devant du général.

Nous étions bientôt dans ces immenses amas de sable que viennent jeter les vents du sud-ouest contre la chaîne rocheuse qui couvre Laghouath au nord-ouest. La colonne soulevait devant elle des myriades de sauterelles dont les ailes d'argent brillaient sous les rayons du soleil. En un mois, ces acridiens avaient atteint toute leur force, et ils se précipitaient d'instinct là où il

---

(1) *Gour* (singulier *gara*), espèce de mamelons à squelette rocheux, qui se dressent à pic dans les plaines sahriennes à une hauteur qui atteint quelquefois 50 mètres, et qui se terminent par une large plate-forme.

y avait à ravager; ils allaient passer le col et se jeter sur les jardins de Laghouath. Nous les y retrouvions deux jours après, faisant table rase de tout ce qu'il y avait de verdure autour de la ville.

La colonne traverse le col, et Laghouath apparaît à ses regards comme un splendide décor de théâtre peint sur une toile bleu-de-ciel. Il est difficile de jouir d'un effet plus merveilleux que celui que présente Laghouath quand on vient de l'Ouest; la verdure de ses palmiers rafraîchit l'œil et le console de la désolante monochronie du désert. Nous dressons nos tentes sur notre ancien emplacement, — celui du marché, — au bout de l'avenue Cassaigne.

Le lendemain, 9 juin, le général donnait connaissance à sa colonne de la lettre suivante :

« Le général est fier et heureux de porter à la connaissance de ses soldats les félicitations qui lui parviennent sur les résultats qu'ils ont obtenus.

« Le Ministre écrit à M. le Sous-Gouverneur, à la date du 6 juin :

« J'attendais avec impatience, et j'ai appris avec grand plaisir l'heureux résultat de l'expédition tentée par le général Yusuf contre les tribus insurgées du Djebel-'l-Amour.

« C'est un coup de main hardi qui aurait pu rencontrer de sérieuses difficultés, et dont les conséquences doivent être importantes au point de vue de l'ordre et de l'obéissance à rétablir.

« J'ai mis sous les yeux de l'Empereur la dépêche du général Yusuf, et Sa Majesté m'a chargé de lui faire parvenir l'expression de sa satisfaction de ce succès obtenu.

« Le Sous-Gouverneur ajoute qu'il est heureux de transmettre ces nouvelles au général, pour lui et ses excellents soldats.

« Au bivouac, sous Laghouath, le 9 juin 1864.

« *Le général de division commandant la colonne expéditionnaire du Sud,*

« Signé : Yusuf. »

Il est inutile de dire combien cette lettre rendit heureuses les troupes de la colonne du Sud ; elles qui n'avaient que souffert, — elles n'étaient pas encore au bout, — et qui reparaissaient devant Laghouath presque honteuses de n'avoir pas trouvé l'occasion d'envoyer une balle à l'ennemi ! elles qui croyaient que toutes les misères qu'elles avaient éprouvées ne valaient pas la peine d'en parler ! et, pourtant, voilà le Ministre de la Guerre — un Africain, — qui, appréciant mieux qu'elles, sans doute, les services de la colonne, lui fait bienveillamment connaître qu'il a appris avec grand plaisir l'heureux résultat du coup de main tenté sur les tribus insurgées du Djebel-'l-Amour !

Qu'on juge de la joie de nos excellents troupiers, eux qui, parce qu'ils opéraient dans le désert, au fin fond du Sud, se croyaient oubliés, et qui apprennent qu'ils sont l'objet, au contraire, de la sollicitude du Ministre ! On suit leurs travaux avec intérêt, et l'on attend avec impatience les résultats. Ce précieux témoignage, d'autant plus flatteur qu'il émane de plus haut, est pour la colonne une première récompense et un encouragement.

Le général règle, pendant la journée des 9 et 10 juin, les affaires de Laghouath.

Une distribution de mille moutons de razzia est faite à la colonne. Ce genre d'alimentation n'est pas précisément inconnu à nos soldats ; c'est la viande du Sud par excellence, presque la seule, à moins qu'on ne traîne derrière soi quelques spécimens de la race bovine. On pense bien que de longues marches et le manque de fourrages ne suffisent pas pour les engraisser, et le patriarche Joseph aurait eu besoin de faire un songe bien invraisemblable pour voir, parmi les ruminants de nos troupeaux, les sept vaches grasses qui lui pronostiquaient sept années d'abondance. Néanmoins, le mouton de razzia fait toujours plaisir ; mais il est supposable que c'est précisément parce qu'il a été razé.

VI

Le bivouac de Sidi-Makhlouf. — Situation de l'insurrection dans la province d'Oran. — Le bivouac de Tadzmit. — Revirement. — Le bivouac de l'ouad El-Fekaïrin. — Les céréales des Oulad-Naïl. — Le ksar des Znina. — Les coprophages. — Le bivouac d'El-Arziz. — Sid-Cherif-bel-Harch et les chefs des Oulad-Naïl. — Les oreilles coupées. — L'insurrection dans le Tell et dans le Sahra de la province d'Oran. — Les lièvres. — Le ksar de Charef. — Une Naïlia. — Le mirage. — La sebkha du Zar'ez occidental. — Une gazelle. — Deux têtes de mort. — Tagguin. — La prise de la zmala d'Abd-el-Kader. — La colonne Marey, en 1844. — L'insurrection dans la province d'Oran. — La Tnïet-el-Hamra. — Le pays de Ben-Hammad. — Le ksar de Ben-Hammad. — Les Hel-ben-Hammad d'autrefois. — Fondation du ksar de Ben-Hammad. — Attaque de la gâda. — Les femmes de Ben-Hammad. — Le champ du combat. — L'oasis de Chellala. — But de la restauration de Chellala. — Convocation des tribus du cercle de Boghar. — Les douars et les temps bibliques. — Les chevaux caparaçonnés et les palanquins. — Le bivouac d'Aïn-el-Oureg. — La tribu des Bou-Aïch. — La manne. — La rose de Jéricho. — Châbounia. — Les déserteurs du goum. — Nouvelles de l'insurrection de la province d'Oran. — Fantazia des gens d'El-Bokhari. — Les parts de razzia. — Ksar El-Bokhari. — Le poste avancé de Boghar. — Prise et destruction du Boghar d'Abd-el-Kader. — Occupation de Boghar. — Les Oulad-Anteur. — La colonne expéditionnaire est dissoute.

—

La colonne quitte le bivouac de Laghouath, le 11 juin, pour remonter vers le nord, et régler, en marchand, les affaires des Oulad-Naïl; elle va poser son camp à Sidi-Makhlouf, près du caravansérail.

L'expédition d'El-Maïa a été fatale à un grand nombre de chevaux ; quelques-uns sont fourbus, et on a été obligé de les abandonner en plein désert; d'autres sont morts, et leurs corps, fouillés à fond par les oiseaux de proie, jalonnent notre route.

Le 10 juin, le général Deligny quittait Géryville pour se porter sur El-Abiodh-Sidi-Ech-Chikh, la ville sainte du Sud et le berceau de la famille de l'agitateur Mohammed-ben-Hamza. Les tribus insurgées, manquant d'eau et de vivres et accablées de misère, fuient devant le commandant de la division d'Oran.

Le général Martineau s'est établi à Bou-Chethouth pour barrer la route du Sud aux tribus des Hauts-Plateaux.

L'insurrection est râlante dans la province d'Oran : elle se traîne misérable et affamée sur les r'dir desséchés de l'ouad-Zergoun, et sur les puits ensablés du Sud moyen. Il ne reste plus qu'à maintenir cette situation pour mettre la rebellion aux abois.

Le 12 juin, la colonne quittait son bivouac de Sidi-Makhlouf, et filait dans une direction ouest, à travers une plaine ondulée de mamelons rocheux; elle atteignait de bonne heure l'ouad Tadzmit, qu'elle coupait par un marécage couvert de luxuriants fourrages, en laissant sur sa gauche la ferme-bergerie qui a pris le nom de cet Ouad. La colonne allait dresser ses tentes à quelques centaines de mètres de la rivière, sur un immense plateau sablonneux tapissé de chih.

Dans la journée, l'affreux *guebli* (vent du sud) qui semblait nous poursuivre, se mettait encore à souffler effroyablement en soulevant autour de nous des sables brûlants : on ne sait où se réfugier pour s'en abriter. Les tentes, tourmentées, grondent et bourdonnent furieuses; elles veulent résister à la tempête; mais, patatrac ! malgré l'effort suprême de leurs habitants, elles sont terrassées, et leur contenu mord la poussière avec elles.

Nous sommes sur le pays des Oulad-Naïl, et, à chaque bivouac, le général règle les affaires des fractions de cette tribu dont nous traversons le territoire. Aujourd'hui que l'insurrection est à bout de forces et qu'il paraît à peu près démontré que ce n'est pas encore cette fois que nous serons jetés à la mer, les dévouements — qui avaient fait le plongeon, — reviennent sur l'eau, les douteux sont zélés, les compromis sont plus qu'obséquieux; les offres de service dépassent de beaucoup nos exigences ; les salamalecks pleuvent drus comme grêle ; les sourires sont pleins de câlinerie ; la flatterie est pyramidale, immense : le dernier soldat du Train est traité de monseigneur ; le caporal est un sultan ; il y a des baisers pour tout le monde, et de la tête aux pieds. Bien ! bien ! nous connaissons cela, braves gens ! ce sont tout simplement des démonstrations dont le succès a changé l'adresse, et nous savons d'expérience qu'avant de chercher à nous faire aimer de vous, — et nous en sommes vraiment trop préoccupés, — il faut d'abord nous en faire craindre. Ce n'est pas tout que de vous montrer le bras ; il faut aussi et surtout vous le faire sentir.

Le 13, nous quittons le bivouac de Tadzmit. La marche se continue dans l'ouest sur un grand plateau sablonneux couvert alternativement de chih et de halfa. Nous tombons enfin sur l'ouad El-Fekaïrin, que nous traversons. Nous dressons nos tentes sur les bords de la rivière.

L'ouad El-Fekaïrin a des r'dir magnifiques qui conservent de l'eau toute l'année. Il y a là, dans le lit de la rivière, un ressaut rocheux formé de blocs énormes dont la cassure a dû être amenée par quelque grande commotion terrestre. Les eaux des r'dir sont légèrement saumâtres ; mais on trouve deux ou trois petites sources sur les bords de l'ouad qui en fournissent de potable, en petite quantité cependant.

Le *guebli* n'a pas cessé ; c'est toujours vers deux heures de l'après-midi qu'il s'élève et prend son maximum d'intensité.

El-Fekaïrin est un campement des Oulad-Naïl ; on y remarque un grand nombre de silos comblés, et quelques tombes bossuant le sol sur un petit promontoire au-dessus de l'ouad.

Nous quittons El-Fekaïrin, le 14, en prenant une direction nord-ouest ; le ciel s'est grisonné et le froid est extrêmement vif. Hier, on fondait au soleil ; aujourd'hui, on est solidifié et rigidifié à se casser comme du verre.

La colonne rencontre à chaque pas des champs d'orge et de blé ; ces céréales sont courtes de paille et un peu maigres ; mais elles n'en sont pas moins la preuve que, si cette partie du Sud est sans avenir pour la colonisation, les Sahariens peuvent néanmoins y trouver des ressources qui, dans un avenir prochain, peut-être, leur permettront de se passer du Tell, et alors le dicton suivant, que nous avons déjà cité, ne sera plus une vérité : « *Celui-là est notre père qui est le maître de notre mère, et notre mère est le Tell;* » car la mère des Sahriens, si l'on continue à les pousser vers l'agriculture, ne sera plus le Tell. Nous pensons qu'il n'est pas d'une sage politique de chercher à mettre le Sahra dans le cas de se suffire à lui-même; agir ainsi, c'est l'éloigner de nous, l'affranchir de la dépendance du ventre, et lui permettre, par suite, de se soulever et de pouvoir tenir longtemps la campagne avec ses propres ressources.

Ces cultures, faites sur une très-grande échelle dans le pays des Oulad-Naïl, témoignent que l'insurrection a été spontanée, et qu'elle n'était pas prévue encore au moment des semailles; car, autrement, les Oulad-Naïl auraient préféré garder leurs grains dans leurs silos que de les confier à la terre.

Un goum des Oulad-Naïl vient saluer le général de sa *tharaka* (fusillade) de bienvenue; un *dththouch* (palanquin), renfermant sans doute la femme d'un des principaux cavaliers du goum, se tient gravement derrière la *fantasia* comme un paon gigantesque qui ferait la roue.

Le fond du tableau est marqué par une chaîne de montagnes qui paraît barrer notre direction; une tache blanchâtre se montre vaguement à mi-côte du versant sud-est de cette chaîne : c'est Ksar-Znina qui, du point où nous sommes, semble s'adosser au Djebel-Serdoun.

Nous laissons sur notre gauche le chemin de Sidi-Bou-Zid, ksar situé à la pointe nord-est du Djebel-'l-Amour.

Nous approchons de Znina qui, à quelque distance, semble un amas de constructions éboulées; à la droite du ksar, une koubba renfermant les restes mortels de Sidi Mahammed-ben-Salah, s'élève sur un mamelon pierreux, dénudé et de nuance jaune-sale. La coupole de cette chapelle funéraire affecte la forme d'un *mdhol* (1) gigantesque.

---

(1) Le *mdhol* (de *dhol*, ombre) est un chapeau de haute forme, à larges bords, que portent les Sahriens. La plupart des officiers des colonnes du Sud ont adopté ce chapeau, qui a le défaut d'être trop pesant et fort incommode.

Nous laissons le ksar à notre gauche, et nous allons dresser nos tentes dans un bas-fond sablonneux qui, pendant l'hiver, doit former un marécage. Aujourd'hui, il est complètement à sec, et son fond est tapissé de quelque végétation.

Le ksar des Znina est bâti sur la corne Est d'une croupe rocheuse avec laquelle il semble se confondre. Son mur d'enceinte, qui est très-bon et convenablement crénelé, paraît d'origine récente, du moins sur les faces nord et ouest; des maisons ruinées, qui ont dû autrefois être renfermées dans les murailles ceignant le ksar, en ont été rejetées définitivement. Ce fut, sans doute, pour n'avoir pas à les relever.

Le ksar n'a qu'une porte; elle donne accès sur une place où viennent s'amorcer les rues principales.

Les maisons ont un aspect misérable; elles s'étagent sur les flancs du mamelon qui sert d'assiette au ksar.

Les jardins sont situés au pied du mamelon qui porte cette bourgade : on y trouve l'abricotier, le grenadier et tous les arbres fruitiers des régions voisines du Djebel-l'-Amour. Deux sources principales les irriguent, et vont former, faute d'écoulement, des marais qui doivent ne rien ajouter à la salubrité du ksar. Ces jardins sont clos de murs faits de briques séchées au soleil.

Les Znina sont marabouths; cette qualité n'en fait pas cependant tout-à-fait des saints, au contraire. On dit — leurs ennemis, sans doute, — qu'ils pratiquent avec une grande habileté le vol et le recel. Il paraîtrait que, lorsque l'âge a privé le Znini des facultés qu'exige l'honorable profession de voleur, il devient tout naturellement recéleur : c'est une sorte de position de retraite. A part cela, on n'a rien à reprocher aux gens de Ksar-Znina; ils passent même pour des musulmans d'une qualité supérieure, et, de tous les points du Djebel-'l-Amour, on vient demander leurs prières et prier chez eux. Leurs voisins, les gens de Sidi-Bou-Zid, bien que marabouths comme eux, ne peuvent cependant se lasser d'entendre leur parole et leurs pieux conseils. Espérons pourtant qu'à l'heure de la mort, les Znina mettent de l'eau dans leur vin et qu'ils se repentent d'avoir pris le bien d'autrui; car il nous serait trop pénible de croire ces saints marabouths exclus du paradis de Mahomet, et voués fatalement aux désagréments de la haute température et des autres incommodités du *Djehennem* (enfer).

Il semble que Ksar-Znina et son territoire aient été foudroyés par une pluie de pierres ; on se demande d'où peut bien provenir cette profusion de moellons qui inondent le sol à ne savoir où poser le pied.

Les environs du Ksar-Znina sont énormément fréquentés par les coprophages-atheucus, ces scarabées travailleurs, si vénérés des anciens Égyptiens, et qui, avec la patience de Sisyphe, roulent incessamment leur boule d'approvisionnements. Jamais nous nous n'en avions tant vu qu'en ce point ; à chaque instant, nous nous rencontrions nez à nez avec ces étourdis coléoptères qui venaient nous heurter en bourdonnant.

Nous faisions séjour le 15 dans notre camp sous Ksar-Knina, et nous en partions le 16 pour aller coucher à El-Ar'ziz, à moitié chemin de Ksar-Charef. Le pays que nous parcourons présente de belles vallées couvertes de riches céréales que, malgré toutes les précautions, nous piétinons un peu ; mais il y en a tant, et les espaces ensemencés sont si considérables, qu'il nous est de toute impossibilité, à moins de faire de grands détours, de respecter autant que nous l'aurions voulu cette Mtidja des Oulad-Naïl. Ces terres sont parfaitement défrichées, et on n'y a laissé que quelques bouquets de jujubiers sauvages trop difficiles, sans doute, à extraire ou à déraciner.

Nous posons notre camp sur les bords de l'ouad El-Ar'ziz, dans un terrain couvert de halfa. Le pays est très-beau : les montagnes qui entourent notre bivouac sont boisées de genévriers et de térébinthes ; cette dernière essence est très-commune dans le lit de l'ouad. El-Ar'ziz paraît être le pays des tourterelles. Les officiers chasseurs en font un grand massacre.

Le général a convoqué à son camp d'El-Ar'ziz les chefs de la tribu des Oulad-Naïl ; c'est là qu'il doit leur faire connaître le chiffre des amendes auxquelles il a coté les lenteurs, le mauvais vouloir, les désobéissances de leurs administrés. Le bach-agha sid Cherif-bel-Harch est là, dans son bernous noir, le regard profond : un ascète enté sur un homme de poudre. Sa parole est grave, sa contenance recueillie, son attitude digne. Sa position a été difficile dans ces derniers temps ; il sentait que la fidélité des Oulad-Naïl ne tenait qu'à un fil, et qu'il ne les avait pas dans la main. D'un autre côté, il était tour-à-tour sollicité et menacé par le marabouth qui désirait ardemment donner à sa cause un homme de la valeur et de l'importance de sid Cherif-bel-Harch. Maniant, — comme tous les Arabes — assez habilement la diplomatie, le bach-agha, très-sage et très-clairvoyant du reste, a su maintenir sa tribu et l'empêcher d'aller porter au marabouth rebelle le puissant appoint de ses cavaliers et de ses armes.

Nous aurons, dans la seconde partie de cet ouvrage, — qui sera l'historique de la seconde phase de l'insurrection, — à parler plus longuement d'un homme qui nous a servis fidèlement et qui est mort en défendant notre cause.

Parmi ces kaïds des Oulad-Naïl, il en est un qui a les oreilles coupées. C'est en 1852, croyons-nous, que cet *accident* lui serait arrivé : tombé entre les mains de nos spahis à la suite d'un coup de main, on l'aurait privé, à cette occasion, de ses pavillons auriculaires. Il faut dire qu'à cette époque, les oreilles se payaient jusqu'à deux douros la paire. Avant qu'on eût introduit dans les mœurs de nos cavaliers indigènes cette méthode aussi humanitaire que commode — pour l'opérateur — de payer les oreilles, on ne primait que les têtes : c'était peut-être trop radical ; mais on ne peut nier cependant que ce ne fût une garantie sérieuse pour ne plus retrouver dans les rangs opposés l'ennemi qui avait subi cette opération. On imagina donc de transporter la prime des têtes sur leurs accessoires, les oreilles, et tout le monde fut satisfait. Ce kaïd *désoreillé* est aujourd'hui, dit-on, l'un de nos plus fidèles serviteurs, ce qui tendrait à prouver que la méthode avait du bon.

Une dépêche télégraphique nous apprenait que le Sous-Gouverneur était arrivé le 15 à Ammi-Mouça, en même temps que les colonnes Liébert et Lapassel, et qu'à la suite de combats livrés par ces deux colonnes, les rebelles avaient été battus avec des pertes considérables. La dépêche ajoutait que quelques tribus demandaient à se soumettre.

Une autre dépêche nous donnait des nouvelles du général Deligny. Cet officier général, bien approvisionné en vivres et en munitions, était parti le 10 de Géryville avec 3,000 bayonnettes, 400 sabres et 6 obusiers, et marchait sur El-Abiodh-Sidi-Ech-Chikh, où il était en mesure, affirmait-il, d'infliger un terrible châtiment aux rebelles près des tombeaux de leurs marabouths les plus vénérés.

Le 11 juin, les goums du général Deligny, appuyés par sa cavalerie régulière, avaient fait des prises assez importantes sur les Harar qui se trouvaient devant lui avec le marabouth, près des ksour des Arbâouat.

A la date du 3 juin, le général Martineau, campé à Si-Bou-Azza, faisait connaître que la plus grande tranquillité régnait entre Tiaret et Frenda, et que les douars qui environnaient son camp faisaient paisiblement leurs moissons.

« En résumé, ajoutait la dépêche télégraphique, la situation générale devient bonne, et tout marche rapidement vers un dénouement prochain. »

Le 17 juin, la colonne quittait son bivouac de l'ouad El-Ar'ziz à la lueur des touffes de halfa, et longeait, en appuyant légèrement dans la plaine, les contre-forts du djebel Ez-Zabech. Le terrain parcouru est couvert d'une halfa luxuriante émaillée de bouquets de romarin en fleurs. A chaque pas, un lièvre, surpris au saut du terrier, quitte imprudemment son gîte : immédiatement, les bâtons des sokhkhara volent en sifflant, la poudre parle, les chiens donnent de la voix, les fantassins se précipitent par compagnies sur le malheureux membre de la famille des léporidés : c'est un pêle-mêle de bras qui se tendent, de fusils qui se heurtent, de chiens qui pénètrent comme un coin dans la foule, de bâtons et d'armes qui frappent ; eh bien ! malgré ce redoutable déploiement de forces, le lièvre en est quelquefois quitte pour la peur et un peu de poil de moins, et cela prouve que la victoire n'est pas toujours pour les gros bataillons ; mais souvent aussi, l'infortuné rongeur, saisi par dix mains et par dix gueules à la fois, n'est bientôt plus qu'une chose informe, un gâchis de chairs palpitantes dont les conquérants se partagent les lambeaux saignants.

Devant nous, au nord, la sebkha du Zar'ez se déploie de l'est à l'ouest comme un immense lingot d'or.

Nous sommes à hauteur d'un ksar de bonne apparence juché, à notre droite, sur le bord d'un plateau rocheux. C'est le Ksar-Charef. Les difficultés du terrain ne permettent pas, sans doute, de l'aborder de front; car nous le dépassons et nous le tournons par le nord.

La population du ksar est venue au-devant du général; elle prouve son allégresse par une fusillade qui nous paraît très-maigre et mal nourrie.

Nous gravissons un plateau dénudé et à tons jaunâtres, puis, laissant les jardins sur notre droite, nous allons dresser nos tentes sur un vaste emplacement rocailleux dans lequel les piquets ne mordent que difficilement.

Le Ksar-Charef, placé en phare sur l'extrémité d'un contre-fort du djebel Ez-Zabech, présente de loin l'aspect d'une bourgade biblique : ses maisons s'échelonnent avec une certaine grâce sur un rameau ondulé de la montagne; elles n'ont point ce ton gris-sale de celles des autres ksour; elles sont blanches, au contraire, — toujours de loin, — comme la koubba d'un saint qu'on ne néglige pas; et quand le chaud soleil du Sud vient inonder de ses rayons d'or les murs et les terrasses du ksar, c'est alors de la féerie, de l'éblouissement, et l'on se dit: « Ce n'est pas là l'œuvre de l'homme; les génies ont dû y mettre la main. »

La situation de Charef est délicieuse. Les hauteurs boisées qui servent de fond au tableau repoussent merveilleusement l'ensemble du ksar, et contribuent puissamment à en faire ressortir toutes les ravissantes beautés. Charef, quand le soleil se couche, c'est un rubis noyé dans un bain d'or. C'est splendide, magique!

Mais gardons-nous bien d'approcher de ces splendeurs; car, alors, l'illusion n'est plus possible: la dorure s'éraille et tombe, et il ne reste plus qu'un affreux amas de ruines à tons crayeux, des brèches béantes, des terrasses effondrées, des poutrelles tendant leurs grands bras pour chercher un point d'appui, des huttes sans portes, des murs émiettés, des silos ensablés au milieu des rues, des détritus séculaires dans des cours abandonnées: Charef n'est plus qu'un sépulcre. Parfois, une ombre, — une femme, peut-être, — elle se retourne; c'est une femme: déhanchement ignoble, souvenir d'une coquetterie immonde, paupières koheulisées à l'excès; — est-ce le résultat du sulfure d'antimoine ou des coups de poing de son seigneur et maître? — linges effilochés, maculés d'impuretés; jambes bouffies et à cannelures flasques et tremblotantes comme de la gélatine; charmes flétris et plongeants: c'est décidément une femme, et une Naïlia, qui plus est, le parangon de la beauté sahrienne, l'une de ces houris de la terre que le Prophète a détachées ici-bas pour donner aux Croyants un avant-goût des voluptés qui les attendent là-haut. Parfois, disons-nous, une femme traverse rapidement la rue et va se terrer, comme un rat surpris en flagrant délit d'indélicatesse, dans une de ces huttes ruinées qu'on ne supposerait pas pouvoir être habitées.

Autrefois, Charef, qui a une cinquantaine de masures, était habité par une population d'assez mauvaise réputation; elle volait volontiers à ses moments perdus, — elle en avait beaucoup, — et cela, malgré les reproches incessants que lui faisaient ses marabouths, lesquels, pour atténuer un peu l'effet agaçant de leur morale, consentaient paternellement à partager avec leurs ouailles le résultat de leurs opérations de petite guerre. Plus tard, les gens de Charef, pris de l'esprit de vagabondage et dégoûtés d'habiter des maisons qu'il aurait toujours fallu réparer s'ils eussent tenu à ce qu'elles fussent habitables, se décidèrent à mettre la clef sous la porte, et à filer avec leurs troupeaux, posant leurs tentes ici aujourd'hui, et demain ailleurs. Une dizaine de familles restèrent dans le ksar, pour garder sans doute les approvisionnements de grains des fractions des Oulad-Naïl qui y avaient leurs silos.

Bien qu'ils n'habitent pas le ksar, les nomades de Charef y entretiennent cependant leurs jardins. On trouve, dans ces vergers, des figuiers, des abricotiers, des pruniers et des grenadiers, et cette verdure égaie les abords blanc-sale de la bourgade.

Charef a des eaux superbes: une délicieuse source, située au-dessus des jardins, répand son cristal liquide sur un fond d'argent, et, — chose rare dans le Sud, — ces eaux sont excellentes et dépourvues de ces sels qui amènent tant de désagréments dans l'économie animale des amateurs de ce liquide.

Un petit ouad, dont le lit contient quelques sources, descend du massif du Zabech, contourne le ksar, et va se perdre dans les sables sans pouvoir arriver jusqu'au Zar'ez.

Le général continue, pendant les journées des 18 et 19 juin, le règlement des affaires des Oulad-Naïl.

Le 20, la colonne quittait, avant le jour, le bivouac de Charef, et prenait sa direction sur le Zar'ez de l'ouest. Le terrain, difficile et rugueux sur les dernières pentes du Zabech, n'est plus dans le bas qu'une immense plaine couverte d'une halfa magnifique où s'abritent de nombreux lièvres : c'est une fusillade continue sur les flancs de la colonne.

Le soleil ne nous ménage pas; nous sommes littéralement au bain-marie; les fantassins égouttent comme des éponges exprimées. Ils ont bien de l'eau — et de l'eau de Charef, s'il vous plaît, — dans leurs bidons pour étancher leur soif; mais elle est bouillante, et, par conséquent, peu propre à l'extinction de leurs gosiers en feu. Encore quelques heures, et nous arriverons à une source qu'un détachement d'infanterie, sous les ordres d'un capitaine du génie, a eu hier pour mission d'aller déblayer.

Une grande bande de nuance paille se dessine au loin perpendiculairement à notre direction. C'est le bourrelet de sable de Zebaret-el-Fatha, la lèvre méridionale du Zar'ez de l'Ouest. Nous dépassons cette ligne de sable, et un spectacle aussi magique que plein de fraîcheur s'offre aux regards de nos soldats et remplit d'espoir leurs larynx desséchés : un immense lac aux eaux argentées se déploie devant eux de l'est à l'ouest, et renvoie effrontément au soleil les rayons dardants dont il semble le frapper. « Comme il va faire bon, se disent nos troupiers, de piquer une tête là-dedans !... Qui est-ce qui disait donc qu'il n'y avait pas d'eau dans le désert?... J'espère qu'en voilà assez. » Et les malheureux hâtaient le pas pour se faire quelques instants plus tôt une baignoire de ce beau lac. La chaîne de l'Oukat semble se mirer dans cette glace gigantesque, qui ne paraît avoir été placée là, du reste, que pour servir de Psyché à Phœbus.

Cependant, plus nos soldats approchent du Zar'ez, plus le doute pénètre dans leurs âmes. Est-ce bien de l'eau que contient ce lac? Les arbustes qui croissent sur ses rives se réfléchissent pourtant bien sur sa surface. La colonne descend toujours; elle atteint une sorte de *daya* (bas-fond) tigrée de rares touffes de joncs, et où viennent se perdre les eaux de quelques ravins ayant leurs têtes dans la montagne; elle touche au lac : déception, et amère surtout! les belles eaux du lac sont remplacées pas une couche de sel qui en recouvre toute la surface. La colonne avait été le jouet du mirage. Il nous reste, heureusement, sur les bords de la Sebkha, la source de Hamiat-el-R'arbia, que le détachement parti hier a dû déblayer ce matin. Déception nouvelle! ce travail dans une vase infecte, à exhalaisons sulfureuses, a enfiévré les travailleurs, ainsi que le capitaine qui les dirigeait, et, pour comble de malheur, l'eau de cette source n'est pas potable.

La colonne pose néanmoins son camp sur les bords du lac; mais les travaux de la source ayant empesté l'air aux alentours, le général a décidé que la colonne abattrait ses tentes à cinq heures pour aller coucher plus loin, sur un bivouac sans eau. Cette décision est accueillie avec grand plaisir.

La sebkha (lac salé) du Zar'ez occidental n'a pas moins de 35 à 40 kilomètres de longueur sur une largeur moyenne de 6 ou 7 kilomètres; sa plus petite largeur, au Moktâ-Djedian, est de 4 kilomètres environ. Sur les bords internes du lac, on rencontre trois sources d'eau potable, mais chaude, ainsi que l'indique le mot *hamia*, qualification sous laquelle elles sont désignées.

Au moment de notre passage, le Zar'ez est entièrement recouvert d'une couche de sel solidifié, d'une épaisseur de deux ou trois millimètres; son fond, sous la couche de sel, est formé d'une vase noirâtre. Le pied laisse son empreinte sur la surface du lac, comme lorsqu'on marche sur la neige en temps de dégel. La sebkha a ses gués, ses points de passage; ils sont facilement reconnaissables aux traces qu'y laissent ceux qui les traversent. D'après les calculs du général Marey, la couche de sel solidifié représentant celui de l'eau de mer du bassin du Zar'ez, pourrait avoir 25 lieues carrées de base et 200 mètres de hauteur.

La chaleur est insupportable; le sol, formé d'ondulation de

sable piquetées de joncs rabougris, est brûlant aux pieds; nous sommes au four; pas un brin d'air; on ne sait où se mettre; on étouffe. Il ne faut pas penser à faire la sieste, la tente est inhabitable, même retroussée de toutes parts comme une bergère de Watteau; on pourrait être entraîné pendant le sommeil par l'ouad de sueurs que produit la position horizontale. Heureusement que nous n'avons plus que cinq heures à attendre dans cette énervante situation. Pour comble de maux, nous sommes sur les débris d'un campement de la colonne Liébert. Ils en avaient mangé, du mouton! ce ne sont qu'abatis, que têtes, qu'intestins, etc. Enfin!

Mais Dieu soit loué! il est trois heures et demie; le *commodore* Rose (un brave capitaine du 8e de ligne), chargé de la *flotte* des équipages d'eau, a donné le signal du départ à ses sokhkhrara, et les chameaux, chargés d'outres et de tonnelets, prennent leur direction sur le nouveau bivouac.

A cinq heures, nous en faisons autant. Nous sortons du lac par une daya desséchée et quadrillée en mosaïque par le soleil. Nous trouvons bientôt une belle route sur laquelle nous nous engageons, et, vers neuf heures du soir, nous dressons nos tentes, à la lueur de la halfa, auprès de quelques vieux térébinthes.

Le lendemain, 21 juin, la colonne reprend la route qu'elle a suivie la veille, et pique dans le nord-ouest sur un large plateau rocailleux, à végétation maigre et rabougrie, où le chih domine; on rencontre çà et là des bouquets de *sedeur* (jujubiers sauvages) et quelques térébinthes. Nous trouvons des fumées indiquant le passage des fauves (1) gazelles; les troupiers se précipitent sur les produits parfumés de ce type de toutes les beautés de la femme, du moins, selon les poëtes orientaux. En effet, nous sommes croisés par un de ces ruminants à cornes creuses, — nous parlons

---

(1) Il est très-remarquable que la robe des animaux du désert n'a jamais de couleurs vives; tous sont à pelages gris, jaune-pâle ou blanc-jaunâtre, nuances rappelant les teintes du sol sur lequel ils vivent. La même remarque s'applique aux oiseaux, aux reptiles et à la plupart des insectes : c'est là, du reste, leur sauvegarde contre les animaux qui les chassent et qui s'en nourrissent.

des gazelles. — Bou-Diça lui donne la chasse, et, en quelques minutes, chasseur et chassée ont disparu derrière un pli de terrain. Nous plaignons la gazelle ; car elle a affaire à un rude poursuivant.

Devant nous se dressent déjà les collines jaunâtres qui bordent l'ouad El-Beïdha, devenu plus bas l'ouad Tagguin ; la colonne traverse des marécages à sec en ce moment et saupoudrés d'efflorescences salines. Un peu plus loin, nous trouvons des débris de cantines, des lambeaux de drap rouge, puis, à quelque distance l'une de l'autre, deux têtes d'hommes, — de Français, — calcinées, parcheminées par le soleil. C'est hideux ! Nous les emportons pour leur donner la sépulture. Nous sommes près de Feïdh-Hallouf, sur le lieu du combat où, le 16 avril, le lieutenant Ahmed-ben-Rouïlah et la moitié de son peloton tombèrent sous les balles des Oulad-Chaïb.

Nous gravissons un mamelon rocailleux au sommet duquel sont deux petites redoutes en pierres sèches qui nous ont paru avoir servi de postes-avancés à l'un des nombreux camps qui, depuis 1844, ont été établis sur ce point ; puis nous descendons dans une vallée marécageuse, couverte de magnifiques fourrages ; nous la traversons, et nous allons dresser nos tentes à Ras-el-Aïn, sur les bords d'un ouad bordé de saules et de roseaux, au pied d'une chaîne de petites collines de nuance jaune-sale.

Ce bivouac n'est que temporaire ; ses marais lui ont fait une mauvaise réputation. Aussi, le général a-t-il décidé qu'on lèverait le camp à quatre heures du soir pour aller coucher à trois lieues plus loin.

Tagguin est un point auquel ses eaux et ses fourrages ont, dans tous les temps, donné beaucoup d'importance, et les tribus qui l'avoisinent se le sont bien souvent disputé par les armes : c'est ainsi que les Harar, les Oulad-Khelif, les Oulad-Chaïb, les Oulad-Mokhtar et les Nouaïl rougirent si fréquemment de leur sang ces précieuses eaux, la vie de leurs troupeaux. Les Oulad-Khelif, pour appuyer plus solidement leurs prétentions sur le campement de Tagguin, y firent bâtir un petit fort actuellement ruiné. Du reste, d'après les érudits, Aïn-Tagguin signifierait

« *Fontaine des Puissants* (1), » et cette dénomination expliquerait que ce lieu, théâtre de fréquents combats, ne saurait appartenir qu'aux forts, à ceux enfin qui l'ont conquis.

Tagguin est aujourd'hui l'un des campements des Oulad-Chaïb, de cette tribu qui fit défection au commencement de l'insurrection.

Nos colonnes passaient pour la première fois sur ce point en 1842 : ce fut le 30 septembre, quand le général de La Moricière poursuivait cette grande émigration de 30,000 individus qui fuyaient le Tell de la province d'Oran pour se jeter dans le Sahra. Le point de Tagguin est surtout célèbre dans nos annales algériennes par la prise de la zmala de l'Émir Abd-el-Kader, le 16 mai 1843, brillante affaire tentée sur les indications du colonel Yusuf, et à laquelle il prit une si grande et si glorieuse part.

La zmala toute entière était établie à Ras-el-Aïn de Tagguin : elle se composait de 300 douars présentant une population de 20,000 âmes, dont 5,000 guerriers. Bien que le duc d'Aumale n'eût avec lui que 500 cavaliers, il n'hésita pas à les jeter sur l'ennemi. Le lieutenant-colonel Morris chargea, à droite, avec les chasseurs ; le colonel Yusuf, à gauche, avec les spahis ; le duc d'Aumale se portait en même temps sur le centre avec une petite réserve. La surprise fut complète : nos cavaliers fondirent comme une trombe de feu au milieu de cette population terrifiée, hurlante ; ce n'était bientôt plus, dans cette ville mobile, qu'une confusion, un pêle-mêle de femmes qui supplient ou qui injurient, d'enfants qui pleurent en appelant leurs mères, de guerriers qui courent à leurs armes ; mais la trombe passait rapide, effrénée, terrible, renversant, brisant, écrasant, broyant tout ce qui lui faisait obstacle ; les sabres sillonnent l'air d'éclairs sanglants, la poudre jette son cri aigre et vibrant, les armes se choquent, les étriers tintent sous les coups des chabirs, et, sous ce bruit de ferraille, hommes et chevaux, la narine ouverte, les naseaux fumants, l'œil enflammé et veiné de sang, roulent toujours, pulvé-

---

(1) A moins pourtant que *Tagguin* ne vienne de *taguen*, qui signifie *limon au fond d'un ruisseau*. Cette leçon serait d'accord avec la condition du lieu, lequel est fort marécageux.

risant, dans leur course fougueuse, vertigineuse, tout ce qu'ils rencontrent sur leur chemin. Trois cents guerriers arabes sont tués; trois mille prisonniers (1), quatre drapeaux, un canon, et un immense butin sont les trophées de la victoire.

La mère et la femme d'Abd-el-Kader se sauvèrent sur un mulet, escortées par quelques cavaliers. La première, dit-on, aurait, pendant quelques instants, tenu suppliante l'étrier du colonel Yusuf qui, après l'avoir rassurée, sans la connaître, l'aurait perdue dans la foule.

Au mois de mai 1844, le général Marey, dans son expédition sur Laghouath, avait reconnu l'excellence de la position de Tagguin; il y créait un dépôt fortifié pour y laisser les approvisionnements du retour, ainsi que ses écloppés, diminuer ainsi d'autant les embarras et les dépenses de son convoi, et, enfin, assurer ses communications. Il existait alors à Tagguin, sur une hauteur dominant les marais, un reste de ksar bâti là vers 1834, et qui avait été abandonné depuis à cause de son insalubrité. En deux jours, le général le mit à l'abri d'une attaque: on y établit quatre bastions, un réduit en pierres sèches, et un réduit de réduit en caisses de biscuit et sacs d'orge; une caponnière menait à un puits creusé dans le bas. Cent cinquante hommes, sous les ordres d'un capitaine, fournirent la garnison de ce dépôt.

Les Rahman, les Oulad-Chaïb et les Bou-Aïch vinrent former autour de Tagguin leurs nombreux douars.

A diverses époques, les colonnes séjournèrent ou passèrent sur ce point, et y laissèrent quelques travaux.

C'est ainsi que la colonne du général Liébert, qui campa, dans le courant de mai dernier, sur les eaux de Tagguin, restaura et agrandit l'ouvrage qu'avait créé le général Marey en 1844 pour y établir son dépôt. Quand, pendant que la colonne Yusuf faisait sa pointe sur Tadjrouna, le général Liébert se porta sur El-Beïdha,

---

(1) Le malheureux lieutenant Ahmed-ben-Rouïlah, qui, 21 ans plus tard, le 16 avril 1864, devait tomber assassiné à Tagguin, était parmi les prisonniers qui furent faits dans la mémorable journée du 16 mai 1843. Il était alors âgé de 13 ans.

il fit son biscuit-ville de ce retranchement en pierres sèches. Aujourd'hui, c'est une véritable œuvre d'art qui pourrait défier les attaques de tous les Sahriens réunis.

Cette position n'est pas positivement un lieu de plaisance; outre son insalubrité, il est difficile de trouver des mamelons plus pelés, plus rocailleux que ceux qui enceignent la vallée marécageuse de Tagguin ; leur nuance isabelle n'ajoute rien à la gaîté du point de vue. On remarque, sur un piton situé à l'ouest de l'ouvrage Marey, des traces d'un retranchement en pierres sèches qui a dû être l'un de ses postes-avancés. Un marais, bourbeux et vaseux comme l'Achéron, produit par les eaux de la fontaine de Tagguin, s'étend traîtreusement sous les joncs et les roseaux, et répand autour de lui, quand il est piétiné, des miasmes pestilentiels à odeur sulfureuse. Quelques parties du marais sont desséchées ; les efflorescences salines qui les recouvrent indiquent que les eaux qui y séjournent pendant l'hiver sont saumâtres.

Depuis l'affaire du 16 avril, les vautours et les corbeaux ont élu domicile aux environs de Tagguin ; ils s'y comptent par centaines. Il nous semble pourtant qu'après deux mois de travail, la besogne de ces fossoyeurs-nettoyeurs doit fortement s'avancer.

Dans cette vallée, le soleil nous frappe plus impitoyablement que jamais; c'est une chaleur lourde, accablante comme une chasuble de plomb. Nous pouvons apprécier actuellement ce que devaient éprouver les gens condamnés au supplice de l'auto-da-fé. Il est quatre heures, et nous nous mettons en route sans le moindre regret pour aller chercher un gîte à trois lieues plus loin. Nous campons sur un petit ravin qui va jeter ses eaux — quand il y en a — dans l'ouad Tagguin, à hauteur de R'ouïba.

Une dépêche télégraphique nous apprenait qu'à la date du 20 juin, le général Deligny rentrait à Géryville, après avoir détruit El-Abodh-Sidi-Ech-Chikh. Le marabouth Sid Mohammed-ben-Hamza était en fuite, et les Harar avaient fait leur soumission.

Comme le disait la dépêche télégraphique, le marabouth était bien en fuite; mais il était suivi par les cavaliers des Mekhadma, des Châanba, des Oulad-Sidi-Ech-Chikh, des Oulad-Chaïb, et de plusieurs douars des Harar. C'était bien une fuite à notre point de vue ; mais, pour les Arabes, ce n'était qu'une retraite. On le verra plus tard. Du reste, nous le répétons, la fuite d'un goum n'a pas, pour les indigènes, l'importance que nous attachons à cette manière de se retirer ; c'est, au contraire, un des principes de la tactique de ce peuple, qu'il faut se hâter de fuir, quand on ne se sent pas le plus fort. Il est vrai que, le lendemain, on peut très-bien retrouver devant soi ce même ennemi qu'on avait mis en fuite la veille, et qu'on croyait bien loin.

Le 22 juin, la colonne, qui pensait se diriger sur Chellala, était jetée soudainement à gauche de la route, et prenait une direction légèrement ouest ; le général lui donnait apparemment une autre destination ; mais, dans tous les cas, le secret était bien gardé. Les commentaires nous portaient sur Tiaret en passant par Goudjila ; nous étions sur le chemin qui conduit à ces localités. Mais, après deux heures de marche, à hauteur du ravin de Bou-Chaouat, la colonne se redressait et filait droit au nord. Nous ne fûmes fixés sur notre objectif qu'à l'entrée de la Tenïet-el-Hamra, qui coupe le Djebel-Ben-Hammad, et ouvre un passage sur le ksar de ce nom.

La Tenïet-el-Hamra est un étranglement extrêmement étroit qu'encombrent d'énormes blocs de rochers arrachés aux sommets voisins. Un chemin de chèvre, dans lequel on ne peut passer qu'un à un, s'allonge en limaçon sur le flanc droit du col, puis il atteint, à hauteur d'un carrefour de ravins, une rampe assez raide qui débouche, à mi-côte des hauteurs rocheuses de Ben-Hammad, sur une vaste plaine couverte de halfa qui se confond, au nord et à l'ouest, avec le plateau du Sersou. Quand le ciel est sans brume, on découvre très-bien de ce point le poste-avancé de Tenïet-el-Hâd. A partir du sommet de la rampe dont nous venons de parler, le chemin court au pied des pentes du Djebel-Ben-Hammad jusqu'à hauteur de l'échancrure au fond de laquelle s'embusque le ksar Ben-Hammad. C'est en ce point que la colonne pose son camp sur un terrain rocailleux à l'excès, où l'on ne parvient à dresser les tentes qu'après de longs tâtonnements.

Le pays de Ben-Hammad (1) mérite son nom à tous égards; car c'est bien la région la plus durement rocailleuse qu'il soit possible d'imaginer, et nous ne voyons guère que la rude chebka du Mzab qui puisse lui être comparée. Le massif du Djebel-Ben-Hammad ne se compose, pour ainsi dire, que d'un immense rocher formé de blocs gigantesques superposés et dont les flancs sont coupés à pic; c'est là, incontestablement, que les Titans ont essayé d'escalader le ciel. Ces hideux escarpements ont encore cette teinte ocreuse dont nous sommes si fatigués, et nous inférons de cette monochromie que c'est le même badigeonneur qui a eu toute l'entreprise du Sahra. Ces chaînons, nus comme un ver, viennent se nouer à l'est et à l'ouest à une sorte d'anneau qui forme entre leurs points d'attache une vaste dépression circulaire à berges déchirées, rongées. On arrive sur cet immense puisard dont la margelle, le couronnement, paraît être le point culminant du massif, par deux plateaux rocheux posés en tremplin sur les bords de l'excavation où ils viennent s'accrocher. Ces plateaux, d'une largeur assez considérable, jouent, par l'effet de leur presque inaccessibilité, le même rôle que les *gâda* du Djebel-'l-Amour, c'est-à-dire que, dans un pressant danger, ils peuvent servir de refuge aux gens de Ben-Hammad et à leurs troupeaux. Les flancs de ces plateaux renferment aussi de profondes anfractuosités qui semblent impraticables, et qui le sont, en effet, pour ceux que les gens de Ben-Hammad n'ont pas mis dans leur secret. Ces cavernes sont des cachettes au fond desquelles, comme nous le dirons plus loin, alla bien souvent s'enfouir le bien d'autrui.

Au fond de l'excavation dont nous venons de parler, jaillit, du fond de la paroi adossée à l'est, une source qui se répand en dehors du massif par l'échancrure qui donne accès dans la crique formée par la solution de continuité des chaînons est et ouest. Quelques jardins à arbres fruitiers ont été plantés sur le parcours

---

(1) Les Sahriens appellent *hammad* des plateaux rocailleux d'une dureté excessive; c'est comme un sol de fer sur lequel on aurait semé des scories. *Ben-Hammad* signifierait, dans le langage imagé des gens du Sud, *fils des plateaux rocailleux*.

des eaux de la source. Le village de Ben-Hammad, qu'on ne découvre que lorsqu'on est dessus, est accroché à gauche — comme une cage d'oiseau — sur une alluvion rocailleuse provenant d'un éboulement de l'escarpement nord; des jardins maigres et chétifs sont placardés — comme un tableau appliqué contre un mur — au-dessus du ksar et au sommet de l'éboulement. Les Hel-Ben-Hammad sont donc littéralement dans un puits dont on aurait ouvert une paroi au moyen d'une tranchée allant affleurer son fond.

Il est bien évident qu'une population ne va pas se loger ainsi sans raison; les gens de Ben-Hammad se sont, en effet, choisi cet établissement en vue de l'honnête profession qu'ils avaient l'intention d'exercer.

Depuis les temps les plus reculés, les gens qui, plus tard, vinrent habiter Ben-Hammad, passent pour aimer à l'excès le bien d'autrui. Autrefois, ils vivaient sous la tente, et, pour arriver à s'approprier des troupeaux sans bourse délier, ils employaient la razia qui, en résumé, est presque de la guerre, moins la *sainteté* du but. Mais, dans ces sortes d'opérations qui présentent des périls aussi bien pour l'assaillant que pour l'assailli, les futurs Beni-Ben-Hammad laissaient souvent quelques-uns des leurs, circonstance qui enlevait une grande partie de son intérêt à cette guerre au butin. Il s'agissait, non pas de renoncer au métier, mais de trouver un moyen de le rendre tout aussi fructueux sans courir le moindre danger. Ce fut un ancien qui mit la main sur la solution. Il exposa modestement — bien qu'il n'en fût plus à faire ses preuves, — que la qustion se bornait à chercher un lieu sûr, hors d'atteinte, difficile à découvrir, facile à défendre, lieu, enfin, propre aux embuscades et au dépôt des biens que le Dieu unique — qui est grand et généreux, — pourrait faire tomber entre leurs mains. L'ancien ne le disait pas; il gazait; mais on voyait bien que ce qu'il voulait, c'était un coupe-gorge; la pudeur n'était donc pas entièrement bannie de son cœur. « Eh bien ! ajouta le chikh, ce lieu, je l'ai trouvé : c'est Ben-Hammad. Nous avons là *gâda* de refuge pour les mauvais jours, cavernes profondes pour y mettre nos biens, — et ceux des autres, s'il plaît à Dieu ! — eaux superbes pour nous abreuver, nous et nos troupeaux, bordj naturel pouvant défier les armées de tous les sultans du monde. — Ceci se passait bien avant notre occupation. — Que vous faut-il de plus? De là, nous fondons sur les voyageurs sans défense, sur les gens qui reviennent des marchés, sur les caravanes; nous les dépouillons de leur superflu, à moins qu'ils ne consentent — et je le leur conseillerais volontiers, — à nous payer un droit de passage, et nous rentrons au plus vite dans notre repaire sans attendre les explications qu'ils seraient tentés, peut-être, de nous demander. »

La proposition était trop belle pour ne pas être acceptée; aussi le fut-elle à l'unanimité.

Quelques mois après, le village était bâti, et les Ben-Hammadiens exerçaient déjà avec succès leur honorable industrie. Redoutés jusqu'à plusieurs journées de marche de leur base d'opérations, les tribus avaient consenti à leur payer un certain impôt, et personne ne pouvait traverser la Teniet-el-Hamra, sur laquelle ils avaient établi un droit de péage, sans se soumettre au tribut fixé. L'ancien agha des Oulad-Chaïb lui-même, El-Djedid-ben-Youcef, qui trouvait que cet impôt avait du bon — surtout pour ceux qui le percevaient, — ne dédaigna pas de se l'attribuer et de s'en faire de jolis revenus.

Il est clair que notre immixtion dans les affaires du Sud a dû porter un coup désastreux à l'industrie des gens de Ben-Hammad; mais ils n'ont jamais pu se défaire entièrement de leurs anciennes habitudes, et l'on est toujours sûr de leur voir prendre des actions dans les affaires d'eau trouble. C'était précisément un grief de cette nature qui nous amenait devant leur ksar.

Il existe, à dix kilomètres au nord de Ben-Hammad, un petit village bâti par des ouvriers européens auprès de l'emplacement de l'ancienne Chellala, et qui a pris le nom de son ancêtre. Ce village, où le kaïd Djelloul-ben-Msâoud, qui a été tué par Naïmi-ould-El-Djedid, avait sa résidence, fut peuplé avec des Znina, Sahriens étrangers à la tribu des Oulad-Sidi-Aïça, qui ont leurs terres de parcours autour de Chellala. Or, après l'affaire du 16 avril et la défection des Oulad-Chaïb, le pays n'étant plus gardé,

Chellala, notre création, fut saccagée par ses voisins, par les Beni-Ben-Hammad particulièrement qui, revenant à leurs anciens errements, s'empressèrent de faire main-basse sur les troupeaux de bœufs et de moutons appartenant aux Chellaliens. Ce vol, jusqu'à présent, était resté impuni, de même que le crime qui leur était reproché d'avoir fait de la poudre pour les rebelles. Mais le jour de la rétribution était arrivé, et le châtiment qu'avait encouru cette population tarée ne pouvait plus être différé.

Ne se sentant pas la conscience très-nette, les gens de Ben-Hammad, à l'exception de trois ou quatre tentes qui étaient restées sur les eaux, s'étaient retirés sur leur *gâda* à notre approche, prêts à y défendre, sans doute, leurs femmes et leurs troupeaux. Au lieu de députer quelques-uns de ses membres vers le commandant de la colonne pour lui faire entendre des paroles de paix et de soumission, cette population prenait, au contraire, une attitude hostile et une position de défense.

En présence d'un pareil aveuglement, il n'y avait plus à hésiter ; il fallait frapper.

Le général décida donc que deux bataillons et deux escadrons iraient chercher la soumission des gens de Ben-Hammad.

Vers minuit, deux détachements, de la force d'un bataillon chacun, escaladèrent en silence, guidés par des gens du pays, les pentes est et ouest de la *gâda* où s'étaient retirés les gens de Ben-Hammad. Le départ des deux colonnes fut combiné de façon à les faire arriver, en même temps et à la pointe du jour, sur le lieu où l'on supposait pouvoir trouver et surprendre les rebelles. La colonne de gauche, formée par les Tirailleurs du 1er régiment, avait un très-long détour à faire ; les chemins étaient atroces et presque impraticables ; la lune était voilée par une brume assez épaisse qui permettait à peine de se diriger à travers les rugosités, les rides, les déchirures de la route.

Vers trois heures et demie, un coup de feu réveillait notre camp : les gens de Ben-Hammad veillaient, et ils venaient d'apercevoir la tête de la colonne de gauche. Le feu s'engage ; la fusillade est répétée par les échos de la montagne. La colonne de droite vient d'apparaître à son tour ; les spahis tiennent le village en respect, et ferment toute retraite aux gens qui ont pu s'y enfermer. Les Beni-Ben-Hammad se sentent cernés ; la confusion est bientôt à son comble : les hommes crient, les femmes pleurent et supplient, la voix aiguë des enfants se mêle au sifflement des balles, les bœufs mugissent, les moutons bêlent, concert infernal et terrible où l'on sent que la mort doit faire sa partie. Des ombres fuient sur les sommets; des fuyards s'accrochent aux flancs des escarpements et disparaissent dans les anfractuosités. Les clairons ont sonné : « Cessez le feu ! » Toutes les crêtes sont couronnées; mais grâce à la demi-obscurité qui voile la *gâda*, et à leur parfaite connaissance du pays, la plupart des hommes ont pu s'échapper ou se cacher dans les rochers, abandonnant ainsi leurs femmes et leurs troupeaux. Nos soldats poussent devant eux bêtes et gens jusqu'à l'entrée d'un col s'ouvrant sur une rampe qui a son pied au fond de la grande déchirure où est situé le ksar. Femmes et enfants, bœufs, veaux, chèvres, moutons, juments et ânes s'écoulent par ce passage et sont conduits au camp. Pendant ce temps, le village était livré aux flammes, et l'épaisse fumée qui s'élevait lentement de ce fouillis d'ordures et d'impuretés apprenait aux fuyards de Ben-Hammad que nous pouvions les atteindre.

Une trentaine de femmes, portant ou traînant presque toutes un enfant, sont amenées au camp. Nous cherchons les traces de la douleur sur ces visages flétris; car, enfin, elles ont pu perdre — elles n'en savent rien encore — soit un père, soit un mari, soit un fils; mais nous n'y trouvons que l'indifférence la plus absolue. Que se passe-t-il donc — nous ne dirons pas dans ces âmes — dans ces corps pour lesquels les maux les plus poignants, les plus cruels ne sont pas des douleurs ? A quel état d'abrutissement en est donc arrivé la femme arabe pour rester insensible à ce point devant la perte d'êtres qui, pourtant, devraient lui être chers? Est-ce de la résignation ? Y a-t-il bien perte pour elle ? Dans tous les cas, ce n'est pas du stoïcisme ; car ce principe de la secte de Zénon est la fermeté, la constance dans les revers et les douleurs, et nous n'avons trouvé sous la crasse de ces visages qu'insensibilité et indifférence. En résumé, la femme arabe est-elle si à plaindre d'une situation qui, si elle ne permet pas les grandes joies, se compense au moins par l'avantage de ne pas admettre les grandes afflictions?

Un vieillard aveugle, conduit par une jeune fille, suit les prisonnières.

Il est difficile de se faire une idée de la malpropreté de ces malheureuses femmes: les linges qui leur servent de vêtements n'ont jamais, bien certainement, été soumis à l'action détersive du savon. Dans tous les cas, les hommes ne sauraient leur en faire un reproche; car ils sont absolument dans le même état de saleté repoussante que — nous ne dirons pas leurs moitiés — leurs tiers ou leurs quarts, bien que les ksariens ne se permettent que très-rarement le luxe de plusieurs femmes.

Les petits enfants font mal à voir: nus pour la plupart, ou couverts d'une loque, ils suivent machinalement les femmes, ou, suspendus à un sein flétri et tari, ils y cherchent une existence dont ils paraissent avoir grand besoin; d'autres encore sont amarrés sur le dos de leur mère, et y dorment la tête penchée et les yeux bouffis.

Des chiens maigres et à poil hérissé suivent, la tête basse, ce cortège de misère.

Le champ de la lutte présente un spectacle navrant: à droite, des débris de tentes et de leur misérable mobilier, des paillassons éraillés, des *keskès* usés, des marmites en terre brisées, des linges souillés, des loques ensanglantées, des lambeaux de tapis, des couffins troués, des fragments de bracelets en corne, des colliers en verroterie égrenés, des nattes — postiches en laine noire — piétinées, et mille autres objets à l'usage des ksariennes sont épars sur le sol dans une confusion qui marque la violence et la lutte. Les sokhkhrara fouillent, remuent ces débris immondes; ils les ramassent, les estiment, les empochent dans leur capuchon ou les rejettent, selon la valeur de leur estimation. Des chiens horripilés rôdent, en flairant, autour des lieux où se dressaient les tentes de leurs maîtres. A côté, un cadavre dépouillé de ses loques; un pieux musulman a essayé de recouvrir d'un fragment de paillasson ce corps jaunâtre, chétif, recroquevillé, racorni par la mort. La balle qui l'a tué a pénétré dans l'œil sans y laisser trace de sang; elle a fait son trou — un trou énorme,

— comme si elle avait frappé dans un plâtre ; c'est une cassure. Plus loin, un autre cadavre, celui d'un jeune homme, dépouillé aussi, mais recouvert d'un lambeau de vieux sac ; frappé juste au cœur : le trou de la balle et une goutte de sang déjà noirci. Au pied de l'escarpement, trois femmes assises, un cadavre étendu sur leurs genoux — la scène du saint Sépulcre, moins la douleur ; — ces femmes sont, sans doute, la mère, la sœur, la femme du tué. Le cadavre est couvert ; ses jambes sont rayées de lignes sanglantes qui annoncent autant de blessures, cinq ou six. Ces femmes attendent, le visage calme, indifférent, comme si elles tenaient tout autre chose qu'un cadavre sur leurs genoux, elles attendent, en regardant les passants, le mulet qui doit transporter le corps à sa dernière demeure. A gauche, la tête dans le ruisseau, un autre cadavre ; un chien lèche ses blessures.

Français, cavaliers du goum, passent au milieu de ces morts, de ces débris ; ils vont à l'eau, ou mènent leurs chevaux à l'abreuvoir en sifflant, en chantonnant — les Français — quelque chanson grivoise, — les Arabes — toute la collection des charmes de Meriem ou d'Aïcha. A gauche, le village en flammes ; par-dessus tout cela, un soleil de feu qui calcine les morts et les vivants, une odeur de poudre, de sang, de cadavre, de débris fouillés, d'immondices qui brûlent ! C'est affreux !

Après cette exécution, le général faisait connaître à ses troupes les raisons qui l'avaient motivée :

« Le ksar de Ben-Hammad ayant été de tout temps un repaire de malfaiteurs, et sa population ayant, dernièrement encore, causé la ruine de nombreux colons et indigènes par le sac du village de Chellala et le vol de ses troupeaux, les gens de Ben-Hammad viennent d'être châtiés avec toute la rigueur que comportent les circonstances actuelles. »

A deux heures de l'après-midi, le camp était levé, et nous allions établir notre bivouac à Chellala ; à quatre heures, nous dressions nos tentes en avant des jardins de cette délicieuse oasis. Nous avions quitté l'enfer pour le paradis.

Le nouveau village de Chellala a été bâti au-dessous de l'ancien ksar de ce nom; on voit encore les ruines de la vieille Chellala, sur la rive gauche d'un ravin qui descend du Djebel Ahmar Khaddou.

Il n'est point, dans tout notre Sahra, dans notre Tell peut-être, une oasis aussi fraîche, aussi ravissante, aussi délicieusement verte que celle de Chellala. Ce charmant Éden plaît d'autant plus qu'on s'attend moins à le trouver; en effet, tout, autour de cette splendide végétation, est rocailleux, jaune-sale, sablonneux, dénudé, pelé et particulièrement triste. Chellala, c'est une émeraude enchâssée dans un caillou.

Pénétrez, si vous le pouvez, dans ses jardins presque impénétrables, — une forêt vierge d'arbres fruitiers: — des figuiers touffus et branchus, à abriter toute une compagnie sous leur ombre; des abricotiers gigantesques pliant sous le poids de leurs fruits d'or; des grenadiers empourprés de leurs merveilleuses fleurs; des vignes qui enlacent les arbres de leurs pampres verts; puis, dans les branches, des myriades d'oiseaux — des oiseaux dans le Sahra! — qui chantent, qui gazouillent, des tourterelles mâles qui roucoulent des élégies à fendre l'âme des plus cruelles; à nos pieds, des ruisseaux d'argent courant en ricanant sous l'herbe et les fleurs. Çà et là, sur ce plafond de verdure, une échappée de ciel d'azur; jamais de soleil; — cet astre n'est pas admis sous ces frais parasols. — Ah! restons ici, et, surtout, gardons-nous bien de mettre le nez à la lisière du bois!

Chellala doit toutes ses splendeurs à une admirable source qui sort du pied de la montagne grosse comme une rivière; une galerie creusée dans le roc va chercher les eaux jusque dans les entrailles d'un contre-fort du Djebel Ahmar-Khaddou, et les amène à la tête des jardins.

Chellala a été relevée tout récemment: la beauté de l'oasis, sa situation avaient fait songer à y établir un marché, un port plutôt, pour le commerce des laines; on pensait, en allant au-devant des Arabes-pasteurs, faciliter les transactions entre eux et les Européens. Cela pouvait être; mais il y avait, selon nous, une grave erreur à porter nos marchés plus au sud; c'était nous faire presque les tributaires des Sahriens, tandis que nous devons tendre, au contraire, à les attirer dans le Tell et sur nos marchés de l'intérieur, ou, tout au moins, sur ceux de nos postes-avancés de la ligne de ceinture. Comme nous le disions plus haut, à propos de l'extension donnée à la culture des céréales chez les Oulad-Naïl, c'est une fausse et impolitique spéculation que de faire mentir cette profession de foi des Sahriens : « *Nous ne pouvons être ni musulmans, ni juifs, ni chrétiens; nous sommes forcément les amis de notre ventre;* » et, — ne l'oublions pas, — le père des Sahriens, c'est le maître de leur mère, et leur mère, c'est le Tell. On considérait, il y a vingt ans, comme un axiome politique que les maîtres du Tell sont aussi les maîtres du Sahra, ce qui s'expliquait par l'impossibilité où sont les tribus sahriennes de tirer leurs grains ailleurs que du Tell. Sous les Turcs, ce besoin de manger suffisait seul pour leur faire payer l'impôt (*lezma* ou *euça*), et la quittance du receveur était, comme on le disait alors, la seule clef qui pût leur ouvrir le pays aux céréales. « Familiarisées avec cette idée qui est aussi ancienne que leur existence sociale, dit M. Pellissier de Reynaud, quelques-unes des tribus sahriennes, celles des Arbaâ, entre autres, étaient venues d'elles-mêmes offrir de payer l'impôt d'usage, afin que leurs relations avec le Tell ne fussent pas interrompues. » C'est, évidemment, à cette cause qu'il faut attribuer la facilité avec laquelle, en 1844, le général Marey pénétra dans notre Sud, et l'accueil qu'il y reçut.

Gardons-nous bien de modifier les conditions de cette sorte de dépendance dans laquelle se trouvent les Sahriens par rapport aux maîtres du Tell, et que toujours ils sentent qu'ils ont besoin de nous. Que notre colonisation s'arrête à la ligne de ceinture du Tell, — c'est la véritable patrie des céréales, — et n'encourageons pas la charrue européenne à pousser ses sillons jusqu'au-delà de Djelfa.

Dans le Sahra, des postes — tant que nous voudrons, et jusqu'à Ouargla, s'il le faut, — mais pas de centres européens; ils ne pourraient, à un moment donné, que nous embarrasser et gêner notre action. Plus tard, nous verrons.

Des ouvriers européens furent appelés pour construire les maisons qu'on destinait à la population qui était désignée pour habiter Chellala. On voyait bientôt s'élever, au nord des jardins, un village d'opéra-comique, avec des constructions d'un goût douteux tenant à la fois de la maison mauresque et du castel du moyen-âge, architecture hybride, fantastique, avec tourelles, créneaux, mâchicoulis, terrasses, lucarnes carrées, et rappelant par le style ces pièces montées de haute pâtisserie qui sont en montre chez les confiseurs. Ces maisons, qui ne sont pas terminées à l'extérieur, sont déjà infectes et dégradées à l'intérieur; les murs sont maculés, noircis de fumée, écornés; le sol y est bossué comme un cimetière; les portes boitent; des chiffons et des pierres ont remplacé les vitres cassées. Tout cela a l'air dépenaillé, misérable, sale comme l'habitant qui l'occupe. C'est encore une de nos erreurs de vouloir caser les Arabes, les Sahriens surtout, dans des habitations à l'européenne: nous avons vu ce que la suite de l'Émir a fait de nos châteaux de Pau et d'Amboise: la propreté — ne le savons-nous pas? — est proportionnelle au degré de civilisation d'un peuple, et conséquente à sa situation géographique.

Chellala, qui a d'abondantes et belles eaux, — plus belles que bonnes, — est pourvue d'une fontaine monumentale avec abreuvoir et d'un bassin-réservoir phénoménal; le mot bassin est insuffisant; c'est un lac qu'il faudrait dire. Les cavaliers du goum et les sokhkhrara en ont fait une école de natation, sans trop se préoccuper de la question du caleçon.

Le général avait beaucoup à reprocher aux tribus du cercle de Boghar: c'était la seule partie de la province qui eût fourni son contingent à l'insurrection, celui des Oulad-Chaïb; c'est surtout dans ce cercle que l'obéissance avait été lente, hésitante: des ordres de l'autorité y étaient restés inexécutés; on opposait à ses décisions une force d'inertie coupable; on y sentait, en un mot, un mauvais vouloir très-caractérisé, et qui n'eût pas manqué de se traduire en rébellion ouverte, si nous eussions eu l'ombre d'un insuccès; quelques-uns de ses guerriers étaient même passés aux rebelles. Bien que ces tribus nous eussent fourni leurs contingents et des moyens de transport, nous ne pouvions cependant oublier et laisser impunie leur attitude au commencement de l'insurrection. Le général avait donc convoqué les tribus coupables dans la vaste plaine qui s'étend entre Chellala et Boghar.

C'est un spectacle à la fois grandiose et imposant que cette immense ligne de tentes qui se déroule comme un long serpent noir jusqu'à l'horizon, que ces innombrables troupeaux qui tachent de blanc les tons foncés du sol. Toutes ces populations sont là attendant anxieuses les décisions du représentant de la France.

Les hommes de ces tribus ont été appelés à Chellala pour y recevoir les reproches du général et y entendre ses jugements.

Le 25 juin, à six heures du matin, tous ces hommes sont accroupis et forment un cercle compacte sur le terrain qui leur a été assigné ; le général, escorté de tous les officiers de la colonne, ne tarde pas à arriver au rendez-vous qu'il a fixé. Là, interpellant chaque tribu à son tour, il formule son accusation et condamne. A l'exception de quelques voix timides invoquant des motifs d'excuse, tous paraissent accepter la décision qui les frappe. Cela fait, le général les congédie et les renvoie à leurs tentes, et tous se retirent avec ce bourdonnement particulier aux foules.

Le lendemain, 26 juin, le général faisait connaître dans les termes suivants à sa colonne les considérants qui avaient motivé ses jugements :

« Soldats !

« Dès votre arrivée ici, vous avez pu voir cette vaste plaine de vingt-sept lieues qui nous sépare de Boghar se couvrir de tentes et de troupeaux, et pourtant leurs populations, que vous avez vues hier matin réunies dans mon camp avaient toutes commis la faute grave de n'être pas venues à notre aide dès le début de l'insurrection. Obligées de reconnaître notre force et n'espérant qu'en notre générosité, elles viennent aujourd'hui se jeter spontanément dans nos bras et implorer notre clémence.

« Il est certain qu'une pareille démarche doit beaucoup leur faire pardonner ; mais il est des fautes que le soin de l'avenir nous force à ne pas laisser impunies.

« En conséquence, j'ai dû frapper des amendes sur ces tribus, dont les plus coupables sont les Oulad-Ahmed-Recheïga, les Oulad-Sidi-Aïça-Souagui et les Oulad-Sidi-Aïça-el-Oureg.

« Le total, qui est de 320,000 francs, sera versé, dans le délai de huit jours, à la caisse du Receveur des Contributions de Boghar, ainsi qu'une somme de 94,000 francs, qui sera répartie, par les soins d'une commission spéciale, entre les colons et les habitants de Chellala, comme indemnité du pillage dont ils ont été victimes.

« Au bivouac de Chellala, le 26 juin 1864.

« *Le Général de Division commandant la colonne expéditionnaire du Sud,*

« Signé : Yusuf. »

Le lendemain, 27 juin, la colonne quittait l'oasis -- déjà un peu fanée — de Chellala, et prenait la belle et large route de Boghar. Nous longions cette longue ligne de douars, et nous pouvions, en nous isolant par la pensée, remonter de cinq mille ans le courant des âges et nous croire au temps des patriarches : voici Jacob et Laban ; voilà Rachel et Lia ; rien n'est changé ; mêmes vêtements, mêmes tentes, mêmes mœurs, mêmes vices, et, à peu de chose près, mêmes vertus.

Nous ignorons si c'est l'amende qui leur a été infligée qui leur donne cet enthousiasme ; mais, au fur et à mesure que le général passe devant une tribu, ses cavaliers montent à cheval et se détachent pour venir le saluer d'une brillante fantazia. Les femmes les suivent dans de riches et élégants *dthathich* (palanquins).

Les chevaux, comme ceux des paladins du temps de la chevalerie partant pour le tournoi, sont caparaçonnés de housses de soie et de velours brochées d'or aux couleurs vertes, rouges ou bleues. Nos chevaux ne se sentent pas d'aise sous nous à l'aspect de ces belles buveuses d'air du désert si coquettement parées ; c'est un concert de hennissements élégiaques à ne plus pouvoir s'entendre. Les chameaux, chargés de palanquins, paraissent on ne peut plus fiers de leur mission ; ils marchent avec cette majesté ridicule des animaux à longs cous. Eux aussi sont superbement harnachés : des housses à franges et à ornements rouges et bleus cachent, en les couvrant jusqu'aux jarrets, leurs formes dépourvues d'élégance. Le palanquin est fermé de rideaux rouges fixés par une bande blanche croisée ; un long roseau, renfermé dans une gaîne d'étoffe rouge et terminé par un grelot, se balance flexible au sommet de la couronne du palanquin comme une jeune fille qui veut séduire un Croyant. Sous les excitations d'hommes à pied, les chameaux à palanquins sont poussés jusque vers le général : de petites mains sales s'agitent entre les rideaux sans les ouvrir, et des voix perçantes glapissent de joyeux *you ! you !* de bienvenue. Puis les chameaux s'en retournent en trottinant, et en donnant au palanquin les mouvements du chapeau de polichinelle quand ce double bossu danse sa sauteuse.

Nous arrivons sur l'ouad El-Oureg, caché dans sa forêt de roseaux, et nous posons notre camp sur sa rive droite, au-dessous de l'Aïn-el-Oureg. Les eaux de cette source forment, plus bas, les marais de Bel-Kheïtar.

Le 28 juin, nous reprenions la route que nous avions quittée la veille pour aller dresser nos tentes sur les eaux de l'Oureg. Les fantazias continuent, et les femmes à palanquins viennent thuriférer le général, à son passage devant leurs douars, de l'encens de leurs suraigus *you ! you !*

Nous longeons la belle tribu des Bou-Aïch ; son agha, Sid Sliman-ben-Thahar, — figure de patriarche, — a voulu présenter lui-même son peuple au commandant de la colonne.

Les Bou-Aïch sont riches de belles juments, de beaux troupeaux, de tentes splendides, de femmes ravissantes et..... propres. Quelle suavité de contours ! quelle pureté de lignes ! quelle profondeur dans le regard ! quels yeux ! des étoiles vues par la déchirure d'un nuage noir ! des miroirs d'Archimède capables de calciner un cœur à dix stades ! Quelles délicieuses poses, et comme cela est naturel, aisé, gracieux ! comme ces robes blanches à longs plis font bien ! comme ces cordelières brunes, à nœud lâche, sont savamment posées sur ces hanches si abondamment accusées ! Horace Vernet eût, bien certainement, donné dix ans de sa vie — de celle qu'il avait — pour mettre la main sur un de ces ravissants modèles. Du reste, nous sommes dans le pays de la *Prise de la Zmala*.

C'est un chapitre de la Bible en action ; l'illusion est complète : les Israélites, chassés d'Égypte par le Pharaon, viennent de passer ; c'est là le désert de Sin avec ses eaux amères. Regardez à vos pieds; le sol est couvert de *manne* (1) que les émigrants ont oublié de ramasser. « Les provisions emportées d'Égypte se trouvèrent alors épuisées, et le peuple murmura, et le lendemain, au matin, le sol se trouva couvert de grains ronds et menus comme ceux du grésil. « C'est là le pain que l'Éternel vous envoie, dit Moïse; que chacun en ramasse une pleine mesure, et que personne n'en garde jusqu'au lendemain. » Ce pain, que le peuple appela la *manne*, était blanc comme les grains du coryandre; son goût était celui des gâteaux d'huile et de miel. Il se durcissait en peu de temps, et fondait à l'ardeur du soleil, et, de plus, il ne se conservait pas même jusqu'au lendemain.

La *manne* de nos jours a bien la forme indiquée par Moïse; mais son goût s'est considérablement modifié; en revanche, elle peut, croyons-nous, se conserver à perpétuité. Nos fantassins s'approvisionnent de ce produit; on ne sait pas ce qui peut arriver.

La route est superbe; bien que sablonneuse, son fond ne manque cependant pas de consistance. Le terrain doit, du reste, contenir une certaine proportion de sel marin; car, de temps à autre, nous rencontrons de petites *daya* couvertes de jujubiers sauvages (*sedeur*), ces salsolacées qui ne prospèrent que le pied dans le sel. En dehors de ces bouquets, la végétation est d'une maigreur extrême. C'est aussi le pays de la rose de Jéricho (*anastatica hierochuntina*) (2), l'anastatique hygrométrique, cette

---

(1) Ce que nos soldats appellent la *manne* paraît être cette espèce de *lichen* que les savants désignent sous les noms de *parmelia esculenta*, et qui, dans les déserts de l'Orient, apparaît subitement de temps à autre sur une vaste étendue de terrain. Dans notre Sud algérien, ce lichen est de couleur grisâtre; on le rencontre par petits amas comparables à ces petits monticules que rejettent les lombrics. Sa cassure est blanche et son goût insipide; sa forme est irrégulière, et sa grosseur est celle d'un pois. Il couvre de grands espaces, particulièrement au-dessous des Hauts-Plateaux. Les amas de ce lichen se forment le plus souvent au pied des touffes de *metsnen* (*passerina hirsuta*).

(2) La *rose de Jéricho*, ou *jérose*, est une petite crucifère à tige basse et ramifiée. Lorsqu'elle a atteint toute sa croissance, ses rameaux desséchés se contractent en une touffe globuleuse; mais dès qu'elle est mise en contact avec l'eau, ses branches se détendent et s'étalent comme si la vie y était revenue.

crucifère légendaire qui, d'après la croyance populaire des Chrétiens, ne serait autre chose que l'extrémité des rameaux d'un arbrisseau sur lequel la Vierge étendait les langes du divin Enfant, plante qui, avec les eaux amères et la manne, nous transporte par la pensée dans les régions qui furent le berceau du Christianisme, et dans ce désert où vécut Jean-Baptiste.

Le sol devient pierreux et dur à l'excès. On nous montre à gauche de la route les restes d'une redoute construite par le général Marey en 1844. Un peu plus loin, la colonne pose provisoirement son camp non loin de Châbounia, sur la rive droite de l'ouad El-Oureg. On a fait là inutilement des essais de forage de puits artésien ; on remarque encore à droite trois ou quatre petites constructions qui servaient d'habitation aux puisatiers.

Des détachements partent de ce point pour aller renforcer les garnisons de Djelfa et de Laghouath.

Une quinzaine de cavaliers des tribus du cercle de Boghar sont amenés à notre camp ; ils ont à répondre à l'accusation d'avoir abandonné la colonne et le goum dont ils faisaient partie à hauteur de Laghouath. C'était un reproche du genre de celui qu'avait eu à adresser Mohamet à ceux qui étaient rentrés dans leurs foyers avant la fin de l'expédition de Tabouk, enchantés qu'ils étaient de rester en arrière du Prophète. Le fin mot, — l'envoyé de Dieu nous l'apprend, — c'est qu'il leur répugnait de combattre dans le sentier de Dieu de leurs personnes et de leurs biens. Ils se disaient les uns aux autres : « N'allons pas à la guerre pendant ces chaleurs. » — « Dis-leur, soufflait Dieu à son Prophète à cette occasion : La chaleur du feu de la géhenne est bien plus brûlante encore ! » Ces quinze cavaliers avaient, sans doute, trouvé, comme ceux auxquels Mahomet fait allusion, que la chaleur était trop forte pour aller à la guerre. Le général se contente de les dégrader en les mettant à pied et en les faisant désarmer.

A quatre heures, nous nous remettions en route pour aller coucher sur un bivouac sans eau. Nous coupons, au-dessous de Châbounia, quelques marécages, et, reprenant la route, nous traversons successivement le Nahr-Ouassel (Haut-Chelif) et l'ouad

En-Naïm. Nous dressions nos tentes dans une daya au-delà de ce dernier cours d'eau. On distinguait de ce point, sur la croupe orientale du Djebel-'l-Hammouch, le poste-avancé de Boghar.

Le 29 juin, à quatre heures du matin, nous levions notre camp, et nous nous dirigions, en laissant le Nahr-Ouassel à notre droite, sur le ksar El-Bokhari ; nous coupions successivement l'ouad Moudjelil, les ravins d'Ouden-el-Ahmar et d'El-Kser, le Chelif sur son pont, et nous dressions nos tentes au-dessous du Kef Ben-Ali et du ksar El-Bokhari.

Nous apprenions en arrivant que, le 27 juin, grâce aux mesures habiles et énergiques du général de Martimprey, sous-gouverneur, la révolte des Flita avait été vaincue et terrassée, et que toutes les tribus voisines de l'ouad Riou s'étaient soumises aux conditions qui leur avaient été imposées par cet officier général.

Quant au commandant de la division d'Oran, il était revenu, après la destruction d'El-Abiodh-Sidi-Ech-Chikh, sur le poste de Géryville, d'où, comme il le disait le 9 juin, il s'était rabattu sur Saïda. Dans le but de protéger les Trafi ralliés et de défendre l'accès de leur pays aux Harar insoumis, il avait établi ses troupes sur le plateau d'Aïn-el-Hadjar, où elles devaient passer l'été. « En résumé, terminait le général Deligny, je considère comme arrêté le mouvement insurrectionnel du Sud, et je crois que nous n'avons plus à compter qu'avec des tribus honteuses de leur conduite, effrayées de leurs fautes, et accablées de misère. Si elles ne reviennent pas à nous d'elles-mêmes, nous serons en mesure, en automne, de les y contraindre par la force. Actuellement, cela nous est matériellement impossible.

« Les Oulad-Chaïb paraissent être ceux auxquels les plus rudes châtiments sont réservés. Ils paient bien cher l'hospitalité qu'ils sont venus chercher dans l'Ouest : ils en sont réduits à boire à Malah (rivière salée) ; c'est la seule eau qu'on leur ait laissée en partage. »

Les marchands du ksar El-Bokhari n'ont point voulu laisser rentrer la colonne sans lui témoigner tout le plaisir que leur causait son retour. Pour ne pas être des hommes de cheval, ils n'en ont pas moins l'amour de la fantazia à la poudre. Après une *tharaka* bien nourrie, ils regagnent bravement leurs comptoirs.

Une commission est organisée pour faire la vente des troupeaux provenant des diverses razias et en répartir le produit entre les troupes de la colonne. Ce produit s'élève au chiffre de 15,750 francs, ce qui porte la part de chaque homme à la somme de 4 francs.

Le ksar El-Bokhari est perché, à 200 mètres au-dessus de la vallée du Chelif, sur une croupe dénudée et de cette éternelle nuance chemise de la reine Isabelle, teinte que nous connaissons de reste. Le village actuel est d'origine récente : une colonie de marchands de Laghouath le fonda en 1829 dans un but exclusivement commercial, c'est-à-dire pour en faire le centre des affaires qui se traitent entre le Tell et le Sahra. Ksar El-Bokhari est, en un mot, l'un des ports secs du Sud.

On remarque, au nord-est du village, sur la rive droite du ravin, les ruines de l'ancien ksar. Son nom d'El-Bokhari lui vient de son premier fondateur, dont l'un des descendants était encore, au commencement de 1864, kaïd des Mfatha.

En 1841, ksar El-Bokhari était un assez gros village, bâti de gourbis et de cabanes. Depuis que nous occupions Médéa, l'Émir y avait fait transporter ses ateliers, et l'on y confectionnait des effets d'habillement pour ses troupes régulières.

Le 23 mai 1841, nos troupes trouvèrent le village abandonné, et elles y mirent le feu. Le ksar a été relevé depuis cette époque, et des maisons en maçonnerie ont remplacé les gourbis des premiers fondateurs.

El-Bokhari tient à la fois du ksar sahrien et du village tellien : c'est aujourd'hui une sorte de Babel où se parlent les langues de toutes les nations qui ont des représentants en Algérie ; les éléments mzabite et israélite paraissent cependant y dominer. C'est un accouplement de négociants qui semblent embusqués, comme l'araignée derrière sa toile, pour se saisir — contre marchandises, nous l'espérons, — des valeurs qui pourraient embarrasser et gens du Tell et gens du Sahra. C'est là, dit-on, où la plupart des femmes des Oulad-Naïl vont refaire les finances de leurs maris lorsque leur délabrement — celui des finances — exige ce genre de transaction. On assure que l'argent qu'elles gagnent ainsi ne leur arrache pas plus de remords, que le produit de la vente de leurs parapluies n'en coûte aux Auvergnats qui viennent écouler ce produit de leurs manufactures dans la capitale du monde civilisé.

Ksar El-Bokhari est donc le comptoir et l'entrepôt des Sahriens, et sa situation doit nécessairement en faire un centre commercial important.

Au pied du plateau d'El-Bokhari, et sur la route impériale de Laghouath, s'élèvent quelques constructions européennes qui bientôt seront assez nombreuses pour former un village. Il se tient là, le lundi de chaque semaine, un marché important. C'est le port naturel et central du commerce des laines de la province d'Alger.

Le poste-avancé de Bou-R'ar (le lieu à la caverne), que nous appelons Boghar, s'élève sur la rive gauche du Chelif, à six kilomètres d'El-Bokhari, et à onze cents mètres au-dessus du niveau de la mer, sur les pentes boisées de la chaîne du Djebel-'l-Hammouch. L'Émir, qui avait compris toute l'importance de ce point qui n'était d'abord qu'un haouch, le choisit pour en faire un établissement militaire. Dès 1839, Mohammed-ben-Aïça-el-Berkani, khalifa de Médéa, y fit construire un fort qu'il arma de canons, et qui renferma plus tard une sorte d'hôpital, des magasins assez considérables, des fours, et une caserne.

L'Émir y avait également, sous la protection du fort, des silos d'approvisionnements.

En 1841, lorsque le général Bugeaud eut porté la guerre dans la vallée du Chelif, il résolut de détruire tous les établissements militaires qu'avait l'Émir sur la ligne de ceinture du Tell. Le général Baraguey-d'Hilliers paraissait, en effet, le 23 mai 1841, à la tête de 8,000 hommes d'infanterie et de 1,000 chevaux, sous le poste de Boghar.

Lorsque nos troupes en approchèrent, elles reçurent une centaine de coups de fusil partis de quelques groupes ennemis qui furent promptement dispersés. En évacuant Boghar, les Arabes y avaient mis le feu; on chercha à détruire par la mine et par la pioche ce que l'incendie avait épargné. On trouva, cachées dans un ravin, trois pièces de canon que l'on mit hors de service.

Boghar ne fut occupé qu'en mai 1843. A cette époque, le duc d'Aumale reçut l'ordre de s'assurer de ce point et de s'en servir ensuite comme base d'opérations pour manœuvrer vers le Haut-Chelif, de manière à chercher à surprendre la zmala de l'Émir qu'on savait dans ces parages. Un dépôt considérable de munitions de guerre et de bouche y fut établi sous la garde d'une garnison de 250 hommes.

Boghar devint plus tard et est encore aujourd'hui le chef-lieu d'un cercle relevant de Médéa.

Boghar est important à plus d'un titre : il domine les abords du Sahra et surveille les mouvements des tribus ; il est l'une des principales portes du sud de la province d'Alger, et il commande l'une des voies de communication les plus fréquentées par les tribus sahriennes, surtout depuis l'occupation de Laghouath.

Grâce à sa grande élévation, le poste-avancé de Boghar a d'admirables vues, et cette situation l'a fait surnommer le balcon du Sud.

Aujourd'hui, la redoute de Boghar renferme de remarquables bâtiments militaires, et le village placé sous la protection de son canon a d'assez importantes constructions. Sa population est de près de 500 habitants.

Le poste de Boghar est assis sur le territoire des Oulad-Anteur, qui, bien que Kabyles, prétendent cependant descendre du célèbre Antar-ben-Cheddad-el-Absi, guerrier et poète, mort vers l'an 615 de notre ère, et l'auteur de l'une des sept *moâllakat*, poëmes suspendus dans la kâba de Mekka, de cet Antar qu'on avait surnommé Abou-el-Fouaris (le père des héros, des cavaliers) à cause de ses nombreux exploits. Malheureusement pour les Oulad-Anteur du Tithri, la grande épopée de quarante années dans laquelle se distingua le légendaire amant de la belle Abla, se passa entre les tribus d'Abs, celle du héros, et de Zobeyan, et, conséquemment, bien loin du Chelif où les Oulad-Anteur montrent encore le gué où, d'après leur version, Antar aurait été tué. Du reste, rien ne s'oppose à ce que le véritable fondateur de la tribu des Oulad-Anteur ait été un héros; seulement, il eut moins de réputation que Ben-Cheddad, et l'histoire de ses hauts-faits paraît avoir été noyée avec lui dans le Chelif, fleuve boueux au fond duquel il termina sa carrière et ses merveilleux exploits.

Le règlement des affaires du cercle de Boghar étant terminé, et la situation politique ayant été assurée sur les points principaux de la province par l'augmentation de la garnison des postes-avancés et par des moyens indigènes, le général, par un ordre du jour en date du 30 juin, faisait connaître à sa colonne qu'elle était dissoute :

« A dater d'aujourd'hui, 30 juin, la colonne expéditionnaire du Sud est dissoute, et les différentes troupes qui la composent rejoindront leurs garnisons respectives.

« Le général commandant la colonne ne veut pas quitter ses soldats sans leur exprimer sa satisfaction pour l'énergie et l'abnégation qu'ils ont montrées à supporter les fatigues et à surmonter les difficultés qu'ils ont rencontrées.

« Ce sont des qualités qui auraient brillé plus vivement encore en un jour de combat, si leur présence seule et leur attitude n'eussent suffi pour ramener dans le devoir les tribus insoumises et pour obtenir des résultats importants.

« Le corps d'officiers s'est montré en toutes circonstances à la hauteur de ses devoirs, et il lui revient une large part dans les éloges que le général commandant la colonne adresse à ses troupes.

« Au camp sous le ksar El-Bokhari, le 30 juin 1864.

« *Le Général de Division commandant la colonne expéditionnaire du Sud,*

« Signé : YUSUF. »

Et le général avait raison ; car il eût été difficile de montrer plus d'énergie, plus de vigueur, plus d'abnégation, plus de patience, plus de résignation, plus de discipline, plus d'amour du devoir, que ne l'avaient fait ses admirables troupes ; il eût été difficile d'être plus stoïquement calme qu'elles devant les misères inhérentes aux expéditions du Sud : jours de feu, nuits de glace, eaux salées et vaseuses, marches pénibles dans les solitudes ensablées, la terre pour couche, les tempêtes brûlantes, le biscuit et le mouton pour éternel régime, et pas une journée de poudre! Et malgré ces souffrances, ces fatigues, ces privations, de la gaîté, de l'entrain, des chansons, des lazzis, de francs rires, des moqueries contre la mauvaise fortune, tout le bagage, enfin, de cette bonne vieille philosophie française qui prend ses appuis sur l'amour de la gloire et sur la religion du drapeau, vertus précieuses qui nous empêchent de nous apercevoir que nous marchons sans souliers, que nos vêtements sont en lambeaux, que nous avons faim, que nous avons soif! Merci! bronzés sublimes, qui ne vous doutez même pas de ce que vous valez, et qui faites œuvres de géants avec la simplicité de l'enfant! déguenillés splendides, qui avez montré au monde entier vos uniformes, vos drapeaux, vos corps enloqués; fous divins qui combattez dans le feu, et qui, comme Orphée, iriez chercher votre Eurydice aux enfers, si elle s'appelait la Gloire! Gardez précieusement vos croyances, vos enthousiasmes, votre chauvinisme enfin, et la France sera toujours la nation forte, puissante et respectée!

Le 1er juillet 1864, les différents corps ou détachements composant la colonne prenait la route de Médéa pour, de là, être dirigés sur les garnisons qui leur avaient été assignées.

C. Trumelet.

FIN DE LA PREMIÈRE PARTIE

P.-S. — Aujourd'hui que la retraite nous a fait des loisirs et que les soucis et les exigences du commandement ne nous prennent plus tout notre temps, nous espérons pouvoir bientôt donner la suite de ce travail; car, contrairement aux prévisions des généraux commandant les divisions d'Alger et d'Oran, l'insurrection fomentée par les Oulad-Hamza, qu'ils avaient crue terrassée et définitivement vaincue, relevait audacieusement la tête dans le courant de juillet, et mettait tout notre Sud en feu. Aussi, nos colonnes étaient-elles à peine rentrées dans leurs garnisons, qu'elles étaient obligées de reprendre la route du Sud et de recommencer vigoureusement la lutte, sous les ardeurs dévorantes du soleil d'un été saharien.

La mort de Sid Mohammed-ould-Sidi-Hamza, le chef de l'insurrection, tombé en février 1865 au combat de Garet-Sidi-Ech-Chikh, sous les balles du chef de la tribu des Harar, ne mit même pas fin à la lutte, et le drapeau des rebelles, relevé par Sid El-Ala, l'oncle du jeune Ahmed-ould-Sidi-Hamza, retint nos colonnes dans le sud des trois provinces jusqu'au commencement de 1866. A partir de cette époque, les tribus sahriennes, complètement ruinées, réduites à la plus affreuse misère, avaient obtenu l'aman et étaient — presque toutes — rentrées sur leurs territoires. Quant aux Oulad-Hamza, qui paraissaient ne pas vouloir encore renoncer à la lutte, ils s'étaient réfugiés dans le sud marokain en attendant des jours meilleurs.

Cette seconde partie de notre travail sera plus féconde que la première en actions de guerre et en épisodes dramatiques, et, à défaut de tout autre intérêt, elle aura certainement celui du sang, des tueries et des violences que produit la sauvagerie alliée au fanatisme le plus effréné.

Valence, le 10 décembre 1878.

Colonel C. TRUMELET.

Alger. — Typographie A. JOURDAN.

Alger. — Typ. A. Jourdan.

www.ingramcontent.com/pod-product-compliance
Lightning Source LLC
LaVergne TN
LVHW020558230826
846091LV00002B/520